LEIPZIG
entdecken!

500 FREIZEIT-TIPPS

Petra Mewes

Wartberg Verlag

Anmerkung des Verlages
Die im nachfolgenden Text verwendeten Symbole haben folgende Bedeutung:
☏ = Telefon, 🌐 = Internet-Adresse, ☺ = Attraktionen für Kinder und Junggebliebene

Alle Angaben wurden gewissenhaft geprüft, trotzdem können Autor und Verlag keine Gewähr für die Richtigkeit übernehmen. Anregungen, Berichtigungen und Ergänzungsvorschläge senden Sie bitte an den Wartberg Verlag, Gudensberg-Gleichen.

Quellenangaben

www.leipzig.de
www.wikipedia.com
Petra Mewes/Peter Benecken: Leipzigs Grün, Passage-Verlag, Leipzig, 2013
Stadt am Wasser – Leipziger Blätter Sonderausgabe, Passage-Verlag, 2010

Bildnachweis

wikimedia: S. 3, 5, 6, 7, 9, 10, 11, 12, 13, 14, 15, 16, 17, 25, 30, 32 oben, 34, 36, 38, 39 unten, 41 unten, 44, 54, 64, 65, 66, 67, 68, 69, 70, 71, 72, 73, 75, 76, 78, 79, 83, 84, 86, 89, 90, 91 oben, 92, 93, 94, 96, 98, 99, 100, 101, 102, 103, 104, 106, 107, 109, 110 oben, 111, 112, 113, 114, 116, 119, 120, 122, 123, 124, 129, 130, 133, 135, 136, 138, 140, 141 rechts, 142, 143, 144, 147, 148, 149, 151, 152, 153, 154, 155, 156, 157, 158, 159, 160, 161, 162, 163, 164, 165, 166; **pixelio:** S. 21 (Peter von Bechen), 22 (Michael Thiem), 23 oben (Marco Barnebeck), 23 unten (Dirk Polzien, 24 (Marco Barnebeck), 26 oben (Marco Barnebeck), 26 unten (Davis Schrapel), 27 (Birgit Winter), 28 (Birgit Winter), 32 unten (Birgit Winter), 33 (femek), 37 (Anja Skeide), 39 oben (Jörg Siebauer), 40 (Roberto Reisch), 41 oben (Marco Barnebeck), 48 (Günter Schlee), 56 (Norbert Möhler), 58 (Birgit Winter), 59 (Norbert Möhler), 61 oben (Davis Schrapel), 81 (Martin B), 82 (femek), 91 unten (Michael Kadner), 110 unten (kertho), 115 (Peter Schmidt), 126 (mw5150), 127 (Marco Barnebeck), 128 (poldy), 145 (Hausmacher Art), 146 (Diana Saft); **Jürgen Mewes:** S. 74, 141 links; **Petra Mewes:** S. 50, 51, 52, 62, 63; **Leipziger Messe:** 61 unten

1. Auflage 2023

Umschlaggestaltung: r2 Mediendesign Verden (Aller)
Layout: Gerald Halstenberg, Bielefeld
Karte: Gerald Halstenberg, Basisdaten CC BY-SA by OpenStreetMap
Druck und Bindung: Druck- und Verlagshaus Thiele & Schwarz GmbH, Kassel

34281 Gudensberg-Gleichen, Im Wiesental 1
Telefon (0 56 03) 9 30 50
www.wartberg-verlag.de
ISBN: 978-3-8313-2844-4

Ein Wort vorweg

Liebe Leserinnen, liebe Leser,

haben Sie Lust, Leipzig neu zu entdecken, dabei alte und bekannte Pfade zu verlassen? Zu Fuß oder mit dem Rad oder vielleicht gar mit der Straßenbahn? Viele Wege führen zu bekannten Sehenswürdigkeiten in der Innenstadt, zur Thomas- oder der Nikolaikirche, zum Museum der bildenden Künste oder der Rennbahn im Scheibenholz. Den Charme von Sachsens „heimlicher Metropole" machen aber vor allem viele kleine Plätze, weniger bekannte Gedenkstätten, grüne Oasen und historische Gebäude aus. Schließlich ist die Stadt in ihrer Geschichte stetig gewachsen. Durch zahlreiche Eingemeindungen kurz vor und erst recht nach 1900 erhielt sie viel Zuwachs aus der Umgebung. Von A wie dem dörflichen Abtnaundorf bis Wiederitzsch im Norden brachte jeder neue Stadtteil sehens- und erlebniswerte Freizeitangebote mit. Genau deshalb lohnt es sich, mit diesem kompetenten Begleiter und seinen rund 1000 Tipps die Stadt neu zu erkunden. Ob Sehenswürdigkeiten und Museen, Ziele in der Natur oder kulturelle Einrichtungen, Sport- und Kreativangebote, Vereinsleben und Begegnungsstätten, Märkte und Feste – es ist für alle etwas dabei!
Haben Sie zum Beispiel gewusst, dass Leipzig keine Sperrstunde hat? Davon profitierten freie Bühnen und Clubs, Theater, Kabaretts und Varietés. Es gibt Sport- und Kulturvereine, manche international bekannt, andere nur im Kiez verankert. Und wohin bei Regen oder Schnee? Was unternehmen, wenn Besuch kommt? Sie haben nur Zeit für einen Nachmittag? Mit diesem Buch in der Hand finden sich selbst direkt vor der Haustür interessante Ziele. Und immer wieder Spannendes gibt es entlang der ans Licht geholten, einst überdeckelten Leipziger Wasserwege und erst recht im Leipziger Neuseenland zu erleben.

Viel Freude beim Lesen und Neugier bei Ihren Entdeckungstouren!

Petra Mewes

Böhlitz-Ehrenberg

(Stadtbezirk Alt-West)

Zum Ortsteil gehören die beiden Gemarkungen Böhlitz-Ehrenberg (mit den Ortslagen Böhlitz, Ehrenberg und Barneck) sowie Gundorf mit seinem alten Ortskern. Er entstand zum 1. Januar 1999 infolge des Stadt-Umland-Gesetzes durch Eingemeindung der bisherigen Gemeinde Böhlitz-Ehrenberg. In einer Urkunde des Peter-Paul-Klosters zu Merseburg von 1091 ist die Existenz des Dorfes Beliz notiert. Damit erhielt der Abt des Klosters die Rechte über Beliz, Gunthorp und Zscherneddel. Der Ortsname von Böhlitz selbst weist auf eine slawische Besiedlung hin. Ehrenberg wird der Gründung durch deutsche Siedler zugeordnet, die sich oft in der Nähe von Slawen niederließen.
Zur Vereinigung der beiden Orte zur Gemeinde Böhlitz-Ehrenberg verzeichnen die Geschichtsbücher einen Beschluss vom Januar 1839.
Der Wandel vom dörflichen zum industriellen Zeitalter setzte 1846 ein, als Franz Schlobach die seit dem 13. Jahrhundert bestehende Böhlitzer Getreide- und Ölmühle übernahm, sie zum Säge- und Furnierwerk umbauen und mit Dampfturbinen betreiben ließ. Um 1860 galt das Sägewerk als eines der größten Deutschlands, das die „bestgeschnittensten Furniere" herstellte. Franz Schlobach war von 1878 bis 1883 Gemeindevorstand in Böhlitz-Ehrenberg. Seit Ende des 19. Jahrhunderts gründeten weitere Industustrielle hier Fabriken, darunter eine Dampfziegelei, eine Schleifscheiben- sowie eine Armaturen- und Metallwarenfabrik durch Otto Schaaf. Im Jahr 1906 zog die fünf Jahre zuvor in Plagwitz gegründete Reform Motoren-Fabrik nach Böhlitz-Ehrenberg um, ab 1948 als VEB Dieselmotorenwerk Leipzig firmiert. Überregional bekannt wurde auch die 1910/11 in der heutigen Ludwig-Hupfeld-Straße errichtete Pianofortefabrik, in der die Ludwig Hupfeld AG Klaviere und Klavier-Abspielapparate herstellte. Nach Kriegsende enteignet, baute dann der volkseigene Betrieb (VEB) Leipziger Pianofortefabrik, später die Deutsche Pianounion hier weiter Klaviere und Flügel.
Bereits in den 1930er-Jahren entstand im Süden Böhlitz-Ehrenbergs eine „Randsiedlung" mit Doppelhäusern, deren Straßen Vogelnamen erhielten. Und seit 1907 ist Böhlitz-Ehrenberg auch mit der Leipziger „Bimmel" zu erreichen.
In den 1990er-Jahren mussten viele der ansässigen Betriebe schließen, so 1998 das Dieselmotorenwerk. Auf mehreren Arealen entstanden neue Eigenheimsiedlungen, nach 1993 auch auf Brachen ein neues Ortszentrum mit Einrichtungen zum Wohnen, Einkaufen und für die Verwaltung.

Sehenswertes

▸ Katholische St. Hedwig-Kirche
Sie gehört zur katholischen Liebfrauengemeinde, wurde im Jahr 1954 errichtet und bietet Platz für 150 Besucher. Die Kapelle ist innen mit viel Holz ausgestaltet. Der intime Charakter empfiehlt sie für kleine Konzerte und Taizé-Andachten ebenso wie für Trauungen.
Adresse: Pestalozzistr. 17, 04178 Leipzig

▸ Kirchgemeindehaus
Das Kirchgemeindehaus, 1926/27 im Stil des Art déco errichtet, beherbergt einen großen Saal. Die Giebelfassade mit ihren drei Arkadenbögen ist im Originalzustand erhalten. Die Ausgestaltung der Innenräume geht auf den Leipziger Architekten und Bildhauer Max Alfred Brumme (1891–1967) zurück. Vor allem die bildkünstlerische Gestaltung des großen Kirchsaales gilt als ein architekturhistorisch einzigartiges Zeugnis des Art déco in Leipzig. Neben dem Hauptgebäude befindet sich ein freistehender Glockenturm mit den 1910 gestifteten Glocken. In den Supraporten der Altarseite stehen Figuren der Heiligen Petrus und Paulus mit für das Art déco typischen Gewanddrapierungen. Der Altartisch wird von zwei Schnitzfiguren getragen. Ein Flügel ersetzt die Orgel.
Adresse: Johannes-Weyrauch-Platz 2, 04178 Leipzig, 🌐 www.kirche-boehlitz-ehrenberg.de

Die Straßenbahn-Linie 7 fährt nach Böhlitz-Ehrenberg.

▸ Wasserturm
Für eine zentrale Wasserversorgung wurde 1911/12 der Wasserturm errichtet. Mit seiner Höhe von heute 54,6 Metern ist er das weithin sichtbare Wahrzeichen Böhlitz-Ehrenbergs und daneben auch einer der höchsten Wassertürme in Deutschland. Der Hochbehälter fasst bis zu 500 Kubikmeter Wasser und dient seit dem Anschluss der örtlichen Wasserversorgung an eine Hauptwasserleitung als Ausgleich für Verbrauchsspitzen sowie der Erhaltung eines gleichmäßigen Wasserdruckes. Die Uhr des Turmes mit drei Zifferblättern spendete Carl Hinné. Die ursprünglich höhere Turmspitze fiel einer kurzzeitigen Beschießung des Turmes durch amerikanische Truppen gegen Ende des Zweiten Weltkrieges zum Opfer. Seine heutige Spitze erhielt der Turm Ende Oktober 2006.
Adresse: Heinrich-Heine-Str., 04178 Leipzig

Das Wasserwerk mit Pumpenhaus, ein technisches Denkmal, liegt abseits im Wald.

Bürgertreffs

▸ Bürgergesellschaft Böhlitz-Ehrenberg
Die Veranstaltungen der Bürgergesellschaft finden im großen Saal der Großen Eiche statt.

Adresse: Nikischstr. 11, 04178 Leipzig, www.bgbe.de

▸ **Große Eiche**
Soziokulturelles Zentrum Böhlitz-Ehrenberg
Adresse: Leipziger Str. 81, 04178 Leipzig, www.bgbe.de

Gedenkstätten

▸ **FIR-Gedenktafel**
Die Steintafel trägt die Inschrift und die Buchstaben FIR, die Abkürzung für die antifaschistische Dachorganisation „Fédération Internationale des Résistants". Sie wurde 1960 zur Erinnerung an alle Opfer und Verfolgten des Naziregimes aufgestellt, ehemals im Bielagarten an der Bielastraße in Ecklage Heinrich-Heine-Straße. Speziell gewidmet ist sie sieben sowjetischen und einem polnischen Zwangsarbeiter, die auf dem Friedhof Burghausener Straße 21 beerdigt sind.
Adresse: Leipziger Str., 04178 Leipzig

Sportangebote

Aufbau Böhlitz-Ehrenberg e. V., Rollhockeyclub, Spielstätte: Rollhockeystadion, Ludwig-Jahn-Str. 24, 04178 Leipzig, www.rhc.aufbau.de
TSV Böhlitz-Ehrenberg 1990 e. V., Fußball, Gymnastik, Spielstätte: Ludwig-Jahn-Str. 12 c, 04178 Leipzig; Adresse: Leipziger Str. 124, 04178 Leipzig, www.tsvbe.de
Reit- und Voltigierverein Böhlitz-Ehrenberg e. V., Leipziger Str. 34, 04178 Leipzig, www.reiten-in-leipzig.de

Veranstaltungen und Feste

Lesefest auf dem Goetheplatz, jährlich geplant
Ortsfest Böhlitz-Ehrenberg, August
Weihnachtsmarkt, Dezember

Gundorf

(Stadtbezirk Alt-West)

Die erste urkundliche Erwähnung Gundorfs stammt aus dem Jahre 974 als Schenkung Ottos II. an den Merseburger Bischof Giselher von Magdeburg. Der Ortsname soll auf einen Mönch Gundo zurückgehen, der sich hier ansiedelte. 1269 erhielt das Petri-Kloster in Merseburg das Recht zur Erhebung von Abgaben und die Gerichtsbarkeit übertragen. Seit dem 1. Januar 1999 gehört es als Teil von Böhlitz-Ehrenberg zur Stadt Leipzig.

Sehenswertes

▸ **Kirche Gundorf**
Die Kirche in Gundorf wurde wohl bereits im 12. Jahrhundert aus Bruchsteinen und Mörtel erbaut. Die Kanzel stammt aus dem Jahre 1626, das Taufbecken von 1720. Die Emporen wurden erst bei einer Renovierung 1902 eingebaut. Die Glocken der Kirche, deren älteste 1450 gegossen worden war, mussten während des Zweiten Weltkrieges abgeliefert werden. Drei neue Glocken wurden 1959 geweiht.
Adresse: Gundorfer Kirchweg 2, 04178 Leipzig

Die Grabstätte der Familie Schlohbach.

▸ Friedhof Gundorf

Der Friedhof, rund 500 Meter südlich der Gundorfer Kirche gelegen, dient auch als Friedhof für die Kirchgemeinde Böhlitz-Ehrenberg. Die Glocke aus der Friedenskirche, ein Geschenk der Michaelis-Friedens-Kirchgemeinde, wurde 2013 neben der Kapelle aufgebaut.

Die Kapelle Gundorf im Stadtteil Böhlitz-Ehrenberg.

▸ Schloss Gundorf

Im Zuge der Säkularisation gelangten das Abtei- und das Klostergut an den damaligen Landesherrn, der es dem Bauern Valentin Kietz verkaufte. Der Leipziger Obergerichtsrat J. Fritzsche nahm das Dorf 1661 in seinen Besitz. Ihm gehörte bereits das Gut Scherbitz. Fortan wurde das Gundorfer Klostergut Neuscherbitz genannt. Das Herrenhaus des Ritterguts wurde 1720 von Johann Ernst Kregel von Sternbach erbaut. Den anschließenden Park gestaltete Peter Joseph Lenné.
Im Jahr 1881 erwarb der Leipziger Unternehmer und Stadtverordnete Albin Ackermann Schloss und Gut Gundorf. Sein Monogramm „AA", das sich ursprünglich an der Villa Ackermann in Leipzig befand, schmückt heute noch die großen Flügeltüren am Haupteingang des Schlosses. 1902 führte man die offizielle Bezeichnung Rittergut Gundorf ein. Den kleinen Turm ließ Erich Ackermann, der das Gut 1922 übernahm, Anfang des 20. Jahrhunderts anbauen. Im Jahre 1938 verkaufte er es für 2,6 Millionen Reichsmark an die Stadt Leipzig. Heute befindet sich ein Reiterhof auf der Anlage, das Gebäude selbst wurde renoviert.
Adresse: Leipziger Str. 206–208, 04178 Leipzig

Das Schloss Gundorf in Böhlitz-Ehrenberg.

▸ Schlobachs Hof

Nach Stilllegung der Schlobachschen Ziegelei 1919 wurde Schlobachs Hof errichtet, der bis 1922 selbständiger Gutsbezirk war und anschließend zur Gemeinde Gundorf gehörte. Das Sächsische Landwirtschaftsministerium verlieh dem Gut 1929 den Status einer staatlichen Lehranstalt. Ab 1936 diente sie als Praktikumshof der Universität Leipzig für das Fach Geflügelzucht. Im Jahre 1950 gründete das Sächsische Ministerium für Land- und Forstwirtschaft hier eine staatliche Lehranstalt für Landarbeit, die bereits ein Jahr später der Deutschen Akademie

für Landwirtschaftswissenschaften zu Berlin angegliedert wurde. Ab 1953 übernahm die Abteilung Kleintierzucht der Landwirtschaftlichen Fakultät der Universität Leipzig Schlobachs Hof. Nach der Schließung 1992 ging das Gut in Privatbesitz über. Seit 1995 wurde es unter anderem als Reiterhof genutzt. Nicht alles ging glatt hier. 2016 ersteigerte eine Verwaltungsgemeinschaft den Hof mit dem Ziel der Schaffung einer Kompensationsmaßnahme unter Beachtung des Denkmalschutzes. Seitdem werden Nachnutzungsmöglichkeiten geprüft. Die Kommune Leipzig schätzt die Umgestaltung zum „Informationszentrum Auenlandschaft" als „umsetzbar" ein. Ein eingetragener Verein engagiert sich aktiv für die Zukunft des Areals.
Adresse: Schlobachshof e.V., Zum Forstgut 1, 04178 Leipzig, 🌐 www.schlobachshof.com

Natur und Landschaft

▸ Gundorfer Lache
Sie ist ein 2,3 Hektar großes Gebiet inmitten des Auwaldes, der hier von der Alten Luppe durchflossen wird. Es ist als Lebens- und Rückzugsraum verschiedener Vogel- und Amphibienarten besonders schutzwürdig und deshalb seit 2002 als Flächennaturdenkmal ausgewiesen.

▸ Elster-Saale-Kanal
Von 1933 bis 1943 am Südrand von Böhlitz-Ehrenberg unvollendet gebaut. 1934 erfolgte die Eingemeindung der Nachbargemeinde Gundorf, die fortan offiziell Böhlitz-Ehrenberg-West hieß. Damit hatte sich das Gebiet Böhlitz-Ehrenbergs bis an die sächsisch-preußische Grenze ausgedehnt.

Kleingärten

KGV Erdenglück e.V. mit 55 Parzellen; Bielastr. 75, 04178 Leipzig, 🌐 www.kgv-erdenglueck.de

KGV Sommerfreude e.V. mit 184 Parzellen; Ludwig-Jahn-Str. 7, 04178 Leipzig, kleingarten-leipzig.de/kreisverband/vereine/sommerfreude-e-v/

KGV Vorwärts e.V. mit 214 Parzellen; Zum Leutzscher Holz 21, 04178 Leipzig, 🌐 www.kgv-vorwaerts.de

An den Sprikken e.V., Gemeinschaftsgarten mit 147 Parzellen; Burghausener Str. 3, 04178 Leipzig, 🌐 www.kleingarten-leipzig.de/kreisverband/vereine/an-den-sprikken-e-v/

Burghausen-Rückmarsdorf

(Stadtbezirk Alt-West)

Das ehemalige Dorf liegt nahe am Elster-Saale-Kanal. Innerhalb Burghausens befindet sich der bewaldete und etwa 30 Hektar große Hügel Bienitz. Seit 2000 bildet Burghausen gemeinsam mit Rückmarsdorf den heutigen Ortsteil Burghausen-Rückmarsdorf.
Urkundlich aufgeführt wurde die Ortschaft 1269 und 1285 als Barchhusen. Die Lehen des Dorfes Burghausen wurden an das Peterskloster Merseburg weitergegeben, welches um 1250 am Bienitz einen Weinberg unterhielt. Burghausen zählte zu dieser Zeit zu den Kammergütern des Klosters. Nach der Auflösung des Petersklosters gehörte der Ort als eines von vier Abteidörfern von 1562 bis 1815 zum hochstift-merseburgischen Amt Schkeuditz, das seit 1561 unter kursächsischer Hoheit stand und zwischen 1656/57 und 1738 dem Sekundogenitur-Fürstentum Sachsen-Merseburg angehörte. Um 1814 umfasste das Dorf 28 Gebäude. Am 17. April 1945 zogen Truppen der US-Armee

in Burghausen ein. Von ihnen teilweise zerstörte Teile des Schießplatzes wurden später wiederaufgebaut. Bei der Kreisreform in der DDR wurde Burghausen sechs Jahre zuvor dem Kreis Leipzig-Land im Bezirk Leipzig zugeteilt, der 1994 zum Landkreis Leipziger Land kam. Burghausen war von 1839 bis 1993 eine selbstständige Gemeinde. Im Jahr 1994 schloss sie sich mit den benachbarten Gemeinden Rückmarsdorf und Dölzig (einschließlich Ortsteil Priesteblich) zur neuen Gemeinde Bienitz zusammen, die ihren Namen nach der bewaldeten Erhebung ungefähr in der Mitte der drei ehemaligen Orte führt.

Sehenswertes

▸ Alte und Neue Wache
1893 wurde für die kaiserlich-königliche Armee auf dem Bienitz ein Gebäude als Wohnung des Schießplatzaufsehers – die heutige „Alte Wache" – erbaut. Über 100 Jahre wurde das Gebäude militärisch genutzt, Ende 1989 als Militärgelände aufgelöst, renaturiert und als „Alte und Neue Wache" unter anderem mit Mitteln der Europäischen Union restauriert. Im Jahre 1997 kaufte die Gemeinde Bienitz das Flurstück 337/2 mit einer Fläche von 24,6 Hektar. Ab 1998 erfolgten der Rückbau der militärischen Anlagen, die Rekultivierung des Geländes und die Sanierung der zwei historischen Gebäude. Die erforderlichen Arbeiten fanden im Herbst 2001 ihren Abschluss. Investiert wurden bis dahin mehr als 2 Millionen Deutsche Mark (etwa 1 Million Euro).
Am 19. Dezember 2001 übergab das Leipziger Grünflächenamt, als offizieller Verwalter des Bienitzgeländes, die denkmalgeschützte „Alte Wache" an den Heimatverein Burghausen zur Nutzung. Seitdem sind hier zahlreiche Exponate archiviert. Der größte Raum im Erdgeschoss dient als Ausstellungsraum zu Burghausen-Themen.

Das Rathaus Rückmarsdorf.

Die „Neue Wache“ ging an den Indianistik-Club „Ahwigacha“ Burghausen, der hier im Erdgeschoss ein neues Domizil fand.
Adresse: Bienitzstr. 26, 04178 Leipzig,
🌐 www.burghausen-bienitz.de

Gedenkstätten

▸ Gedenkstein an der „Alten Wache“

Im Zweiten Weltkrieg wurden auf dem Terrain des Schießplatzes nicht nur Schießübungen durchgeführt, sondern auch von den Militärgerichten wegen Wehrkraftzersetzung, Fahnenflucht oder Selbstverstümmelung zum Tode verurteilte Wehrmachtsangehörige erschossen.
Diesen Opfern der NS-Militärjustiz ist seit Herbst 2001 der Findling aus Granit gewidmet. Die Bronzetafel trägt folgende Inschrift:
ZUR ERINNERUNG
AN DIE OPFER DER
NATIONALSOZIALISTISCHEN MILITÄRJUSTIZ
DIE IN DEN JAHREN VON 1940 BIS 1944
AUF DEM EHEMALIGEN
MILITÄRSCHIESSPLATZ BIENITZ
WEGEN FAHNENFLUCHT,
WEHRKRAFTZERSETZUNG ODER
SELBSTVERSTÜMMELUNG
HINGERICHTET WORDEN SIND
Adresse: Bienitzstr. 26, 04178 Leipzig,
🌐 www.burghausen-bienitz.de

Der Gedenkstein am Wachberg.

▸ Tafel am Haus Dorfplatz 21 und Gedenkstein

Sie erinnert an den kommunistischen Gemeindeverordneten Arthur Heidrich, der 1936 im Zuchthaus Waldheim seinen erlittenen Misshandlungen erlag. Auch ein Platz wurde nach ihm benannt. Hier gedenkt man aller antifaschistischer Widerstandskämpfer mit einem 1985 eingeweihten Stein. Auch ein Gedenkstein am Fuße des Bienitz erinnert seit 2001 an Wehrmachtsangehörige, die zum Tode verurteilt und auf dem Schießplatz hingerichtet wurden.
Adressen: Dorfplatz 21/ Arthur-Heidrich-Platz, Bienitzberg, 04178 Leipzig

Sportangebote

▸ Sportgemeinschaft Leipzig-Bienitz

Zusammenschluss der Sportvereine Burghausens und Rückmarsdorfs: Fußball, Triathlon und Gymnastik
Adresse: Sportanlage Richard-Leisebein-Str. 20, 04178 Leipzig,
🌐 www.sg-leipzig-bienitz.de

▸ Rodelberg

Adresse: Westhang des Bienitz

▸ Elster-Saale-Kanal

Ruderstrecke, Badegewässer und Eislaufstrecke, Wander- und Radweg entlang des Ufers. Sportstätte der Ruderabteilung des SC DHfK Leipzig

Freizeit

▸ Heimatverein Burghausen e. V.

Führungen durch die „Alte Wache“, Erläuterungen zu Fauna und Flora des Bienitzgebietes, Hilfe bei der Projektarbeit von Kita und Schulen durch Exkursionen oder Radtouren, Einsicht in historische Dokumente.

Adresse: Bienitzstr. 26, 04178 Leipzig, www.burghausen-bienitz.de

Natur und Landschaft

▸ Gelände des ehemaligen Schießplatzes
Burghausen erwarb es 1997, um es im Rahmen der Einrichtung eines Naturlehrpfads zu rekultivieren.

Kleingartenvereine

KGV Zum Bienitz e.V. mit 84 Parzellen; Miltitzer Str. 16, 04178 Leipzig, www.kgv-zum-bienitz-ev.de
KGV Am Kanaldreieck e.V. mit 210 Parzellen; Merseburger Str. 240, 04178 Leipzig, www.kgv-am-kanaldreieck.de
KGV Am Kanal e.V. mit 217 Parzellen; Miltitzer Str. 14, 04178 Leipzig
Gartenfreunde West Rückmarsdorf e.V. mit 225 Parzellen; Merseburger Str. 223, 04178 Leipzig, www.gartenfreunde-west-ruckmarsdorf-ev.business.site

Leutzsch

(Stadtbezirk Alt-West)

Leutzsch, seit 1922 eingemeindet, gilt weitestgehend als Arbeiter- und Industriellenviertel der Gründerzeit. Doch es ist vielmehr: Schließlich gibt es hier auch exklusive Villenviertel und mit dem Leutzscher Holz und der Burgaue im Auwald sowie an den Flüssen Nahle und Kleine Luppe viel Grün. Hier lebten unter anderen der Maler Bernhard Heisig, der Dirigent Kurt Masur sowie der Komponist und Gründer des Leipziger Rundfunkkinderchores Hans Sandig. Sportfans pilgern regelmäßig zum Alfred-Kunze-Sportpark, der Heimspielstätte des Fußballvereins Chemie Leipzig.

Die ursprüngliche Siedlung besteht vermutlich seit der altsorbischen Landnahme im 8. Jahrhundert. Der einstige Dorfkern lag an der heutigen Straße Am Tanzplan.
Seit 1899 fährt die Leipziger Straßenbahn bis zur Endhaltestelle Leutzsch. Der 1908 gebaute Straßenbahnhof ist inzwischen stillgelegt, zahlreiche Industriebauten nach 1990 auch. Sie verfallen weiter oder wurden vor allem von freien Trägern für Kunst und Kultur neu entdeckt. Die Magistrale Georg-Schwarz-Straße, zu DDR-Zeiten stark verfallen, erfährt nach und nach eine Aufwertung.

Bürgerverein Leutzsch e.V.
Georg-Schwarz-Str. 122
04179 Leipzig
www.buergervereinleutzsch.de

Die ehemalige Dorfkirche in Leutzsch.

Sehenswertes

▸ An der Pfingstweide

Zwischen Heimteich- und Hellerstraße baute die Stadt Leipzig von 1925 bis 1930 eine kommunale Siedlung mit 330 Wohneinheiten nach Entwürfen von Carl James Bühring und Hubert Ritter.
Adresse: An der Pfingstweide, 04179 Leipzig

▸ Ev.-Luth. St.-Laurentius-Kirche

Die einstige Marienkapelle wurde 1397 zur Dorfkirche St. Laurentius erhoben.
Adresse: William-Zipperer-Str. 149, 04179 Leipzig, 🌐 www.kirchgemeinde-leutzsch.de

Die Friedhofskapelle in Leutzsch.

▸ Jugendstil-Villen

Unter den exklusiven Villen im Jugendstil auf teils parkartigen Grundstücken gelten die 1902 nach einem Entwurf von Julius Zeißig für den Kofferfabrikanten Anton Mädler erbaute Mädler-Villa sowie die des Pelzhändlers Curt Thorer als besonders stilvoll. Heute hat dort das Verwaltungsgericht Leipzig seinen Sitz. Zahlreiche Gebäude, insbesondere Wohnhäuser aus der Gründerzeit und Jugendstil-Villen, sind eingetragene Kulturdenkmäler.
Adresse Mädler-Villa: Hans-Driesch-Str. 2, 04179 Leipzig, 🌐 www.maedlervilla.de
Adresse Verwaltungsgericht: Rathenaustr. 40, 04179 Leipzig, 🌐 www.justiz.sachsen.de/vgl

Die Mädler-Villa in der Hans-Driesch-Straße.

▸ Katholische St.-Theresia-Kirche
Im 19. Jahrhundert im Stil des Historismus erbaut, wurde sie inzwischen saniert. Der Klinkerbau mit Dachgauben dient heute als Kindergarten und kann nicht besichtigt werden.
Adresse: Am langen Feld 29, 04179 Leipzig, 🌐 www.pfarrei-philipp-neri-leipzig.de

▸ Rathaus Leutzsch
Das 1904 gebaute Leutzscher Rathaus (entworfen von Pfeifer & Händel) beherbergt heute das Bürgeramt Leutzsch.
Adresse: Georg-Schwarz-Str. 140, 04179 Leipzig, 🌐 www.leipzig.de

Kunst und Kultur

▸ Atelierhaus in der Mädler-Villa
Wirkungsstätten verschiedener Künstlerinnen:
Atelier Alexandra Bonin: Malerei/Grafik/Illustration, 🌐 www.perlenundschiffe.wordpress.com
Atelier MaGi, Gitta Maxheimer: Malerei/Illustrationen, 🌐 www.atelier-gitta-maxheimer.com
Atelier MeGa, Gabriele Messerschmidt: Skulpturen/Bilder, gabriele-messerschmidt@web.de
Atelier Dagmar Zehnel: Malerei/Grafik/Objekte, 🌐 www.dagmar-zehnel.de
sowie
LunA – Leipzig und Autismus e.V., 🌐 www.leipzig-und-autismus.de
Adresse: Hans-Driesch-Str. 2, 04179 Leipzig, 🌐 www.maedlervilla.de

Sportangebote

▸ Alfred-Kunze-Sportpark (bis 1992 Georg-Schwarz-Sportpark)
Im Jahr 1920 eingeweiht, war er ab 1950 Heimstatt der BSG Chemie Leipzig, die 1951 und 1964 die DDR-Meisterschaft gewann. Nach 1990 setzte der FC Sachsen Leipzig die grün-weiße Tradition des Leutzscher Fußballs fort. Die 1997 zunächst als Förderverein und zur Erhaltung der Markenrechte wiedergegründete BSG Chemie Leipzig übernahm nach der Insolvenz des FC Sachsen 2011 den Spielbetrieb.
Adresse: Am Sportpark 2, 04179 Leipzig, 🌐 www.chemie-leipzig.de
TuS Leutzsch 1990 e.V.

Der Alfred-Kunze-Sportpark, Heimspielstätte von Chemie Leipzig.

▸ Fußballverein im Leipziger Fußballverband e.V.
Adresse: Sportplatz verlängerte Rietschelstraße, 04179 Leipzig, 🌐 www.tusleutzsch.de

▸ LTTV Leutzscher Füchse 1990 e.V.
erfolgreicher Tischtennisverein
Adresse: Wielandstr. 6, 04177 Leipzig, 🌐 www.leutzscher-fuechse.de

▸ Leipziger Schützengesellschaft e.V.
Adresse: Schießsportanlage Schützenhof, Hans-Driesch-Straße 2b, 04179 Leipzig, 🌐 www.lsg-ev.de

▸ Schwimmhalle West
Schul-, Vereins- und Freizeitsportlern stehen im 25-Meter-Becken fünf Schwimmbahnen zur Verfügung.
Adresse: Hans-Driesch-Str. 52 a, 04179 Leipzig, 🌐 www.l.de/sportbaeder/hallenbaeder/schwimmhalle-west/

▸ SV Leipzig Nordwest e. V.
Fußball und Billard
Adresse: Sportplatzanlage Willi Kühn, Merseburger Str. 187, 04179 Leipzig, 🌐 www.sv-leipzig-nordwest.de

Freizeitangebote

▸ ☺ Kojule Kinder- und Jugendtreff/ Caritasverband Leipzig e. V.
Offen für Kinder und Jugendliche von sechs bis 27 Jahren zur Lebenshilfe und für eine sinnvolle Freizeitgestaltung bei Sport und Spiel, Kochen und Backen, Musikworkshops, Bandproben und Gartenprojekten.
Adresse: Hans-Driesch-Str. 43, 04179 Leipzig, 🌐 www.caritas-leipzig.de

▸ Mädler-Villa
Das Erdgeschoss bietet ein stilvolles Ambiente für Tagungen, Seminare, Kaminabende, kulturelle Veranstaltungen sowie private Feierlichkeiten.
Adresse: Hans-Driesch-Str. 2, 04179 Leipzig, 🌐 www.maedlervilla.de

▸ Tüpfelhausen – Das Familienportal e. V.
Der engagierte Verein leistet in seinem Familienzentrum integrative Arbeit für Kinder, Jugendliche und Familien. Das breite Programm regt an, sich in der Töpfer- und Kreativwerkstatt auszuprobieren oder in der Krabbelgruppe, im Nähstübchen oder bei Spielstunden, Ernährungskursen und beim Kaffeeklatsch mitzumachen.
Adresse: Georg-Schwarz-Str. 116, 04179 Leipzig, 🌐 www.tüpfelhausen.de

▸ Villa Hasenholz
Die Gründerzeitvilla am Rande des Leipziger Auenwalds bietet Veranstaltungsräume für Kunst und Kultur, eigene Events und Gastronomie sowie einen großen, idyllischen Garten.
Adresse: Gustav-Esche-Str. 1, 04179 Leipzig, 🌐 www.villahasenholz.de

Natur und Landschaft

In Osten und Norden von Leutzsch liegen Teile des Leipziger Auwaldes bzw. Stadtwaldes. Er ist Erholungsort und die grüne Lunge von Leipzig.

Historische Gartenlaube in der Kleingartenanlage Weinberggärten.

Kleingärten

KGV Leipzig Leutzsch e. V. (Weinberggärten) mit 163 Parzellen; Weinbergstr. 7, 04179 Leipzig, 🌐 www.stadtverband-leipzig.de/kgv-leipzig-leutzsch-e-v-weinberggaerten/
KGV Leutzscher Aue e. V. mit Museumsgarten und 222 Parzellen; Vierackerwiesen 9, 04179 Leipzig, 🌐 www.stadtverband-leipzig.de/kgv-leutzscher-aue-e-v/

Lindenau – Altlindenau – Neulindenau

(Stadtbezirk Alt-West)

Altlindenau
Das Dorf Lindenau wuchs in der zweiten Hälfte des 19. Jahrhunderts nicht zuletzt durch den Industriepionier Karl Heine (1819–1888). Er entwickelte es zu einem industriellen Vorort mit städtischem Charakter. Als Rechtsanwalt und Unternehmer initiierte er weitsichtig den Ausbau der Industriebetriebe sowie der Infrastruktur und trug gleichzeitig in großem Maße zur Finanzierung der Projekte bei. Es gibt im Leipziger Westen kaum ein Areal, das nicht mit ihm verbunden ist und so trägt auch seit dem 31. Dezember 1904 ein Platz an der Karl-Heine-Straße seinen Namen. Teile von Lindenau gehören rein verwaltungstechnisch seit den 1990er-Jahren zu Plagwitz. So mancher neu zugezogene Bürger stritt schon darüber, ob er nun Lindenauer oder Plagwitzer ist.

Lindenau
Mit der Eingemeindung 1891 und dem Ausbau des Leipziger Westens zum Industriestandort wuchsen billig gebaute Mietskasernen mit wenig Wohnkomfort für Arbeiterfamilien in die Höhe. Als nach 1990 die Modernisierung der alten Bausubstanz einsetzte, wertete das ganze Straßenzüge auf, nicht zuletzt durch ihre Lage am Netz von Flüssen und Kanälen. Als Magistrale durchzieht die lebhafte Karl-Heine-Straße mit Bars, Cafés sowie Kinos und Veranstaltungsstätten hier vom Felsenkeller aus bis nach Neulindenau das

Die Helmholtzstraße in Lindenau mit der Philippuskirche. Ansicht von Nord über den Karl-Heine-Kanal.

Stadtviertel. So einige der Gebäude aus dem 19. Jahrhundert stehen derzeit leer. Ihre Fassaden bieten Street-Art-Künstlern gern genutzte Flächen.

Neulindenau
In diesem Kiez hinterließ die Industrialisierung besonders deutliche Spuren. Davon zeugen vor allem die alten Fabrikanlagen. Zudem ließ Karl Heine einen Kanal angelegen, um die in Lindenau und Plagwitz hergestellten, oft schweren, gusseisernen Güter leichter transportieren zu können. Dieser Kanal trägt heute seinen Namen und verbindet die Leipziger Gewässer mit dem Lindenauer Hafen.
Die seit den 1990er-Jahren meist leer stehenden alten Fabrikanlagen und Brachen geben heute den Rahmen für eine lebendige Kunst- und Kulturszene. Neben den bekannteren Kulturstätten finden sich auch viele kleinere Kunsträume. So ergibt sich im Zusammenspiel von innerstädtischen Wasserstraßen und neuen Radwegen mit der lebendigen Straßenszene hier eine urbane Infrastruktur, die die ehemaligen, zu DDR-Zeiten abgewirtschafteten Quartiere zu einem attraktiven Stadtbezirk aufgewertet hat.

Lindenauer Stadtteilverein e. V.
Bürgerverein für den Leipziger Stadtteil Lindenau
Roßmarktstr. 30
04177 Lindenau
www.lindenauerstadtteilverein.de

Sehenswertes

▸ Philippuskirche
Die evangelisch-lutherische Kirche, zwischen 1907 und 1910 errichtet, wird seit 2002 nicht mehr gemeindlich genutzt. Dafür bietet das denkmalgeschützte Ensemble in Trägerschaft der gemeinnützigen BBW-Gruppe sowie einem direkt angeschlossenen, modernen Inklusionshotel Räumlichkeiten für Seminare, Tagungen und private Events.
Adresse: Aurelienstr. 54, 04177 Leipzig,
www.philippus-leipzig.de

▸ Lindenauer Hafen
Kühne Visionäre träumten Anfang des 20. Jahrhunderts vom Anschluss Leipzigs an die Weltmeere. Wie bekannt, wurde daraus bis heute nichts. Nach 2000 ist an dieser Wasseranlage mit alten Speichern inzwischen ein neues Quartier entstanden, das Wohnen, Gewerbe und Freizeit kombiniert. Seit 2015 ist das Hafenbecken mit dem Karl-Heine-Kanal verbunden.
Adresse: Plautstr. 80, 04179 Leipzig,
www.lindenauer-hafen.de

▸ Lindenauer Markt
Während in Alt-Lindenau traditionelle Strukturen teilweise erhalten blieben, wirkt der Lindenauer Markt als Zentrum des Stadtteils ob seiner alten Bausubstanz, die leider einige Neubauten auf nicht eben harmonische Weise optisch stören. Nicht nur an den Markttagen herrscht hier reges Treiben. Zahlreiche Geschäfte sorgen für ein urbanes Wohngefühl.

Stolpersteine zur Erinnerung an die von den Nazis vertriebene Familie Oelsner.

Ein neues Wohngebiet am Lindenauer Hafen.

Kunst und Kultur

Geht man von den historisch gewachsenen Ortsteilen Lindenau, Alt- und Neulindenau aus, hat Lindenau vier Theaterspielstätten: die Musikalische Komödie im Haus Dreilinden, die Schaubühne Lindenfels und das Theaterhaus am Lindenauer Markt, in dem das Theater der Jungen Welt spielt. In sogenannten Wächterhäusern, die durch eine sinnvolle Nutzung vor dem weiteren Verfall bewahrt werden sollen, etablierten sich kleinere Kulturräume wie der Kunstverein D21 oder der Kuhturm e. V.

▸ Musikalische Komödie

Die „MuKo" hat wohl die spannendste Geschichte: Obwohl offizieller Teil der Leipziger Oper, besitzt sie ein komplettes Ensemble mit Chor, Ballettgruppe und Orchester. Ihr Repertoire reicht von der Operette bis zum Musical. Ein Vorgängerhaus am Platz wurde im 18. Jahrhundert als ältester Gasthof Lindenaus unter dem Namen „Drei Linden" erwähnt. Obwohl Napoleon hier nach der Völkerschlacht übernachtet haben soll, bebaute man das Areal Anfang des 20. Jahrhunderts neu. Im Hofbereich des Ensembles richtete 1912 die Brauerei C. W. Naumann einen prunkvollen Konzert- und Ballsaal mit 3000 Plätzen ein. Ab 1913 bespielte das „Varieté Drei Linden" die Räume, die „MuKo" setzt die Traditionen fort.
Adresse: Dreilindenstr. 30, 04177 Leipzig,
🌐 www.oper-leipzig.de/musikalische-komoedie

▸ ☺ Theater der jungen Welt

Dieses beliebte Stadttheater für Kinder, Jugendliche, junge Erwachsene und Familien ist nicht nur das älteste professionelle Kinder- und Jugendtheater Deutschlands. Es bietet mit seinem alters- und spartenübergreifenden Programm als offenes Bürgerhaus auch einen Ort der Vielfalt zur kulturellen Bildung.
Adresse: Lindenauer Markt 21, 04177 Leipzig,
🌐 www.theaterderjungenwelt.de

Ausstellungen, Museen & Galerien

D21 Kunstraum Leipzig e. V.
Verein zur Förderung und Vermittlung zeitgenössischer Kunst
Adresse: Demmeringstr. 21, 04177 Leipzig, www.d21-leipzig.de

f/stop – Festival für Fotografie Leipzig
Eines der wichtigsten Festivals für Fotografie in Deutschland: Es wurde von 2007 bis 2010 vom Zentrum für zeitgenössische Fotografie Leipzig e. V. (ZZF) jährlich ausgerichtet. Seit 2012 fand f/stop alle zwei Jahre statt. Im Jahr 2020 hat der D21 Kunstraum Leipzig e. V. die Trägerschaft übernommen.
Info: www.f-stop-leipzig.de

Goetz-Haus
Das Wohnhaus, um 1823 entstanden, zählt zu den wenigen erhaltenen Biedermeierhäusern in Leipzig. Hier lebte und arbeitete Ferdinand Goetz (1855–1915), eine bedeutende Persönlichkeit der deutschen Turngeschichte. Er leitete die Deutsche Turnerschaft von 1860 bis zu seinem Tod. Das von ihm 1877 initiierte Archiv der Deutschen Turnerschaft, später Bibliothek, wurde lange Jahre in Lindenau geführt und betreut. In den Jahren 2001/2002 wurde das Haus innen und außen umfassend saniert. Das Erdgeschoss wird heute als Restaurant genutzt.
Adresse: Lützner Str. 11, 04177 Leipzig

Kunstkraftwerk
Vielseitig bespieltes Ausstellungs-, Event- und Kulturzentrum auf dem Gelände der ehemaligen Großen Leipziger Straßenbahn.
Adresse: Saalfelder Str. 8 b, 04179 Leipzig, www.kunstkraftwerk-leipzig.com

Tapetenwerk
Die Kunstszene hat den Leipziger Westen entdeckt. Zu den mit neuem Leben erweckten maroden Fabrikhallen gehört auch das ehemalige Tapetenwerk. Verteilt auf 4400 Quadratmeter findet sich in den zum Teil behutsam sanierten Fabrikhallen eine interessante Mischung aus Galerien, Werkstätten, Ateliers, Büros und alternativen Wohnräumen. Der Bund Bildender Künstler e. V. betreibt zum Beispiel in Halle B eine Projektgalerie, dazu kommen Manufakturen für Schuhe, Glasbläserei und Schmuck sowie Ateliers für Fotografie, Architektur und Design. Nicht alle bleiben ewig, dafür kommen neue dazu. Und wie eh und je öffnen sich an den Wochentagen in der früheren Betriebskantine die beiden Luken zum Speisesaal.
Adresse: Lützner Str. 91, 04177 Leipzig, www.tapetenwerk.de

Freizeitangebote

cantus verus e. V.
Cantus, wie Lied und Gesang, und verus, wie echt, wahrhaftig, unverstellt: Neben dem gemeinschaftlichen Chorerlebnis ist den Sängerinnen und Sängern die spirituelle Dimension des gemeinsamen Tuns wichtig.
Adresse: Nachbarschaftsschule (Aula) Odermannstr. 4–6, 04177 Leipzig, www.cantus-verus.de

Crazy Generation Chor
Gemischter Chor, der am liebsten Rock-, Pop- oder Jazz-Arrangements interpretiert, aber auch klassisch singen kann.
Adresse: Lützner Str. 145, 04179 Leipzig, www.crazy-generation.com

Sonntagskind Leipzig
Chor mit einem Repertoire als Mischung von Popsongs, anspruchsvollen rockigen Titeln sowie klassischen Stücken. Die Mitglieder teilen sich auf in die Stimmgruppen Sopran, Mezzo und Alt.
Info: www.chorsonntagskind.jimdofree.com

Natur

▸ Henriettenpark
Auf einer Industriebrache mitten in Lindenau entstand von 1998 bis 2005 auf 18 000 Quadratmetern eine grüne Oase mit Rasenflächen, Bäumen und Büschen, Spielmauern aus Abbruchmaterial, Wegen aus Wildpflaster und Gleisplatten aus Beton. Der Park wertet die vormals maroden Industrie- und Arbeiterwohnquartiere deutlich auf.
Adresse: Lützner/Enders-/Henrietten-/Guts-Muths-Straße, 04177 Leipzig

▸ Karl-Heine-Platz
Dieses Areal war einst landwirtschaftliche Nutzfläche, später ein Friedhof, der im Zuge der immer größer werdenden Verstädterung nicht mehr ausreichte. Für die Gestaltung des später Karl-Heine-Platz genannten Friedhofes brachte die Gemeinde nach Ablauf der Ruhezeit in den 1890er-Jahren 15 000 Goldmark auf. Die Bezeichnung „Knochenplatz" hält sich, auch wenn die Anlage längst neugestaltet wurde und Spielbereiche erhielt. Obwohl in der Gemarkung Lindenau gelegen, wurde sie 1995 dem Sanierungsgebiet Plagwitz zugeordnet, um Fördermittel für die Instandsetzung zu erhalten.

Sportangebote

▸ Spielvereinigung 1899 Leipzig e. V.
Traditioneller Fußballverein mit Mannschaften für Kinder, Jugendliche und Erwachsene
Adresse: Karl-Enders-Sportpark, Demmeringstr. 104, 04179 Leipzig, www.spvgg-1899-leipzig.de

▸ Hockeyclub Lindenau-Grünau Leipzig e. V.
Adresse: Sporthalle Friesenstraße, Friesenstr. 6, 04177 Leipzig, www.hclg-leipzig.com, Alt-West, Lindenau

▸ SV Leipziger Sportlöwen e. V.
Judo, Fitness und verschiedene Kampfsportarten ab dem Vorschulalter
Adresse: Sporthalle GutsMuthsstraße, GutsMuthsstraße 16, 04177 Leipzig, www.leipziger-sportloewen.de

Kleingärten

▸ Annalinde gGmbH
Das soziale Landwirtschaftsprojekt betreibt einen Obst- und einen Gemeinschaftsgarten sowie eine Gärtnerei und vermittelt auch praktisches Wissen von Urban Gardening über gesunde Ernährung bis Klimawandel. Extras: offene Gartentage, Pflanzenverkauf, Gemüsekisten-Abo
Adresse: Lützner Str. 108, 04177 Leipzig, www.annalinde-leipzig.de

Gartenverein Neu-Lindenau e. V. mit 200 Parzellen; Saalfelder Str. 70, 04179 Leipzig, www.kgv-neu-lindenau.de
Kleiner Palmengarten e. V. mit 110 Parzellen; Demmeringstr. 105, 04179 Leipzig, www.kleiner-palmengarten-leipzig.de
KGV Westendgärten e. V. mit 150 Parzellen; Demmeringstr. 102, 04179 Leipzig, www.westendgaerten.vpweb.de
Schreberverein Leipzig-Lindenau e. V./ Friesengärten mit 249 Parzellen; Friesenstr. 17, 04177 Leipzig, www.friesengaerten.de
Schreberverein Phönix 1894 e. V. mit 163 Parzellen; Hauschildstr. 10, 04177 Leipzig, www.phoenix1894.de

Märkte

▸ Lindenauer Wochenmarkt
mittwochs und freitags 9 bis 16 Uhr

Zentrum-Mitte

(Stadtbezirk Mitte)

Bereits im 7. Jahrhundert siedelten sich an der Kreuzung der Handelswege Via Regia, die von Paris nach Nowgorod, und der Via Imperii, die vom nordeuropäischen Bergen nach Rom führte, Sorben an. Sie begründeten einen Handelsstützpunkt, dem sie den Namen Lipzk, „Ort bei den Linden", gaben. Das Jahr 1015, in dem der Bischof Thietmar von Merseburg „urbs Libzi" in einer Chronik erstmals erwähnte, gilt als Gründungsjahr der Stadt. Um 1165 erhielt Leipzig von Markgraf Otto dem Reichen den Stadtbrief, der dem Ort das Stadtrecht und Marktprivilegien zusprach. Als Maximilian I. 1497 der Stadt gar das kaiserliche Messeprivileg verlieh, begründete er ihren Ruhm als Messestadt von europäischem Rang. Leben, arbeiten, handeln, wohnen – das alles spielte sich innerhalb der Leipziger Stadtmauern ab. Deren Verlauf markiert heute der Promenadenring – und umschließt das Zentrum Leipzig Mitte.

Sehenswertes

▸ Altes Rathaus

Als der Leipziger Markt im 16. Jahrhundert seinen bis heute angestammten Platz bezog, baute man an seiner östlichen Längsseite 1556 bis 1557 ein Rathaus für die Stadt. Es ist einer der wichtigsten erhalten gebliebenen Renaissancebauten und ein Wahrzeichen Leipzigs. Seit die Stadtverwaltung 1905 in einen Neubau am Burgplatz zog, heißt der Bau zur besseren Unterscheidung Altes Rathaus.

Als Baumeister schrieb sich der Leipziger Bürgermeister Hieronymus Lotter (1497–1580) in die Annalen der Geschichte ein. Die asymmetrische Teilung der Fassade, ein stattliches Satteldach, abgetrennte Giebel sowie der Mittelturm mit der eleganten Sonnenuhr geben dem langgestreckten Bau einen unverwechselbaren Charakter. Der Turm fällt vor allem durch sein viereckiges Ober- sowie ein achteckiges Unterteil auf. Im Jahre 1564 erhielt der Turm seinen Balkon, 1599 den Austritt darüber.

Seit einer Rekonstruktion 1672 gibt die goldene Umschrift „NACH CHRISTI UNSERS HERRN GEBURT IN MDLVI ..." der Fassade zusätzlichen Reiz. Sie soll eine der längsten Umschriften der Welt sein. Im Jahre 1744 erhöhte Baumeister Christian Döring (1677–1750) den Turm im Stile des Barock. An die Stelle der gedrungenen setzte er eine schlanke Spitze. Insgesamt 40 Meter ist das Prachtstück nun hoch. Anstelle der hölzernen Ladenvorbauten entstand der Laubengang nach Renaissancevorbild wieder neu.

Adresse: Markt, 04109 Leipzig, 🌐 www.stadtgeschichtliches-museum-leipzig.de

▸ Alte Handelsbörse

Als Relikt aus der Zeit des Barock thront die Alte Börse auf dem Naschmarkt, 1678 bis 1687 als Versammlungsgebäude der Leipziger Kaufmannschaft nach einem Entwurf von Oberlandbaumeister Johann Georg Starcke (um 1649–1695) errichtet. In den Jahren 1699 bis 1706 hatte hier die erste Bank der Stadt, die Banco di Depositi ihren Sitz. Im Zweiten Weltkrieg ausgebrannt, wurde das Gebäude 1962 originalgetreu neu erbaut. Die Fenster des freistehenden Pavillons schmücken gleichmäßig die Fassade. Im lichten Börsensaal finden Konzerte, Feiern und Ausstellungen statt. An der prunkvollen

Leipzig von oben: In der Bildmitte sind die Thomaskirche und der Thomaskirchhof in der City zu sehen, im Hintergrund erhebt sich das offene Dach der Red-Bull-Arena am Übergang zum Auewald.

Treppenanlage sind zwei Knaben mit dem Leipziger Stadtwappen zu sehen, davor thront Johann Wolfgang von Goethe auf dem eigens für ihn errichteten Denkmal.
Adresse: Naschmarkt 1, 04109 Leipzig, www.stadtgeschichtliches-museum-leipzig.de

▸ Hauptbahnhof
Dieses Shoppingcenter mit Gleisanschluss beherbergt heute die Hauptbahnhof-Promenaden. Bevor der damals von den Dresdner Architekten William Lossow (1852–1914) und Max Hans Kühne (1874–1942) für 137 Mio. Mark gebaute größte Kopfbahnhof Europas nach rund zwölf Jahren Bauzeit in Betrieb ging, mussten ihm vier Einzelbahnhöfe weichen: der Dresdner, der Thüringer, der Magdeburger und der Berliner Bahnhof. Reisende stiegen an 26 Bahnsteigen und weiteren fünf Außenbahnsteigen ein und aus. Das zwischen 1909 und 1925 errichtete Empfangsgebäude ist mit seiner charakteristischen Sandsteinfassade ein Wahrzeichen der Stadt und stattliche 298 Meter breit. Wer genau hinsieht, erkennt zwölf große Figuren, die die Erbauer sowie typische Leipziger Berufe darstellen: Architekt, Ingenieur und Steinmetz, Zimmermann, Erd- und Eisenarbeiter sind es an der Westhalle, Professor,

Das Neue Rathaus.

Musiker, Student, Kaufmann, Buchdrucker und Zurichter an der Osthalle. Die Grundfläche der beiden Empfangshallen beträgt je 1620 Quadratmeter, ihre Höhe 26 Meter. Als technische Meisterleistung gilt die Querbahnsteighalle, die mit knapp 270 Metern Länge und 27 Metern Höhe beeindruckt.
Adresse: Willy-Brandt-Platz 7, 04109 Leipzig, www.promenaden-hauptbahnhof-leipzig.de

City-Tunnel
Die wohl vorerst letzte große bauliche Veränderung ist kaum zehn Jahre her: Am 14. Dezember 2014 rollten die ersten Züge durch die beiden je 1438 Meter langen Röhren des City-Tunnels, der im Hauptbahnhof beginnt und nach vier Stationen in bis zu 22 Metern Tiefe im Bayerischen Bahnhof die Waggons wieder ans Licht führt. Gebaut wurden vier unterirdische Stationen: Hauptbahnhof (tief), Markt, Wilhelm-Leuschner-Platz sowie Bayerischer Bahnhof.
Adresse: Willi-Brandt-Platz 7, 04109 Leipzig, www.promenaden-hauptbahnhof-leipzig.de

Neues Rathaus
In dem monumentalen Bau mit seinem Festsaal, zwei Wandelhallen, einem exakt 114,7 Meter hohen Turm und dem Ratskeller finden öffentliche Veranstaltungen, Rathausgespräche und Ausstellungen statt. Er entstand in den Jahren 1899 bis 1905 nach den Plänen und unter der Leitung des damals langjährigen Stadtbaudirektors Prof. Dr. Hugo Licht (1841–1923) auf den Grundmauern der 1897 abgebrochenen Pleissenburg. Zur Eröffnung am 7. Oktober 1905 reiste auch der sächsische König Friedrich August III. an. Als Wahrzeichen der Stadt ziert der Turm jede Leipzig-Silhouette. Die Zahl der Amtsstuben beträgt 578, rechnet man die 300 weiteren in dem 1912 fertiggestellten Stadthaus dazu, stehen der Stadtverwaltung hier an ihrem Hauptsitz knapp 900 Räume zur Verfügung. Das Stadthaus,

ebenfalls nach Entwürfen von Hugo Licht errichtet, ist über einen Bogengang direkt angebunden. Die seit Anfang der 1990er-Jahre durchgeführte Sanierung bringt die reich verzierten Fassaden und Dachaufbauten wieder zur Geltung.
Das Relief „Die den Bürger verschlingende Steuerlast" wirkt nicht ohne Ironie.
Adresse: Martin-Luther-Ring 4–6, 04109 Leipzig, www.leipzig.de

Passagen und Höfe
Praktischen Sinn beweisen die Leipziger Stadtplaner seither. Beredtes Beispiel sind die Durchgangshöfe. Bei der Belieferung der Messehäuser konnten die Pferdefuhrwerke damals einfach durchfahren, zum Ent- und Beladen im Trockenen stehen und anschließend ohne zu wenden weiterfahren. Bis heute gestalten Architekten in der City moderne Passagen zum Einkaufen, Flanieren, Genießen. Heinrich Stromer von Auerbach war der erste, der 1530 bis 1538, zu Zeiten der Warenmesse, einen Handelshof errichtete: **Auerbachs Hof**. Im 18. Jahrhundert baute man dann vor allem barocke Durchgangshäuser, die im Unterschied zu jenen der Renaissance einen einheitlichen Stil hatten und Fassaden aus Stein statt Fachwerk. Nur **Barthels Hof** am Markt ist heute noch in der barocken Architekturform erhalten geblieben.

Prächtig und luxuriös: die Mädler-Passage.

Der Eingang zu Auerbachs Keller, einem der zehn berühmtesten Restaurants dieser Welt.

Die Passage im Messepalast **Specks Hof** ist die älteste erhaltene in Leipzig. An **Steibs Hof** beeindruckt das verzierte Sandsteinportal am Eingang in der Nikolaistraße. Es erinnert ebenso an die große Ära des Pelzhandels wie das nur wenige Meter weiter stehende **Selters Haus**. Schräg gegenüber strahlt seit 2014 **Oelßner's Hof** in neuem Glanz und führt auf direktem Weg zur Ritterstraße.
Nicht unerwähnt bleiben soll, dass an der Stelle von Auerbachs Hof der Lederfabrikant Anton Mädler nach Entwürfen von Theodor Kösser 1912 bis 1914 die **Mädler-Passage** errichten ließ. Mit ihrer zentralen Rotunde (nach dem Vorbild der Mailänder Passage „Galleria Vittorio Emanuele II") gilt sie bis heute als luxuriöseste aller Leipziger Passagen. Ein Anziehungspunkt hier ist nicht zuletzt das im Souterrain etablierte Restaurant **Auerbachs Keller**, 1525 als Weinausschank gegründet, steht es heute auf der Liste der zehn berühmtesten Restaurants dieser Welt.
Ein beredtes Beispiel für die Fortführung der Leipziger Passagen-Tradition ist der 1997 eröffnete Strohsack der Architekten Appel, Behzadi und Bohne. Das Ensemble mit der Passage zwischen Nikolai- und Ritterstraße verfügt über drei unterschiedlich gestaltete

Höfe und eine imposante Bodenuhr, die der Architekt Anuschah Behzadi mit dem Leipziger Künstler Reinhard Minkewitz geschaffen hat. Ihr Durchmesser beträgt 3,60 Meter.

Adressen:
Kretschmanns Hof/Blauer und goldener Stern: Hainstraße 14/Katharinenstr. 17, 04109 Leipzig
Mädler-Passage: Grimmaische Str. 3–47, Neumarkt 14, 04109 Leipzig
Messehof-Passage: Petersstr. 15, Neumarkt 16/18, 04109 Leipzig
Selters Haus: Nikolaistr. 47–51, 04109 Leipzig
Specks Hof: Reichsstr. 4–6, 04109 Leipzig
Steibs Hof: Nikolaistr. 28–32, 04109 Leipzig, www.steibs-hof.de
Strohsack-Passage: Nikolaistr. 6–10, 04109 Leipzig

▸ Prächtige Stadtpalais

In Leipzig entwickelte sich mit der zunehmenden Bedeutung als Messeplatz ein starkes Bürgertum. Händler und Großkaufleute ließen sich oft großzügige Wohnhäuser bauen. Honoratioren der Stadt wie Bürgermeister Franz Conrad Romanus (1671–1746), der Bankier Christian Gottlob Frege (1715–1781) und der Handelsherr Peter Hohmann (1663–1732) lebten hier Seite an Seite. Noch heute tragen die markanten Bauten ihre Namen.

Alte Waage: Markt 4, 04109 Leipzig
Fregehaus: Katharinenstr. 11, 04109 Leipzig
Hôtel de Pologne: Hainstr. 14–16, 04109 Leipzig
Klingerhaus: Petersstraße 48, 04109 Leipzig
König-Albert-Haus: Markt 9/Barfußgässchen 2/8, 04109 Leipzig
Königshaus: Markt 17, 04109 Leipzig
Riquet-Haus: Schumachergässchen 1, 04109 Leipzig
Romanushaus: Katharinenstraße 21, 04109 Leipzig
Städtisches Kaufhaus: Neumarkt 9–19, 04109 Leipzig
Trifugium: Barfußgässchen 11, 13 und 15, 04109 Leipzig

▸ Krochhaus

Dieses erste Leipziger „Hochhaus“ mit ansehnlichen elf Etagen baute 1927/29 der Architekt German Bestelmeyer (1874–1942) für das Bankhaus Kroch. Die Verkleidung und die bauplastischen Teile des Hochhauses bestehen aus Muschelkalk. Berühmt sind die Glockenmänner auf dem Dach: Als Vater und Sohn schlagen sie noch heute Leipzig die Stunde. Unter ihnen befindet sich die lateinische Inschrift „Omnia vincit labar“, zu Deutsch „Arbeit überwindet alles“. Die von der 1808 gegründeten Turmuhrenfabrik Bernhard Zachariä im zehnten Geschoss geschaffene Uhr, an der auch die Mondphasen abzulesen sind, flankieren zwei steinerne Löwen. Die ehemalige Schalterhalle des Krochhauses im Interieur des Art déco beherbergt das Ausstellungszentrum der Universität Leipzig. Einen Blick wert ist der Neptunbrunnen aus Terrakotta mit der vergoldeten Figur des Meeresgottes.

Adresse: Goethestr. 2, 04109 Leipzig

Das Kroch-Hochhaus am Augustusplatz bei Nacht.

Nikolaikirche und Friedenssäule auf dem Nikolaikirchhof.

▸ Nikolaikirche

Die Nikolaikirche fand bereits 1017 als Pfarrkirche Erwähnung. Ihre Weihe auf den Schutzheiligen der Reisenden und Kaufleute, St. Nikolaus, geht auf 1175 zurück. Nach mehrfachen Umbauten sind heute die Spuren von fünf Baustilen zu erkennen: Romanik, Gotik, Renaissance, Barock und Klassizismus. In die jüngste Geschichte ging die Kirche durch Friedensgebete ein, die seit den 1980er-Jahren während der Montagsandachten stattfanden. Sie entwickelten sich zu einem Treff für Bürger aus Leipzig und der Region, die einen Ort suchten, wo stiller Widerstand gegen das DDR-Regime möglich war. Das Schild „Kirche: offen für alle" gilt als ein Symbol der Friedlichen Revolution von 1989.
Adresse: Nikolaikirchhof, 04109 Leipzig,
🌐 www.nikolaikirche-leipzig.de

▸ Alte Nikolaischule

Im unmittelbaren Umfeld der Nikolaikirche finden sich das Predigerhaus, die Friedenssäule und die Nikolaischule mit dem Antikenmuseum der Universität. In den Räumen der klassizistischen Aula von 1827, in Foyer und Lounge finden Konzerte, Lesungen und Ausstellungen, Feiern und Vorträge statt. Im Dachgeschoss hat die Geschäftsleitung der Kulturstiftung ihren Sitz. An der Fassade rankt eine Weinrebe empor.
Adresse: Nikolaikirchhof 2, 04109 Leipzig,
🌐 www.kulturstiftungleipzig.de

▸ Universitätskirche/Paulinum

Das neu errichtete Paulinum dient zugleich als Universitätskirche und Aula der Universität. Bis 1968 stand an diesem Ort die spätgotische Hallenkirche St. Pauli. Ursprünglich gehörte sie dem Dominikanerorden und wurde nach der Reformation der Universität Leipzig übereignet. Jahrhundertelang war sie ein geistiges wie geistliches Zentrum von Universität und Stadt. Die Kirche überstand den Zweiten Weltkrieg nahezu unbeschädigt und war nach Kriegsende zusätzlich Heimstätte der katholischen St. Trinitatis-Gemeinde. Am 30. Mai 1968, dreiundzwanzig Jahre nach Kriegsende, wurde sie jedoch in einem Akt staatlicher Willkür gesprengt, um einem sozialistischen Mustercampus Platz zu machen. Nach dem Fall der Mauer 1990 ergab sich bald die Frage nach einem Wiederaufbau. Nach langen, zum Teil heftig kontrovers geführten Diskussionen sowie zwei Architekturwettbewerben fiel 2004 die Entscheidung für einen Neubau. Der Entwurf wurde vom niederländischen Architekten Eric van Egeraat gestaltet. Spätgotische und andere, asymmetrische Elemente erinnern an die traditionsreiche Geschichte und ebenso an die brutale Zerstörung. Im Altarbereich der Kirche sind gerettete Originalstücke der alten Paulinerkirche ausgestellt, darunter ein kunstgeschichtlich höchst bedeutungsvolles Ensemble akademischer Grabplatten aus dem 16. bis 18. Jahrhundert. Die Rekonstruktion der Epitaphien wurde 2020 mit dem Europa Nostra Award der EU ausgezeichnet.
Adresse: Augustusplatz, 04109 Leipzig,
🌐 www.uni-leipzig.de

Zusätzlich sehenswert
Goerdeler-Denkmal, Martin-Luther-Ring/ Neues Rathaus, 04109 Leipzig
Goethedenkmal, Naschmarkt, 04109 Leipzig
Leibniz-Denkmal, Universitätsstraße 3, 04109 Leipzig
Probsteikirche St. Trinitatis, Nonnenmühlgasse, 04107 Leipzig, 0341/9800635, www.probsteikirche-leipzig.de
Rathausbrunnen, Burgplatz, 04109 Leipzig

Die Alte Börse am Naschmarkt mit dem Goethedenkmal.

Kunst und Kultur

Gewandhaus
Die Stadt Leipzig verdankt 16 Stiftern, Adligen und Bürgern sowie 16 Spielern, Stadtpfeifern und Kunstgeigern das Gewandhaus. Es ist eines der berühmtesten Orchester Europas, wie jeder Leipziger nur zu gern behauptet. Sein Konzerthaus wirkt auf jeden Fall als imposantes Gebäude, das unter seinem Dach beste Bedingungen für vielfältige Kunstgenüsse bietet. Ohne es zu ahnen, haben die Gründungsväter eines privaten Aufführungsvereins im März 1743 das Fundament für die Zukunft dieses großen Orchesters gelegt. Die ersten Konzerte fanden noch im Hause des Buchhändlers Gleditzsch statt, doch bald schon wurde es dort zu eng. Man zog mehrmals um, zuletzt im November 1981 in das Neue Gewandhaus an der Südseite des Karl-Marx-Platzes, der längst wieder seinen ursprünglichen Namen Augustusplatz trägt. Den Ausschlag für die Durchsetzung der Idee gab nicht zuletzt das stete „Treiben" von Gewandhauskapellmeister Kurt Masur (1927–2015), der die Pläne des Chefarchitekten Rudolf Skoda (1931–2015) beeinflusste und während der 57-monatigen Bauzeit mit dem Architektenteam eng zusammenarbeitete.
Adresse: Augustusplatz, 04109 Leipzig, www.gewandhaus.de

Oper
Unter der Dachmarke „Oper Leipzig" finden sich das Opernhaus mit Oper und Ballett, Musikalische Komödie als Operetten- und Musicalhaus sowie die Theaterwerkstätten. Das im Oktober 1960 mit Richard Wagners „Die Meistersinger von Nürnberg" nach vier Jahren Bauzeit eröffnete Haus war der einzige Neubau eines Musiktheaters in der DDR. Die mehrfach geänderten Pläne gehen auf die Architekten Kunz Nierade (1901–1976) und Kurt Hemmerling (1898–1977) zurück. Der Zuschauerraum mit 1273 Plätzen hat

Das Gewandhaus am Augustusplatz.

nur einen Rang, rechts und links ragen zwei Logen hervor.
Adresse: Augustusplatz 12, 04109 Leipzig, www.oper-leipzig.de

Die Thomaskirche.

▸ Thomaskirche
Der Konstruktion des auffälligen Steildachs mit seinem Firstwinkel von 62 Grad ist es wahrscheinlich zu verdanken, dass die 1212 als Klosterkirche erbaute Thomaskirche den Zweiten Weltkrieg nahezu unbeschadet überstand und heute zu den bedeutendsten spätgotischen Hallenkirchen Sachsens zählt. Das Langhaus ist von einem Kreuzrippengewölbe überdacht. Die barocke Turmhaube trägt in 68 Metern Höhe eine Laterne mit origineller Wetterfahne. Im Innenraum wirken rot abgesetzte Gewölberippen vor weißem Grund und farbige, florale Malereien. Die Fenster stellen Persönlichkeiten des Protestantismus dar. Der Taufstein aus Marmor und Alabaster zeigt biblische Szenen. Berühmt ist die Orgel von Wilhelm Sauer aus den 1880er-Jahren. Eine weitere wurde im Jahr 2000 installiert. Ihre Intonation ist der von Johann Sebastian Bach (1684–1750) nachempfunden. Bach, 27 Jahre lang Thomaskantor, fand hier seine letzte Ruhestätte.

▸ Thomanerchor
Der Knabenchor darf sich rühmen, Leipzigs älteste Kultureinrichtung zu sein. Sein Pensum an kirchlichen und weltlichen Auftritten innerhalb des Leipziger Musiklebens war von Anfang an enorm: Er singt bei Gottesdiensten, Motetten und zahlreichen konzertanten Aufführungen. Als in Leipzig die Reformation eingeführt wurde, übernahm die Stadt 1543 die Thomasschule mitsamt dem Chor. Heute haben die Thomaner im knapp 1000 Meter vom historischen Standort entfernten neuen Alumnat und dem Thomasgymnasium direkt gegenüber sehr gute Bedingungen zum Leben, Proben und Lernen. Tourneen führen sie durch die ganze Welt.
Adresse: Thomaskirchhof 18, 04109 Leipzig, 0341- 22 22 40, www.thomaskirche.org

Theater und Kabarett

Akademixer, Kupfergasse 1, 04109 Leipzig, www.academixer.com
Centralkabarett, König-Albert-Haus, Markt 9, 04109 Leipzig, www.central-kabarett.de
Kabarett Funzel, Nikolaistr. 6–10/Strohsack-Passage/Souterrain, 04109 Leipzig, www.leipziger-funzel.de
Kabarett-Theater Sanftwut, Grimmaische Str. 2–4, Mädler-Passage, Aufgang D (Rotunde), 04109 Leipzig, www.sanftwut.de
Krystallpalast Varieté, Magazingasse 4, 04109 Leipzig, www.krystallpalast.de
Kupfersaal, Kupfergasse 2. 04109 Leipzig, www.kupfersaal.de
Leipziger Central Kabarett, Markt 9, 04109 Leipzig, www.centralkabarett.de
Leipziger Pfeffermühle, Katharinenstr. 17, 04109 Leipzig, www.kabarett-leipziger-pfeffermuehle.de

Museen

Ägyptisches Museum, Goethestr. 2, 04109 Leipzig, 0341-973 70 10, www.gko.uni-leipzig.de/aegyptisches-museum
Antikenmuseum der Universität Leipzig, Nikolaikirchhof 2, 04109 Leipzig, 0341/973 07 00, www.uni-leipzig.de/antik
Archiv Bürgerbewegung Leipzig e. V. im Fregehaus, Katharinenstraße 11, 04109 Leipzig, 0341/861162, www.archiv-buergerbewegung.de

Die Gedenkstätte „Runde Ecke", einst Sitz des Ministeriums für Staatssicherheit.

Bach-Archiv im Bach-Museum

Im ehemaligen Wohnhaus der mit Johann Sebastian Bach befreundeten Familie Bohse haben Bach-Archiv und Bach-Museum Leipzig ihren Sitz. Auf rund 450 Quadratmetern Fläche präsentiert das Haus in einer zeitgemäßen, multimedialen Ausstellung Leben und Wirken des Thomaskantors und seiner Familie. Zum Erbe gehören Originale, Noten und Reliquien. Bei den seit 1950 stattfindenden Bach-Wettbewerben haben bereits mehr als 200 Sängerinnen und Sänger, Musikerinnen und Musiker einen der ersten drei Plätze belegt. Sie allein dürfen sich Bach-Preisträger nennen.
Adresse: Thomaskirchhof 15/16, 04109 Leipzig, www.bach-leipzig.de, www.bachmuseumleipzig.de

Gedenkstätte Museum „Runde Ecke"

Das Haus der ehemaligen Bezirksverwaltung des Ministeriums für Staatssicherheit (MfS), aufgrund seiner Lage „Runde Ecke" genannt, beherbergt eine Sammlung von rund 30 000 Positionen, die dokumentieren, wie die Menschen in der DDR ausspioniert wurden. Geräte zur Postkontrolle sind ebenso dabei wie Anlagen zur Telefonüberwachung oder Anleitungen und Utensilien, mit denen sich MfS-Mitarbeiter maskierten und verkleideten.
Adresse: Dittrichring 24, 04109 Leipzig, 0341/9612443, www.runde-ecke-leipzig.de

Leipziger Schulmuseum

Adresse: Goerdelerring 20, 04109 Leipzig, www.schulmuseum-leipzig.de

Kaffeemuseum Zum Arabischen Coffe Baum

Adresse: Kleine Fleischergasse 4, 04109 Leipzig, www.coffe-baum.de/museum (aufgrund von Sanierungsarbeiten zurzeit geschlossen)

Museum der bildenden Künste

Seit dem Umzug des ehemaligen Reichsgerichts in die City hat das Museum der bildenden Künste (MdbK) 2004 einen modernen Neubau bezogen, der ob seiner Größe den gesamten Platz dominiert. Das Haus beherbergt eine der ältesten Bürgersammlungen

Deutschlands. Um 1858 haben Leipziger Kaufleute, Verleger, Händler und Bankiers wie Maximilian Speck von Sternburg, Marion Bühler-Brockhaus und ihr Gatte Harald Falckenberg das MdbK gegründet. Das Haus verfügt über eine Ausstellungsfläche von 7000 Quadratmetern und aktuell etwa 3500 Gemälde und 1000 Skulpturen, darunter Max Klingers berühmter „Beethoven". Präsentiert werden auch Werke der holländischen und deutschen Malerei vom 15. bis zum 21. Jahrhundert sowie Künstler der „Neuen Leipziger Schule" wie Neo Rauch, Matthias Weischer und Christiane Baumgartner. Regelmäßige Sonderausstellungen.
Adresse: Katharinenstr. 10, 04109 Leipzig, 0341/216990, www.mdbk.de

▸ Richard-Wagner-Verband Leipzig e. V.

Adresse: Richard-Wagner-Platz 1, 04109 Leipzig, www.wagner-verband-leipzig.de

▸ Stadtgeschichtliches Museum

Vom Mittelalter bis zur Gegenwart setzt das Stadtgeschichtliche Museum mit seinen Sammlungen in der Zentrale, dem Neubau im Böttchergässchen, sowie in sieben Dependancen sehr differenzierte Akzente. Die Präsentationen finden sich im Alten Rathaus und in der Alten Börse, zudem im Völkerschlachtdenkmal, im Forum 1813 sowie im Schillerhaus, im Museum „Zum arabischen Coffe Baum" und dem Sportmuseum Leipzig. Gegründet wurde das Stadtgeschichtliche Museum bereits 1909 auf der Basis der Sammlung des Vereins für die Geschichte Leipzigs. In der modernen Architektur des 2004 eröffneten Neubaus fand auch das Kindermuseum Lipsikus geeignete Räume. Das Alte Rathaus präsentiert umfangreiche Materialien zur Geschichte Leipzigs. So unterzeichnete in der Ratsstube Johann Sebastian Bach (1685–1750) am 5. Mai 1723 seinen Anstellungsvertrag als Thomaskantor. In dem ihm gewidmetem Raum hängt ein als „einziges authentisches" bezeichnetes Porträt von Bach, das Elias Gottlob Haussmann (1695–1774) im Jahr 1746 malte.
Adresse: Zentrale, Böttchergässchen 3, 04109 Leipzig, www.stadtgeschichtliches-museum-leipzig.de

▸ Sparkassenmuseum

Adresse: Schillerstr. 4, 04109 Leipzig, www.sparkasse-leipzig.de

▸ Zeitgeschichtliches Forum

Das Haus ist eines der vier Museen der Stiftung Haus der Geschichte der Bundesrepublik Deutschland. Das Zeitgeschichtliche Forum Leipzig präsentiert über Ausstellungen, Veranstaltungen, Online-Angebote und Publikationen deutsche Geschichte vom Ende des Zweiten Weltkriegs bis in die Gegenwart.
Adresse: Grimmaische Str. 6, 04109 Leipzig, www.hdg.de/zeitgeschichtliches-forum

Freizeit und Erholung

▸ Casino Petersbogen

Adresse: Petersbogen, Petersstr. 36–44, 04109 Leipzig

▸ CineStar Leipzig – Kinokomplex im Petersbogen

Adresse: Petersstr. 36–44, 04109 Leipzig, www.cinestar.de

▸ Der gläserne Leipziger

Exakt 13 Straßenbahn- und 61 Buslinien fahren offiziell durch Leipzig. Die Leipziger Verkehrsbetriebe LVB bieten Extras wie die „Große Leipzig-Stadtrundfahrt mit der Straßenbahn" im „Gläsernen Leipziger" oder mit dem „Offenen Leipziger" an. Die Routen führen zu Sehenswürdigkeiten und bieten sich an, Leipzig zu erkunden.
Adresse: LVB-Mobilitätszentrum, Willi-Brandt-Platz, 04109 Leipzig, www.lvb.de

Der Augustusplatz 2019.

▸ Kneipenmeile Drallewatsch

Den ursächsischen Begriff für „etwas erleben“, eigentlich kaum mehr gebraucht, holten 1996 rund zwei Dutzend Leipziger Wirte aus der Versenkung und benannten so das Kneipenviertel am Markt mit Restaurants vom Klassiker bis zum Szenetreff. Vor allem im Barfußgässchen drängen sich Leipziger wie Touristen. Sehen und gesehen werden? In Leipzig geht man dazu auf den Drallewatsch!

Info: Drallewatsch e. V., 🌐 www.leipziginfo.de/stadtinformationen/.../drallewatsch/

▸ Leipziger Notenspur

Die Leipziger Notenspur ist ein musikalischer Spaziergang durch die Musikgeschichte der Stadt. Per Audiosystem lernt man auf einem 5,3 Kilometer langen Rundweg durch die City die wichtigsten Wohn- und Wirkungsstätten bekannter Komponisten kennen. Der Abstand zwischen den einzelnen Stationen beträgt durchschnittlich nur 225 Meter. Sie führen zu Johann Sebastian Bach und Edvard Grieg, Felix Mendelssohn-Bartholdy, Robert Schumann und Clara Wieck oder Richard Wagner. Die Stationen an Originalschauplätzen sind jeweils durch klar geschwungene Stahlelemente im Boden markiert. Klangbeispiele und Informationen vermitteln lebendige Eindrücke. Per Anruf kann man an ihrem Alltag teilnehmen und zum Beispiel hören, wie Mendelssohns Kinder über ihren vielbeschäftigten Vater klagen. Einfach die Telefonnummer 0341/86099008 wählen.

Info: 🌐 www.notenspur-leipzig.de

▸ Moritzbastei

Die Moritzbastei schlägt den Bogen zwischen historischer Architektur und modernem Kulturbetrieb. Der 1551 bis 1553 errichtete Bau war vollkommen verschüttet, als im März 1974 eine riesige Studentenbewegung einsetzte und die Gewölbe zentimeterweise wieder freilegte. Unter den vielen Freiwilligen schippte damals auch eine junge Physikstudentin die Mauern frei: Angela Kasner, heute verheiratete Merkel, die erste deutsche Bundeskanzlerin. Acht Jahre später empfing der Studentenkeller Moritzbastei die ersten Gäste. Heute bewirtschaftet die Moritzbastei Betriebs GmbH die Räumlichkeiten, eine Stiftung kümmert sich um den Erhalt.

Adresse: Universitätsstr. 9, 04109 Leipzig, 🌐 www.moritzbastei.de

Chöre

Gewandhaus Chor und Gewandhaus Kinderchor
Semiprofessioneller Konzertchor, eng mit dem Gewandhaus und dem Gewandhausorchester verbunden. Die Nachwuchsförderung beginnt im Kinderchor.
Info: www.gewandhausorchester.de/choere/

Chor der Oper Leipzig
Der Chor tritt mit darstellerischer Gewandtheit auf und konzertiert auch mit dem Gewandhausorchester und anderen namhaften Klangkörpern.
Info: www.oper-leipzig.de

MDR Rundfunkchor und MDR-Kinderchor
Professioneller Konzertchor der ARD. Er wirkt regelmäßig in den Konzerten des MDR Sinfonieorchesters und des Gewandhausorchesters mit. Talentierter Nachwuchs singt in den Kinderchören des MDR.
Info: https://www.mdr.de/klassik/, https://www.mdr.de/klassik/mdr-kinderchor/

Leipziger Universitätschor
Zum Repertoire gehören klassisches Liedgut und konzertante Aufführungen von Wagner-Opern.
Info: www.unimusik.uni-leipzig.de/universitaetschor

Leipziger Lehrerchor e.V.
Der gemischte Chor pflegt ein Repertoire von Madrigal bis zum Volks- und Scherzlied, von der Motette bis zur Messe, vom Liedgut für Frauen- bzw. Männerchor über Liedzyklen bis zu Chorwerken mit Orchester.
Info: www.chorklang.de

Leipziger Vocalensemble
Neben dem Vokalwerk Bachs gehört zeitgenössische und selten zu hörende geistliche Chormusik zum Repertoire.
Info: www.leipziger-vocalensemble.de

Sächsischer Kammerchor Leipzig
Konzertchor zur Pflege geistlicher Musik
Info: www.saechsischer-kammerchor.de

Natur und Landschaft

Promenadenring
Der drei Kilometer lange grüne Promenadenring um die Leipziger Innenstadt bietet Historie und Kunstgeschichte. Ursprünglich waren es die Befestigungsanlagen um die mittelalterliche Kernstadt, die bereits seit Anfang des 18. Jahrhunderts mit Alleen begrünt wurden.

Unterer Park
Ab 1777 entstand auf dem nordöstlichen Terrain der ehemaligen Befestigungsanlagen eine größere zusammenhängende Grünanlage. Maßgeblich war Bürgermeister Carl Wilhelm Müller (1728–1801). An ihn erinnert seit 1819 im sogenannten Unteren Park das Müller-Denkmal.

Oberer Park
Das dominierende Element im Oberen Park ist der Schwanenteich. Östlich von ihm befindet sich seit 1983 die Richard-Wagner-Büste. An seinem südlichen Ende entstand in den 1860er-Jahren das Neue Theater, nach dessen Zerstörung im Zweiten Weltkrieg 1960 die Oper.

Augustusplatz
Mit seinen 40 000 Quadratmetern ist er der größte Platz in der Stadt.

Lenné-Anlage
Auch wenn die Leipziger ihn inoffiziell Schillerpark nennen – der Name dieser Anlage erinnert an Peter Joseph Lenné, einen der bedeutendsten Gartenkünstler des 19. Jahrhunderts.

Martin-Luther-Ring
An der Stelle des Neuen Rathauses befand sich seit dem Mittelalter die Pleissenburg, als landesherrlicher Sitz, später Kaserne und auch als Ort der Leipziger Disputation zwischen Luther und dem Mönch Eck bekannt geworden. Nach dem Abriss erfolgte bis 1905 die Errichtung des Neuen Rathauses.

Dittrichring
An der Westseite der Innenstadt beeindruckt das Zusammenspiel prächtiger Gründerzeithäuser, moderner Bauten und grüner Anlagen. Um den 1906 mit Motiven aus der Geschichte „Hänsel und Gretel" geschaffenen Märchenbrunnen findet sich eine Szenerie mit Waldstauden und -farnen.

Goerdelerring
Das 1851 errichtete Denkmal für den Begründer der Homöopathie, Christian Friedrich Samuel Hahnemann (1753–1843), überdauerte die Zeiten.

Der Lipsia-Brunnen in der Kleinen Fleischergasse.

Weithin leuchtet das „Weihnachts-Riesenrad" auf dem Augustusplatz.

Tröndlinring
Vorbei an der Reformierten Kirche geht es durch neu angelegte Grünanlagen am Shopping-Center „Höfe am Brühl" zurück zum Hauptbahnhof.

Feste und Märkte

9. Oktober 2022, Lichtfest, Friedensgebet, Rede zur Demokratie
Gedenktag an den 9. Oktober 1989, als 70 000 Menschen auf dem Ring friedlich gegen den autoritären SED-Staat protestierten. Orte: Nikolaikirche, Nikolaikirchhof, Augustusplatz, Burgplatz, Richard-Wagner-Platz.
Info: www.lichtfest.leipziger-freiheit.de

Bach-Fest
Jährlich im Frühjahr stellt es Interpretationen des Bach'schen Werkes vor.
Adresse: Thomaskirchhof 15/16, 04109 Leipzig, www.bach-leipzig.de, www.bachmuseum-leipzig.de

CON SPIRITO
Leipziger Kammermusikfestival.
Info: www.conspiritoleipzig.de, www.kulturstiftungleipzig.de

KulturSpur
Jährlich zum Tag des Offenen Denkmals.
Info: www.tag-des-offenen-denkmals.de

Leipziger Weinfest
jährliches Sommerfest, rund zwei Wochen auf dem Markt
Info: www-leipzig.de

Weihnachtsmarkt
Adresse: Markt, Grimmaische Str., Augustusplatz

Wochenmärkte
Marktplatz oder Augustusplatz (je nachdem, ob auf dem Markt andere Feste stattfinden), dienstags und freitags 9 bis 17 Uhr, Richard-Wagner-Platz, samstags 10 bis 16 Uhr

Zentrum-Ost

(Stadtbezirk Mitte)

Das Zentrum-Ost liegt hinter dem Wintergartenhochhaus und dem ehemaligen Hauptpostamt am Grimmaischen Steinweg. Hier findet sich das Graphische Viertel, einst Standort berühmter Druckereien, Setzereien und Verlage, inzwischen als attraktive Wohnlage entdeckt, in der viel neu gebaut wurde. Die meisten der alten Gründerzeithäuser sind heute renoviert.

Sehenswertes

Alter Johannisfriedhof
Der Alte Johannisfriedhof überlebte friedliche Zeiten, Kriege und Umbrüche. Die Grabkunst dokumentiert authentische Etappen der Stadtgeschichte. Seine eigene Historie geht auf das Jahr 1278 zurück, als die Brüderschaft zur Pflege der Leprakranken in einiger Entfernung zum Grimmaischen Tor vier Morgen Land erwarb und ein Hospital errichtete, zu dem sicher auch ein Friedhof gehörte.

Das Wohnhochhaus in der Wintergartenstraße.

Eine 1305 erstmals erwähnte, Johannes dem Täufer geweihte Kapelle, die spätere, im Zweiten Weltkrieg zerstörte Johanniskirche, bildete viele Jahre den Mittelpunkt des Friedhofes. Die Vergrößerung der Stadt erforderte 1476 seine Erweiterung. Der Alte Johannisfriedhof verlor erst nach der Eröffnung des Neuen Johannisfriedhofs 1846, dem heutigen Friedenspark, seine Bedeutung als Begräbnisplatz. Im Jahre 1883 war gänzlich Schluss damit, die Abteilungen I und II wurden gar säkularisiert, nur einzelne Grabdenkmäler blieben auf den neuen Grünanlagen zurück. 1981 sollten eigentlich das Areal, die rund 400 noch vorhandenen Grabdenkmäler sowie die vom Neuen Johannisfriedhof hier abgeladenen Relikte eine Restaurierung erfahren. Seit 1995 der Alte Johannisfriedhof wieder zugänglich ist, können Besucher das Lapidarium für die Grabmäler des Neuen Johannisfriedhofes sehen und sich anhand von Tafeln über die historischen wie kunstgeschichtlichen Stätten orientieren. So finden

Der Rossplatz markiert den Eingang zum Zentrum-Ost von der City aus.

sich die Gräber von Anna Katharina Kanne, als geborene Käthchen Schönkopf Goethes Jugendliebe, sowie von Richard Wagners Mutter, Johanna Rosina Wagner. Von den bis in das 20. Jahrhundert die Architektur bestimmenden Gruftbauten ist nur der 1726 im barocken Stil entstandene der Familie Baumgärtner erhalten, den 1825 der Verlagsbuchhändler Friedrich Gotthelf Baumgärtner erwarb. Barock, Klassizismus und Historismus hinterließen tiefe Spuren.
Adresse: Johannisplatz, 04103 Leipzig, www.leipzig.de/stadtgruen

Museen und Ausstellungen

▸ Grassimuseum
Das Gebäudeensemble wurde in den Jahren 1925 bis 1929 nach Plänen der Architekten Zweck und Vogt unter der Leitung von Stadtbaurat Hubert Ritter im Stil des Art déco erbaut. Drei sehr verschiedene Museen mit Sammlungen haben in den Räumlichkeiten ihren Sitz: das Museum für Angewandte Kunst, das Museum für Völkerkunde und das Museum für Musikinstrumente. Sein Name geht auf den Leipziger Kaufmann und Mäzen Franz Dominic Grassi (1801–1880) zurück, einem Leipziger Kaufmann italienischer Herkunft. Grassi war Theaterfreund, Pferdeliebhaber und nicht zuletzt dank seines großzügigen Wesens ein geachtetes Leipziger Original. Zwischen 2001 bis 2005 fand eine komplette Restaurierung statt.
Grassimuseum, Johannisplatz 5–11, 04103 Leipzig, 0341/2229100, www.grassimuseum.de, www.mvl-grassimuseum.de

▸ Grieg-Gedenkstätte
Begegnungs- und Erinnerungsstätte an den Komponisten Edvard Grieg
Adresse: Talstr. 10, 04103 Leipzig, www.edvard-grieg.de/

▸ Mendelssohn-Haus
Im 1997 eröffneten Museum sind das Wohnzimmer mit originalen Möbeln sowie zahlreiche Aquarelle und Briefe zu sehen. Felix Mendelssohn Bartholdy (1808–1847) wohnte und starb hier. Der Komponist wirkte von 1835 bis zu seinem Tode als Gewandhauskapellmeister und gründete mit dem Conservatorium 1843 die erste Musikhochschule Deutschlands. In seinem Salon

empfing er geistige Größen und Freunde wie Richard Wagner, Hector Berlioz und Robert Schumann. Alle Räumlichkeiten sind nach historischen Vorlagen originalgetreu rekonstruiert. Im Musiksalon finden regelmäßig Konzerte statt.
Adresse: Goldschmidtstr. 12, 04103 Leipzig, www.mendelssohn-stiftung.de

‣ Schumann-Haus
Im Grafischen Viertel auf der Inselstraße bezogen Clara und Robert Schumann 1840 eine Wohnung, nachdem sie gegen den Willen von Claras Vater ihre Eheschließung auf juristischem Weg erreicht hatten. Das klassizistische Gebäude hatte 1838 Maurermeister Friedrich August Scheidel errichtet, der bis 1846 ebenfalls im Haus lebte. Zu den bekannten Werken, die der Komponist hier schuf, gehört die „Frühlingssinfonie". Eine Ausstellung in der Beletage zeigt Bilder und Dokumente ihres Lebens.
Adresse: Inselstr. 18, 04103 Leipzig, www.schumann-verein.de

Freizeitangebote

‣ Arbeitskreis für Vergleichende Mythologie e.V.
Adresse: Gerichtsweg 28/Haus des Buches, 04103 Leipzig, www.vergleichende-mythologie.de

‣ Deutsch-Finnische Gesellschaft Leipzig e.V./ Leipzigin Saksalais-Suomalainen Seura r.Y.
Gesellschaft zur Förderung des Interesses an Finnland und der Kontakte mit Finninnen und Finnen in Leipzig
Adresse: Scherlstr. 11–13, 04103 Leipzig, www.dfg-ev.de

‣ Haus des Buches/Literaturhaus Leipzig e.V.
Adresse: Gerichtsweg 28 04103 Leipzig, www.literaturhaus-leipzig.de

Chöre

‣ Chorbeau – deutsch-französischer Chor Leipzig e.V.
Der gemischte Chor singt Vokalmusik von Klassik bis Moderne, vorwiegend in französischer und deutscher Sprache.
Proben finden statt: Campussaal des Musikalisch-Sportlichen Gymnasiums Leipzig, Salomonstr. 10, 04103 Leipzig, www.chor-beau.de

‣ Chornfeld Leipzig
A-cappella-Jazzchor für moderne, mehrstimmige Vokalmusik.
Info: www.chornfeld.de

‣ Jugend-Pop-/Jazzchor Leipzig
Ensemble für populäre Chormusik für Menschen zwischen 13 und 24 Jahren
Adresse: Musikschule Clara Schumann, Inselstr. 18, 04103 Leipzig, www.jugendpopjazzchorleipzig.de

‣ Volkschor
Gemischter Chor mit Repertoire von klassischen Titeln bis hin zu modernem Liedgut
Adresse: Haus ELIM, Hans-Poeche-Str. 11, 04103 Leipzig, www.chor-leipzig.de

Feste und Veranstaltungen

‣ Grassimesse
Internationales Forum für Kunstgewerbe und -handwerk am letzten Wochenende im Oktober. Kunsthandwerker, Designer, Künstler und Fachhochschulen präsentieren Unikate, Kleinserien und Industrieprodukte.
Adresse: Johannisplatz, 04013 Leipzig
Schumann-Festwoche
Jährlich im September im Schumann-Haus.
Adresse: Inselstr. 18, 04103 Leipzig, www.schumann-verein.de

Zentrum-Nord

(Stadtbezirk Mitte)

Hinter dem Hauptbahnhof in nördlicher Richtung liegt über Gerber- und Eutritzscher Straße das Zentrum-Nord. Die Stadtwerke mit Heizkraftwerk schicken von hier aus Wärme in die Stadt. Im ehemaligen städtischen Leihhaus hat die Steuerzentrale ihren Sitz und auf einer riesigen Bahnhofsbrache soll demnächst ein ganzes Quartier neu entstehen. Leider harrt das historische Stadtbad noch immer seiner Sanierung, was Veranstalter nicht davon abhält, in den orientalisch anmutenden Kulissen Events stattfinden zu lassen. Wer hier wohnt, hat nur wenige Schritte bis zum Rosenthal und dem Zoo.

Das neue Ensemble der Sächsischen Aufbaubank, die ihren Sitz in Leipzig hat.

Sehenswert

Kongreßhalle am Zoo

Das 1915 gebaute Jugendstil-Areal mit dem 50 Meter hohen Turm direkt am Zoo ist das Leipziger Gesellschaftshaus für rauschende Feste, Varieté- und Theateraufführungen, Musicals und Konzerte. Nach einer Komplettrenovierung zwischen 2002 und 2015 geben die insgesamt 14 Säle für maximal 1500 Gäste in einer Symbiose aus historischem Ambiente, neuer Architektur und moderner Technik erneut den Rahmen für Galas und Kongresse, Musik und Tanz.
Adresse: Pfaffendorfer Str. 29, 04105 Leipzig,
www.leipziger-messe.de

Michaeliskirche

Die 1904 geweihte Michaeliskirche bildet mit ihrer markanten Lage den nördlichen Abschluss der Nord-Süd-Hauptachse des Stadtzentrums. Weit sichtbar wirkt die breit gelagerte Fassade mit dem monumentalen Turm. Das Sandsteinmauerwerk mit plastischer Oberflächengestaltung und variantenreichem, figürlichem Schmuck gibt dem Bau eine lebendige Wirkung. Den Innenraum prägen sehenswerte Holzschnitzereien an Emporen, Bänken und Kanzel, farbige Chorfenster sowie die Sauer-Orgel mit reich geschnitztem Jugendstilprospekt. Die Michaeliskirche stellt im Leipziger Sakralbau das interessanteste Bauwerk in der Verbindung des späten Historismus mit Elementen des Jugendstils dar.
Adresse: Nordplatz, 04155 Leipzig,
www.michaelis-friedens.de

Nordplatz

Der klassischer Schmuckplatz wurde Ende des 19. Jahrhunderts am Ende der Nordstraße angelegt. Diese gilt als Verbindung zum Promenadenring und ist in ihrem Verlauf auf den Turm des Alten Rathauses gerichtet. Die symmetrisch gestaltete Platzmitte mit der Michaeliskirche umgeben eine umlaufende Promenade mit Lindenreihen und abgesenkte Rasenparterres.

Rosental
Der großzügig angelegte Landschaftspark wird vom Elstermühlgraben sowie der Parthe begrenzt und gehört zum Landschaftsschutzgebiet „Auewald um Leipzig". Hier gibt es unweit des Citycenters nicht nur verschlungene Wege und weite Wiesen, beliebte Joggingstrecken, Spielplätze und offizielle Hundewiesen, sondern auch den Scherbelberg, die Friedenseiche sowie einen Aussichtsturm, das Zooschaufenster und kleine Brücken. Der sächsische Kurfürst und polnische König wünschte sich um 1707 hier ein barockes Lustschloss. Mit dem Argument, der Baugrund eigne sich nicht, verstanden es die Stadtoberen, die Pläne zu vereiteln. Von den geplanten 13 Sichtschneisen durch die umgebende Waldzone prägen heute noch sechs strahlenförmig angeordnete Wege und die zentrale Wiese das Bild.
Der ehemalige Blindenpark wurde 1986 als Duft- und Tastgarten angelegt und erhielt 2014 neue Relieftafeln.

Galerien

ARTAe
Galerie & Kunstvermittlung Sabine Aichele-Elsner
Adresse: Gohliser Str. 3, 04105 Leipzig, www.artae.de

Galerie Schwind
Die Galerie im Haus des Leipziger Künstlers Werner Tübke (1929–2004) betreut die künstlerischen Nachlässe von Werner Tübke, Wolfgang Mattheuer, Willi Sitte und Fritz Cremer.
Adresse: Gohliser Str. 5, 04155 Leipzig, www.galerie-schwind.de

Erdmännchen im Zoo neben dem Rosental.

Kultur und Kunst

Leipziger Synagogalchor
Pflege der jüdischen Musiktradition
Adresse: Ariowitsch-Haus, Hinrichsenstr. 14, 04105 Leipzig, www.synagogalchor-leipzig.de

Jugendmusiziergruppe „Michael Praetorius" e. V.
Jugendorchester ab 9 Jahre
Adresse: Nordplatz 4, 04105 Leipzig, www.praetoriusleipzig.de

Freizeitangebote

Ariowitsch-Haus
Begegnungszentrum jüdischer Kultur
Adresse: Hinrichsenstr. 14, 04105 Leipzig, www.ariowitschhaus.de

Villa Rosental
Kultur, Musik, Events und Tanz
Adresse: Humboldtstr. 1, 04105 Leipzig, 04105 Leipzig, www.villa-rosental.de

Volkshochschule Leipzig
Mit ihrem breit gefächerten Programm inklusive der Online-Kurse ist die VHS das größte kommunale Weiterbildungszentrum der Stadt. Es steht für lebensbegleitendes

Lernen, die Verbindung von Bildung, Kommunikation und Erlebnis sowie sozialverträgliche Entgelte zur beruflichen Entwicklung und interessante Freizeitangebote.
Adresse: Löhrstr. 37, 04105 Leipzig, www.vhs-leipzig.de

▸ Zoo

Mit dem Projekt „Zoo der Zukunft" entsteht schrittweise ein neuartiger Naturerlebnispark, den nicht mehr veraltete, kleine Gehege charakterisieren, sondern nachgebaute Landschaftsszenarien, die soweit möglich der Heimat der Tiere entsprechen. 2001 wurden die Löwensavanne „Makasi Simba" und die Menschenaffenanlage „Pongoland" eröffnet. Im Jahr 2002 entstand die „Lippenbärenschlucht", 2003 gefolgt von der „Tiger-Taiga" und 2004 von der „Kiwara-Savanne" mit Lodge. Den „Elefantentempel Ganesha Mandir" gibt es seit 2006, „Gondwanaland" seit 2012. In dieser 35 Meter hohen Tropenhalle auf 16 500 Quadratmetern lässt sich der „Urknall der Welt" und die Entwicklung der Kontinente nacherleben. Die Bootsfahrt auf dem Urwaldfluss Gamanil führt auf einen abenteuerlich gestalteten, 390 Meter langen Rundkurs von etwa 1,20 Meter Tiefe. Mehr als 17 000 exotische Pflanzen und etwa 300 Tiere leben in der Tropenhalle.
Weitere Themenbereiche sind Südamerika als „Kontinent im Wandel", Feuerland und die asiatische Inselwelt mit Volieren und Kranichanlage. Die denkmalgeschützten historischen Architekturen bleiben erhalten, jedoch mit anderen Nutzungen. Im Neuen Raubtierhaus von 1902 befindet sich zum Beispiel seit 2002 das „Entdeckerhaus Arche".
Adresse: Pfaffendorfer Str. 29, 04105 Leipzig, www.zoo-leipzig.de/themenwelten

Zentrum-Nordwest

(Stadtbezirk Mitte)

Mit rund zwei Dritteln Park-, Wiesen- und Auewaldflächen gehört das Quartier zu den grünsten, die Leipzig zu bieten hat. Vor allem das Waldstraßenviertel beeindruckt als das größte komplett erhaltene Jugendstilviertel in Europa. Als Flächenarchitekturdenkmal genießt es besonderen Schutz. Nahebei liegen das Rosental und der weitläufige Auenwald, aber auch die Arena für Kultur- und Sport-Events sowie das Fußballstadion für mehr als 45 000 Zuschauer, in dem Bundesligist RB Leipzig seine Heimspiele austrägt.

Sehenswertes

▸ Waldstraßenviertel

Als um 1880 die Innere Nordwestvorstadt, wie das Viertel damals hieß, bebaut werden sollte, stellte die Leipziger Immobiliengesellschaft am 1. Dezember 1888 einen

Das Haus Jacobstraße 2 im Zentrum Nordwest.

Die Festwiese vor der Red Bull Arena mit dem Glockenturm.

Bebauungsplan auf, der nach einigen Ergänzungen am 23. Mai 1902 durch den Rat der Stadt als Ortsgesetz erlassen wurde. Die ergänzenden Bauvorschriften enthielten teils sehr detaillierte Anforderungen an die Art und das Maß der Bebauung, an die zulässige bzw. größte Geschosszahl sowie an die Traufhöhe für Haupt- und Nebengebäude. Für die Fassaden der Hauptgebäude wurde vorgeschrieben, dass sie „geschmackvoll und würdig zu halten" sind, da „sie den Charakter des ganzen Stadtteils äußerlich zum Ausdruck bringen sollen". Trotzdem finden sich hier verschiedene architektonische Stile, prächtige Bürgerhäuser und Stadtvillen. Heute gilt dieses exklusive Wohngebiet mit annähernd 550 Gebäuden als größtes geschlossenes Gründerzeitviertel Europas. Die meisten Häuser stehen unter Denkmalschutz.
Adresse: gelegen zwischen Waldstraße, Jahnallee und Rosental

▸ Red Bull Arena
Das 45 000 Besucher fassende Fußballstadion wurde von Wirth & Wirth, Architekten aus Basel, für die Fußball-WM 2006 konzipiert. Damit hat Leipzig ein technisch hochmodernes Fußballstadion, das durch seine spektakuläre Dachkonstruktion mit integrierter Flutlichtanlage auch äußerlich ein charakteristisches Aussehen erhielt. Eingesetzt wurde die Arena in das ehemalige Zentralstadion, das „Stadion der 100 000". Es

Das Waldstraßenviertel und die Red Bull Arena von oben gesehen.

Das Elsterwehr im Zentrum Nordwest.

war in den Jahren 1954 bis 1956 als kombiniertes Leichtathletik- und Fußballstadion entstanden. Für die Wälle mit den Zuschauerrängen schüttete man damals zahlreiche Kriegstrümmer auf. Im Jahre 1994 kam das Aus als Sportstätte. Die Grundsteinlegung für den Neubau fand im Jahr 2000, gemeinsam mit den Feierlichkeiten zum Jubiläum „100 Jahre Gründung des DFB in Leipzig", statt. Die offizielle Einweihung ging 2004 über die Bühne bei einem Spiel der Deutschen Fußball-Elf gegen Kamerun.
Adresse: Am Sportforum 3, 04105 Leipzig,
www.sportforum-leipzig.com

Museen

▸ Deutsche Zentralbücherei für Blinde
Dauerausstellung in Erinnerung an die ehemalige Carlebach Ausstellung
Adresse: Gustav-Adolf-Str. 7, 04105 Leipzig,
www.dzb.de

Kultur und Freizeit

▸ Quarterback Immobilien Arena
Derzeitiger Name der Konzert- und Sporthalle im Waldstraßenviertel
Adresse: Am Sportforum 2, 04105 Leipzig,
www.arena-ticket.com

Sportangebote

▸ Schachgemeinschaft Leipzig e.V.
Schachverein für Männer-, Frauen- und Jugendmannschaften, aktiver Breitensport
Adresse: Am Sportforum 3, 04105 Leipzig,
www.schachgemeinschaft-leipzig.de

Zentrum-Süd

(Stadtbezirk Mitte)

Der südliche Teil des Zentrums darf getrost als einer der exklusivsten von ganz Leipzig bezeichnet werden. Repräsentative Bauten im Musikviertel oder das Bundesverwaltungsgericht, die Universitätsbibliothek oder die Hochschulen für Grafik und Buchkunst sowie für Musik und Theater zeugen von glanzvoller Vergangenheit, die noch heute, prächtig saniert, zu beeindrucken weiß. Unmittelbar an der Innenstadt und ebenso nah an den Clara-Zetkin-Park gebaut, ergänzen die herrschaftliche Altbausubstanz aus der Gründerzeit modern konzipierte Glaspaläste für exklusives Wohnen.

Sehenswertes

▸ Bibliotheca Albertina
Benannt nach dem damals regierenden sächsischen König Albert, wurde der Bau 1887 bis 1891 als Bibliotheksgebäude mit Aufzügen für Bücherwagen, brandhemmenden Eisentüren und einer im ganzen Gebäude durchgehaltenen Trennung öffentlicher und dienstlicher Bereiche errichtet. Im Zweiten Weltkrieg stark zerstört, entstand die Bibliothek erst von 1992 bis 2002 neu als einer von insgesamt 17 Standorten der Universitätsbibliothek und wird als geisteswissenschaftliche Zentral- und Archivbibliothek der Universität Leipzig genutzt.
Adresse: Beethovenstr. 6, 04107 Leipzig, 🌐 www.ub.uni-leipzig.de

Das Bundesverwaltungsgericht bei Nacht.

▸ Bundesverwaltungsgericht
Das imposante Gebäude wurde 1888 bis 1895 in den Formen des späten Historismus als Reichsgericht erbaut. Es erinnert an italienische Renaissance- sowie Bauten des französischen Barock. Im Zweiten Weltkrieg zu einem Drittel zerstört, 1952 saniert als Georgi-Dimitroff-Museum und als Museum der Bildenden Künste wiedereröffnet. Nach der aufwändigen Rekonstruktion 1996 bis 2001 ist es nunmehr seit August 2002 Sitz des Bundesverwaltungsgerichts.
Adresse: Simsonplatz 1, 04107 Leipzig, 🌐 www.bverwg.de

Im Musikerviertel gehört die Villa in der Grassistraße zur Hochschule für Musik und Theater Felix Mendelssohn Bartholdy.

▸ Musikerviertel
In den 1880er-Jahren entstand vor den Toren südlich der Altstadt ein neues Viertel, das durch seine großzügige Bebauung ein fast mediterranes Flair ausstrahlte. Beim Spaziergang sind nicht selten Klaviermusik, kraftvolle Orgelklänge oder gar ein ganzes Orchester zu hören. Die Straßen tragen Namen großer Komponisten wie Bach, Haydn oder Mozart.

▸ Peterskirche
Die Peterskirche am Gaudigplatz wurde 1882 bis 1885 von den Architekten Hartel und Lipsius im Stil französischer Kathedralgotik erbaut. Sie zählt mit dem 88 Meter hohen Kirchturm zu den bedeutendsten Sakralbauten des 19. Jahrhunderts in Deutschland. Die 1990 begonnene, nachhaltige Beseitigung

von Kriegs- und Umweltschäden am Gebäude dauert an. Mit seinen Nebenkapellen wird das weit gespannte Kirchenschiff heute regelmäßig als Gemeindezentrum sowie zu Ausstellungen, Konzerten und unterschiedlichen Veranstaltungen genutzt, ebenso als Schulkirche des benachbarten Evangelischen Schulzentrums. Sehenswert ist vor allem die 2005 vollständig restaurierte Taufkapelle.
Adresse: Gaudigplatz, 04107 Leipzig, 🌐 www.kirche-leipzig-sued.de

▸ Propsteikirche St. Trinitatis

Der römisch-katholischer Kirchenbau gegenüber dem Neuen Rathaus ist die Pfarrkirche der Leipziger Propsteigemeinde St. Trinitatis und gehört zum Dekanat Leipzig im Bistum Dresden-Meißen. Sie wurde am 9. Mai 2015 geweiht und ist der größte Kirchenneubau in Leipzig. Zum Ensemble gehören neben dem Kirchenraum ein großer Gemeindesaal, Priesterwohnungen und Büroräume.
Adresse: Nonnenmühlgasse 2, 04107 Leipzig, 🌐 www.propstei-leipzig.de

▸ Roßbachhaus

Das viergeschossige Wohnhaus wurde 1882/83 als eines der ersten Gebäude im neu entstehenden Musikviertel erbaut. Architekt war Arwed Roßbach (1844–1902), zu jener Zeit einer der bedeutendsten Leipzigs. Er hatte unter anderen die Universitätsbibliothek Albertina (in unmittelbarer Nachbarschaft), die damaligen Neubauten der Universität am Augustusplatz und die neogotische Fassade der Paulinerkirche entworfen.
Die Eingangsfassade des Roßbachhauses ist reich gegliedert und übernimmt viele Motive aus Renaissance und Barock. Sie wird bekrönt von zwei Erkertürmchen, die in der DDR-Zeit verloren gegangen waren und erst 2004/05 bei der gründlichen Sanierung des Gebäudes wiederhergestellt worden sind. Der Architekt Frank Drube im Büro Homuth + Partner in Leipzig plante die Rekonstuktion, wobei er die überreichen Formen etwas vereinfachte.
Adresse: Beethovenstr. 8, 04107 Leipzig

Kunst und Kultur

▸ Hochschule für Musik und Theater Felix Mendelssohn Bartholdy

Auf Betreiben des damaligen Gewandhauskapellmeisters Felix Mendelssohn Bartholdy (1809–1847) eröffnete am 2. April 1843 das Leipziger Konservatorium der Musik, damals die erste höhere Bildungsanstalt für Musiker auf dem Gebiet des heutigen Deutschlands. Fast vierzig Jahre lang war die Schule im Hofe des alten Gewandhauses untergebracht. Als 1885 das Gewandhausorchester einen neuen Konzertsaal im gerade erschlossenen Musikviertel erhielt, baute man auch dem Konservatorium ein eigenes Haus. Aus Mitteln der Stiftung des 1884 verstorbenen Mediziners Justus Radius entstand 1887 das von Hugo Licht großzügig konzipierte Haus in der Grassistraße, die später umbenannte Hochschule für Musik „Felix Mendelssohn Bartholdy“. Nach dem Zusammenschluss mit der 1953 gegründeten Theaterhochschule „Hans Otto“ im Jahr 1992, der Wiedereröffnung des „Kirchenmusikalischen Instituts“ sowie der Etablierung von neuen Fachrichtungen für Alte Musik sowie Jazz, Pop und Musical prägt sie die musische Ausrichtung der Stadt. Im 2001 eingeweihten Großen Saal findet eine Vielzahl an öffentlichen Veranstaltungen statt, darunter Sinfoniekonzerte, Opern- und Theatervorstellungen.
Adresse: Grassistr. 8, 04107 Leipzig, 🌐 www.hmt-leipzig.de

▸ Hochschule für Grafik und Buchkunst (HGB)

Wechselnde Namen zeugen von der lebendigen Geschichte der 1764 gegründeten „Zeichnungs-, Mahlerey und Architectur-Akademie“. Seit 1950 trägt sie ihren heutigen Namen. Jungen Künstlern stehen die Diplomstudiengänge Malerei/Grafik,

Buchkunst/Grafik-Design, Fotografie und Medienkunst offen. Der adäquate Bau im Stil der Neorenaissance mit seinem imposanten Lichthof und Ateliers entstand 1890, Räumlichkeiten für die Fachschule für fotomechanische Vervielfätigungsverfahren 1893. Aus ihr ging die erste deutsche, akademisch orientierte Ausbildungsstätte für Fotografie hervor. Mit der HGB verbinden sich Namen wie Max Klinger (1857–1920) und Wolfgang Mattheuer (1927–2004), Bernhard Heisig (1925–2011) und Werner Tübke (1929–2004), Neo Rauch (geb. 1960) und Reinhard Minkewitz (geb. 1957) sowie die Fotografin Evelyn Richter (1939–2021). In der jüngeren Geschichte der HGB hat zu ihrem Renommee die sogenannte Neue Leipziger Schule innerhalb der Malerei beigetragen. Die Hochschule öffnet Interessenten regelmäßig die Türen.
Adresse: Wächterstr. 11, 04107 Leipzig, 🌐 www.hgb-leipzig.de

Museen und Galerien

‣ Galerie für zeitgenössische Kunst
Adresse: Karl-Tauchnitz-Str. 9–11, 04107 Leipzig, 🌐 www.gfzk-online.de

Freizeitangebote

‣ ☺ Artistenkombinat Leipzig e. V.
Artistikkurse für Kinder und Jugendliche
Adresse: Hohe Str. 9-13, 04107 Leipzig, 🌐 www.artistenkombinat.de

‣ GlobaLE e. V.
Filmveranstaltungen mit Filmgesprächen, Vorträge/ Seminare zu verschiedenen Themen der Globalisierung
Adresse: Körnerplatz 8, 04107 Leipzig, 🌐 www.globale-leipzig.de

‣ Leipziger Naturgemeinschaft e. V.
Adresse: Marschnerstr. 22, 04109 Leipzig, 🌐 www.natur-leipzig.de

‣ Radio Verein Leipzig e. V.
Hörfunkwerkstatt für Kinder und Jugendliche
Adresse: Paul-Gruner-Str. 62, 04107 Leipzig, 🌐 www.radioblau.de

‣ WeltOffen e. V.
Interkulturelle Bibliothek Leipzig, fremd- und mehrsprachige Kinder- und Jugendliteratur in 50 Sprachen, Lesungen, Unterricht „Musik zwischen den Kulturen"
Adresse: Straße des 17. Juni 11, 04107 Leipzig, 🌐 www.weltoffen-leipzig.de

Natur und Landschaft

‣ Fritz-von-Harck-Anlage
Brunnen, Rasenwellen und ein ganz besonderes Licht sind die auffälligsten Attribute dieser Anlage. Nachts ziehen blau leuchtende Stelen vor dem ehemaligen Reichs-, heute Bundesverwaltungsgericht, die Blicke auf sich. Im Jahr 2000 entstand hier nach Plänen von Hans Schröder und Antje Schuhmann vom Grünflächenamt eine Anlage mit modernen Formen. Der Platz wurde bereits in der Zeit zwischen 1894 und 1900 auf den Grundstücken der 1890 abgebrochenen Nonnenmühle und des ehemaligen Benediktinerinnenklosters St. Georg geformt. Den Namen erhielt er 1917 nach dem Tod des Leipziger Kunstwissenschaftlers Fritz von Harck.
Adresse: Karl-Tauchnitz-/Ecke Harkortstr., 04107 Leipzig

‣ Ufergestaltung Pleissemühlgraben
Adresse: Harkortstraße, 04105 Leipzig

Sportangebote

‣ Sportplatzanlage Tarostraße
Fußball, Leichtathletik, Basketball
Adresse: Dösner Weg 39, 04103 Leipzig, 🌐 www.leipzig.de/freizeit-kultur-und-tourismus/sport/

Zentrum Südost

(Stadtbezirk Mitte)

Dieser Teil der „Mitte von Leipzig" erstreckt sich von der Innenstadt bis in den Süden. Wohnviertel aus DDR-Zeiten sind hier ebenso zu finden wie das Gewerbegebiet an der Alten Messe, Campusteile der Universität und Forschungseinrichtungen wie die Bio-City Leipzig. Die Universitätskliniken, die Tierkliniken und die Deutsche Nationalbibliothek finden sich ebenfalls hier.

Sehenswertes

▸ Bayerischer Bahnhof

Der Portikus dieses ältesten, in seiner ursprünglichen Anlage noch erhaltenen Kopfbahnhofs der Welt wurde vor Jahren um ein ganzes Stück verschoben und 2012 wieder an seinen Platz zurücktransportiert, um den Bau des City-Tunnels zu ermöglichen. Mit der Übernahme der „Sächsisch-Bayerischen Eisenbahn" durch den sächsischen Staat im Jahre 1847 avancierte der am 19. September 1842 in Betrieb genommene Bayerische Bahnhof zum ersten Staatsbahnhof auf deutschem Boden, gebaut nach Plänen von Eduard Pötzsch (1803–1889) in den Jahren 1841 bis 1844. Im Jahr 2001 war Schluss. Für den Bau des City-Tunnels brach man die alten Gleise komplett ab und verlegte neue unter den Portikus. Wer mit der Fahrtreppe nach unten oder oben fährt, hat dieses grandiose Vier-Bogen-Bauwerk mit seinen charakteristischen Ecktürmen im Blick.

Adresse: Bayrischer Platz 1, 04103 Leipzig, www.bayerischer-bahnhof.de

▸ Deutsche Nationalbibliothek

Am Deutschen Platz gibt es einen Gebäudekomplex höchst differenzierter Baustile: die

Der Portikus des Bayerischen Bahnhofs.

Deutsche Nationalbibliothek mit nunmehr vier Erweiterungsbauten. Ihre Sammlung beginnt 1913 und umfasst sämtliche in Deutschland erscheinenden deutsch- und fremdsprachigen Schriften sowie ausländische Literatur in deutscher Sprache. Das Gesamtarchiv basiert auf der Gründung der Deutschen Bücherei 1912, gemeinsam getragen durch die Stadt, den Börsenverein der Deutschen Buchhändler zu Leipzig sowie das Königreich Sachsen.
Als Ergebnis des Zweiten Weltkrieges und der deutschen Teilung war in Frankfurt am Main 1947 die Deutsche Bibliothek als zweite Nationalbibliothek gegründet worden. Nach 1990 wurden beide Institutionen einschließlich des Deutschen Musikarchivs zu Berlin zur DDB (Die Deutsche Bibliothek) zusammengelegt und seit 2006 in Deutsche Nationalbibliothek umbenannt. Mit einem Bestand von derzeit 13,5 Mio. Einheiten ist der Standort in Leipzig die größte Bibliothek Deutschlands und der größte Standort der Deutschen Nationalbibliothek. Sie beherbergt auch das Deutsche Buch- und Schriftenmuseum.
Adresse: Deutscher Platz 1, 04103 Leipzig, 0341/22 71-0, www.dnd.de

Kunst und Kultur

Gospel Singers e. V./LE Gospelsingers
Chorgemeinschaft mit Band: Ihr Repertoire umfasst afro-amerikanische Gospelsongs und Spirituals, afrikanische Traditionals, moderne Gospelmusik aus Skandinavien und karibische Klänge.
Info: www.leipziggospelsingers.de

Konzertchor Leipzig
Programmatisch vielfältig aufgestellt – von der Renaissance bis zur Moderne.
Info: www.konzertchor-leipzig.de

Puppentheater Sterntaler
Adresse: Talstr. 30, 04103 Leipzig, www.puppentheater-sterntaler.de

Sportangebote

Schwimmhalle Süd
Adresse: Tarostr. 10, 04103 Leipzig, www.l.de/sportbaeder/hallenbaeder/schwimmhalle-sued

Sporthalle Brüderstraße
Handball, Volleyball, Basketball, Hockey
Adresse: Brüderstr. 15, 04103 Leipzig

Märkte

Wochenmarkt
Bayerischer Platz, mittwochs und freitags 9 bis 17 Uhr

Zentrum-West

(Stadtbezik Mitte)

Den Stadtteil prägen viel Grün und schöne Gründerzeithäuser. Geht man den Weg vom Martin-Luther-Ring in die Otto-Schill-Straße, macht das Viertel einen irritierenden Eindruck, denn die stattlichen Altbauten gehen plötzlich über in Straßenzüge mit tristen Plattenbauten, die zu Ruinen verkommene Wohnbauten um den Dorotheenplatz in den 1980er-Jahren ersetzen sollten. Weiter zum Johannapark, schließt sich das sogenannte Bachviertel an, dessen Straßen ebenso wie im Musikviertel nach berühmten Musikern und Komponisten benannt sind. Im Bildungscampus Forum Thomanum hat der Thomanerchor sein Domizil.

Sehenswertes

▸ Otto-Schill-Straße 1 und 2
Die Häuser wirken als „Tor zum Kolonnadenviertel". Der Architekt Johann Paul Jacobi kaufte 1888 den nördlichen Teil des Reichelschen Vorderhauses am damals Dorotheenviertel genannten Areal auf dem Gelände von Apels Garten. Er entwarf zwei neue Häuser, spiegelbildlich identisch gestaltet, und verlieh ihren Gebäudeecken je einen Aufsatz mit zwiebelförmiger Kuppel. Zu DDR-Zeiten ging das Türmchen der Otto-Schill-Straße 1 gänzlich verloren. Im Zuge des DDR-Programms „Dächer dicht" Anfang der 1980er-Jahre wurden die Dächer notdürftig repariert. Seit der gründlichen Sanierung nach 1990 strahlen die Häuser samt Dächern und Türmchen in altem Glanz.
Adresse: Otto-Schill-Str. 1 und 2, 04109 Leipzig

▸ Lutherkirche
Mit dem Bau der Lutherkirche wurde anlässlich des 400. Geburtstages von Martin Luther begonnen. Ihr Grundriss folgt einem lateinischen Kreuz. Das Gebäude ist ein gelungenes Beispiel eines neogotischen Kirchenbaues und fügt sich in ansprechender Weise in den von Gartenbaumeister Linné gestalteten Johannapark ein. Im Hauptportal befindet sich eine Mosaikarbeit, die das Gotteslamm mit Siegesfähnlein und Buch des Lebens darstellt. Darüber erscheint im Eingangsbereich die Lutherrose. Im Innenraum erhält die Kanzel besonderes Gewicht, in deren Brüstung in Holzschnitzerei die vier Evangelisten mit ihren Symbolen Stier, Löwe, Engel, Adler dargestellt sind. Gemeinsam mit der Thomaskirche gehört die Lutherkirche zur Kirchgemeinde St. Thomas Leipzig. Zudem dient sie als geistliches Zentrum des Bildungscampus forum thomanum.
Adresse: Ferdinand-Lasalle-Str. 5, 04109 Leipzig, 🌐 www.thomaskirche.org

Kunst und Kultur, Chöre

▸ Städtisches Theater Schauspielhaus
Adresse: Bosestr. 1, 04109 Leipzig, 🌐 www.schauspiel-leipzig.de

▸ Parkbühne im Clara-Zetkin-Park
Betreiber ist die Haus & Park Entertainment GmbH: Konzerte und Events.
Adresse: Karl-Tauchnitz-Str. 28, 04107 Leipzig, 🌐 www.parkbuehne-leipzig.com

▸ Schola Cantorum Leipzig
Unter Trägerschaft der Stadt Leipzig singen mehr als 300 Kinder, Jugendliche und Erwachsene in der musikalischen Früherziehung, den Vorschul- und Spatzenchören, im Kinderchor, dem international renommierten Mädchen- und Frauenchor sowie dem gemischtstimmigen Kammerchor.
Adresse: Manetstr. 8, 04109 Leipzig, 🌐 www.schola-cantorum.de

Museen und Galerien

▸ Kunsthalle der Sparkasse
Seit 1993 sammelt die Sparkasse kontinuierlich Kunst, die seit 2001 in der Kunsthalle der Sparkassen auf 350 Quadratmetern präsentiert wird. Zur Sammlung gehören aktuell etwa 2500 Stücke von 140 zeitgenössischen Künstlern aus der Region: Werke der Malerei, Grafik und Plastik. Der Fundus wird mit den Ausstellungen „Blick in die Sammlung" gezeigt. Ergänzende Personal- und Sonderausstellungen, auch Lesungen, Konzerte und Vorträge ziehen regelmäßig interessiertes Publikum an (zur Zeit für den Publikumsverkehr geschlossen).
Adresse: Otto-Schill-Str. 4 a, 04109 Leipzig, 🌐 www.kunsthalle-sparkasse.de

▸ Synagogen-Mahnmal
Das Viertel um die Gottschedstraße steht bei allem Spaß in der international geprägten

Restaurantszene hier für ein bewegendes Denkmal, das Synagogen-Mahnmal. Es wurde 2001 nach Entwürfen von Anna Dilengite und Sebastian Helm übergeben. An diesem Platz an der Ecke Zentralstraße stand die 1855 eingeweihte Große Gemeindesynagoge. Unter freiem Himmel erinnern 140 aufgestellte Bronzestühle an die Zerstörung der Synagoge in der Pogromnacht 1938.
Adresse: Gottsched-/Ecke Zentralstraße, 04109 Leipzig

▸ Poniatowski-Denkmal
Überquert man hinter dem Kolonnadenviertel die freigelegte Mühlelster, erinnert ein Denkmal seit 1863, dem 50. Jahrestag der Völkerschlacht, an die Sprengung der Elsterbrücke. Die Geschichte in Kurzform: Auf seinem Rückzug sollte das geschlagene Heer Napoleons sie queren, danach war ihre Zerstörung geplant. Durch einen Irrtum löste die Mine vorzeitig aus. Die Brücke brach. Mit ihr stürzten hunderte Soldaten in die Elster und ertranken. 20 000 Franzosen blieb der Rückzug verwehrt, sodass am 19. Oktober 1813 die Völkerschlacht bei Leipzig endgültig vorbei war. An dieses grausame Ende erinnert das Denkmal am Poniatowskiplan. Der Pole Fürst Józef Poniatowski, als Verbündeter von Napoleon gerade erst zum Marschall ernannt, ertrank ebenfalls, obwohl er das Gemetzel der Völkerschlacht überlebt hatte.
Adresse: Lessingstr./Poniatowskiplan, 04109 Leipzig, 🌐 www.stadtgeschichtliches-museum.de

▸ Deutsches Kleingärtnermuseum
Hinter dem Stadthafen hat im 1896 erbauten Vereinshaus des ersten deutschen Schrebervereins seit 1996 das Deutsche Kleingärtnermuseum seinen Sitz – inmitten einer denkmalgeschützten Kleingartenanlage. In der Dauerausstellung „Deutschlands Kleingärtner – vom 19. zum 21. Jahrhundert“ wird die Geschichte des organisierten Kleingartenwesens von den Anfängen (1814) bis zur Gegenwart dargestellt. Sie räumt mit dem allgemeinen Irrglauben auf, der Leipziger Arzt Moritz Schreber sei der Erfinder der Kleingärten. Es war sein Mitstreiter Ernst Innozenz Hauschild. Dieser Schuldirektor hatte einen Verein initiiert, der in die Geschichte als erster Schreberverein einging und zu Ehren des verstorbenen Schreber so genannt wurde. Und so feierte man 1865 die Einweihung des ersten Schreberplatzes am Johannapark. Das war damals aber noch kein Garten, sondern eine Spielwiese, auf der Kinder von Fabrikarbeitern spielen und turnen konnten. Als sinnvolle Beschäftigung entstanden Kinderbeete, bald Refugien der Eltern und damit Familienbeete, die man später parzellierte und umzäunte. 1869, als das Areal rund 100 Parzellen umfasste, musste gar eine Vereinssatzung her – die Entwicklung nahm ihren Lauf.
Adresse: Aachener Str. 7, 04109 Leipzig, 🌐 www.kleingarten-museum.de

▸ Sächsisches Psychiatriemuseum
Echte Schauer laufen so manchem Besucher des Sächsischen Psychiatriemuseums beim Betrachten der Dauerausstellung „Irrsinn“ über den Rücken. Es erinnert an die teilweise sehr traurigen Lebensgeschichten bekannter sächsischer Patienten wie der Mundartdichterin Lene Voigt (1891–1962), Dr. Schrebers Sohn Daniel Paul Schreber (1842–1911) oder dem 1824 auf dem Markt hingerichteten Johann Christian Woyzeck (1780–1824). Zu sehen sind Zwangsjacken, mit denen man einst Patienten ruhigstellte, und Psychopharmaka, die das heute übernehmen. Dokumente aus dem 19. und 20. Jahrhundert geben Einblick in die damaligen Behandlungsmethoden, deren Zwangsmaßnahmen mit kaltem Wasser oder strenger Fixierung oft keine Gnade mit den Patienten kannten. Das Museum informiert auch über psychiatrische

Der idyllische Johannapark.

Einrichtungen sowie den Weg der Heil- und Pflegeanstalt Pirna-Sonnenstein von der Reformeinrichtung zur Stätte der Euthanasie.
Adresse: Mainzer Str. 7, 04109 Leipzig, www.durchblick-ev.de

Freizeitangebote

▸ Picknickplatz am Palmengartenwehr
Hier sind Picknicken und Grillen erlaubt.
Adresse: Am Elsterwehr 8, 04109 Leipzig (Zugang von der Käthe-Kollwitz-Straße an der Klingerbrücke)

▸ Stadthafen
Ein Stück City-Wildnis erfuhr hier einen Wandel zum Stadthafen samt Stadtstrand, Bootsverleih und Beachvolleyballplatz, Restaurant und Sonnenterrasse. Hinter einst unscheinbaren Mietskasernen hinter der Friedrich-Ebert-Straße, deren Wohnqualität durch die vorbeidonnernde Straßenbahn nicht eben gehoben wurde, verwirklichte die Stadt Leipzig ein Hafenprojekt mitten in der Stadt. Angeschlossen an das Fluss- und Kanalsystem von Leipzig, kann man von hier aus mit dem Boot auf Erkundungstour gehen. Wer mag, schließt sich einer Tour an, die je nach Route bis in das Leipziger Neuseenland führt. Auf dem Wasser lässt sich dann sogar bei Kaffee und Kuchen die Flusslandschaft der Weißen Elster und des Karl-Heine-Kanals entdecken: Industriebauten der Gründerzeit, der Auwald, Palmengarten und Klingerhain, Cafés, umgebaute Lofts, neue Industriehallen oder das Stelzenhaus in Plagwitz.
Adresse: Stadthafen Leipzig, Schreberstr. 20, 04109 Leipzig, www.stadthafen-leipzig.com

Natur und Landschaft

▸ Parkspaziergang
Clara-Zetkin- und Johannapark, Palmengarten und Richard-Wagner-Hain, verschlungene Wege, Teiche und alte Bäume, Blumen, Terrassen, Bänke und Spielplätze. So unterschiedlich wie die Entstehungsgeschichten der benachbarten Anlagen Johanna- und Albertpark, Palmengarten und Richard-Wagner-Hain sind auch ihre ursprünglichen Bestimmungen. Die Neubenennung in Clara-Zetkin-Park 1955 sollte die Erinnerung an die älteren Traditionen, an einen sächsischen König, eine Bankierstochter und einen später eher reaktionär eingestuften Komponisten zurückdrängen. Der Blick darauf ist heute ein anderer und so wird seit 2011 offiziell nur der Albert- bzw. König-Albert-Park noch Clara-Zetkin-Park genannt. Spaziergänger und Radfahrer kümmert das kaum, wenn sie durch nahtloses Grün vom Stadtzentrum in den Auewald und weiter hinaus in den Norden oder Süden fahren.

▸ Johannapark
Ein Teich mit Insel und Brücke ist das zentrale Moment dieser romantischen Anlage, die nach Johanna, der unglücklichen Tochter des Leipziger Bankiers Wilhelm Theodor Seyfferth, benannt ist.

▸ Warze
Beim Aushub des Teiches in Johannapark entstanden zwei kleine, längst begrünte Hügel. Heute ein Aussichtspunkt und vor allem im Winter als Rodelberg ein beliebter Treff.

▸ Porträtfigur Clara Zetkin
Die Namensgeberin des ehemaligen Albert-Parks, Clara Zetkin (1857–1933), war Frauenrechtlerin, sozialistische Reichstagsabgeordnete und -alterspräsidentin.

▸ Dahlienterrasse
Schön gestalteter Bereich mit Blumenrabatten, Teich und einer metallenen Sonnenuhr.

▸ Rennbahn Scheibenholz
Die Tradition reicht bis ins Jahr 1867 zurück. Es finden rund fünf Renntage pro Jahr statt. Die Restaurants haben das ganze Jahr, der Biergarten nur im Sommer geöffnet.
Adresse: Rennbahnweg 2 a, 04107 Leipzig, 🌐 www.scheibenholz.com

▸ Sachsenbrücke
Die Brücke am Elsterflutbett im Clara-Zetkin-Park ist schon ein Unikat: Zu allen Jahreszeiten, am liebsten aber an lauen Sommerabenden, herrscht hier reges Treiben.
Adresse: Anton-Bruckner-Allee 50, 04107 Leipzig, 🌐 www.sachsenbruecke.de

Sportangebote

▸ Elsterboot
Adresse: Am Rennbahnsteg/Rennbahnweg (Pferderennbahn Leipzig), 04107 Leipzig, 🌐 www.elsterboot.de

Kleingärten

KGV An der Friedrich-Ludwig-Jahn-Allee e. V.; Coblenzer Str. 1, 04109 Leipzig, 🌐 www.stadtverband-leipzig.de/kgv-an-der-friedrich-ludwig-jahn-allee-e-v/

Veranstaltungen und Feste

▸ ☺ Leipziger Hörspielsommer
Jährliches Festival im Juli für Hörspielkunst im Richard-Wagner-Hain für Schöpfungen etablierter Künstlerinnen oder aufstrebender Hörspielmacher. Zum Programm gehören akustische Erlebnise für Kinder und Erwachsene, Wettbewerbe, Live-Performances, Gespräche und Workshops.
Adresse: Richard-Wagner-Hain, 🌐 www.hoerspielsommer.de

Eutritzsch

(Stadtbezirk Nord)

Das alte slawische Dorf mit seiner Dorfkirche aus dem 13. Jahrhundert, 1890 nach Leipzig eingemeindet, hat sich stark verändert. Rathaus und Christuskirche sind die historischen Bauten neben dem alten Dorfkern von Eutritzsch, der hinter dem Eutritzscher Markt kaum mehr erkennbar ist.

Die Christuskirche in Eutritzsch.

Sehenswertes

‣ Christuskirche
Die kleine gotische Kirche ist das älteste Bauwerk in Eutritzsch. Der Turmunterbau stammt wahrscheinlich schon aus der Zeit vor 1381. Von 1489 bis 1503 wurde das Kirchenschiff im spätgotischen Stil neu erbaut. Seitdem ist die Kirche ein Saalbau mit dreiseitig abgeschlossenem Chor und einem Rhomben-Netzgewölbe. Der Innenraum entspricht noch weitestgehend dem Zustand von 1500. Der jetzige Marienaltar aus dem Jahr 1480 stammt aus dem östlich von Leipzig gelegenen Machern. Er steht seit 1960 in der Kirche und wurde im Jahr 2002 aufwändig restauriert. Die Orgel, die fünfte seit der Barockzeit, wurde von der Bautzener Firma Eule gebaut und am ersten Advent 1991 feierlich eingeweiht.
Adresse: Gräfestr. 16, 04129 Leipzig, 🌐 www.christuskirche-leipzig-eutritzsch.de

‣ Neuer Israelitischer Friedhof
Der Neue Israelitische Friedhof ist nach der nicht mehr vorhandenen Begräbnisstätte im Johannistal an der Stephanstraße und dem

Das Rathaus am Eutritzscher Markt.

Alten Israelitischen Friedhof an der Berliner Straße die dritte jüdische Ruhestätte in Leipzig. Als Bet Olam, Haus der Ewigkeit, wie Juden ihre Friedhöfe auch nennen, wurde sie im Jahr 1928 geweiht, nachdem die Gemeinde das Gelände bereits 1901 erworben hatte. Den Eingang der Trauerhalle krönen ein Davidstern und die Worte „Stärker als der Tod ist die Liebe". Im Jahr 1928 war der Erstbau des Architekten Wilhelm Haller als zweigeschossiges Gebäudeensemble mit einer mittig angeordneten, 21 Meter hohen monumentalen Kuppel eingeweiht worden, im Jahre 1938 während der Novemberpogrome zerstört, nach dem Ende der Nazi-Herrschaft 1955 wesentlich kleiner wieder aufgebaut worden.
Die Schicksale der hier bestatteten Menschen berühren vor allem dann, wenn Nazis in ihrer Brutalität den Lebensläufen starke Wendungen gaben. Der Leipziger Lederwarenhändler Adolf Bickart, im Mai 1945 nach seiner Befreiung aus dem Ghetto Theresienstadt nach Leipzig zurückgekehrt und am 20. September 1945 verstorben, war vermutlich der Erste, der nach dem Krieg hier beerdigt wurde.
Seit den 1990er-Jahren ist die Gemeinde stark gewachsen und mit mehr als 1300 Mitgliedern nach Berlin heute die größte jüdische Gemeinde in Ostdeutschland. Leider wirken manche Gräber verwaist, da keine Hinterbliebenen die Pflege übernehmen können. Zudem werden nach jüdischer Tradition Gräber nicht eingeebnet oder neu vergeben.
Adresse: Delitzscher Str. 224, 04129 Leipzig, 🌐 www.bestattung-information.de/partner/neuer-israelitischer-friedhof-leipzig/

Freizeitangebote

▸ **Geyserhaus**
Kneipe, Kulturhaus und Parkbühne
Adresse: Gräfestr. 25, 04129 Leipzig, 🌐 www.geyserhaus.de

Das Geyserhaus, ein Fachwerkbau in der Gräfestraße.

▸ **Modern Voices Leipzig e. V.**
Gemischter Chor mit vorwiegend modernem Repertoire
Info: 🌐 www.modernvoices.beepworld.de

▸ **Polizeichor Leipzig e. V.**
Gemischter Chor, nicht nur für Polizistinnen und Polizisten, mit breitgefächertem Repertoire vom klassischen Volksliedgut, Pop, Gospel bis Kirchenmusik.
Info: 🌐 www.polizeichor-leipzig.de

Museen und Galerien

▸ **Straßenbahnmuseum im Historischen Straßenbahnhof Apelstraße**
Ausstellung von fahrbereiten Straßenbahnen und Bussen, betreut durch die Arbeitsgemeinschaft Historische Nahverkehrsmittel Leipzig e. V.
Adresse: Apelstr. 1, 04129 Leipzig, 🌐 www.strassenbahnmuseum.de

Sportangebote

▸ **SV Leipzig-Eutritzsch 1860 e. V.**
Ballsportarten, Gymnastik
Postadresse: Eichbergstr. 76, 04349 Leipzig, Sporthalle: Wittenberger Str. 30, 04129 Leipzig

Blick über den Teich im Eutritzscher Park.

▸ SG Rotation Leipzig 1950 e. V.
Fußball, Kegeln und Tischtennis
Adresse: Sportanlage: Friedrich-Ludwig Jahn Kampfsportbahn, Delitzscher Str. 131, 04129 Leipzig, www.rotation-1950.de

▸ SV Lipsia 93 e. V. Leipzig-Eutritzsch
Ältester sächsischer Fußballverein, gegründet 11. Februar 1893, Gründungsmitglied des DFB
Adresse: Thaerstr. 5, 04129 Leipzig, www.sv-lipsia.de

▸ Tanzclub Rot-Weiss Leipzig e. V.
Adresse: Haferkornstr. 79, D-04129 Leipzig, www.rot-weiss-leipzig.de

▸ Muay Thai Team Leipzig e. V.
Kampfsport und Fitnessclub
Adresse: Dessauer Str. 6, 04129 Leipzig, www.siamgym-leipzig.de

▸ Schwimmhalle Nord
Im Jahr 1968 als erste Leipziger Volksschwimmhalle eröffnet.
Adresse: Kleiststr. 54, 04157 Leipzig, www.l.de/sportbaeder/hallenbaeder/schwimmhalle-nord

Natur und Landschaft

▸ Eutritzscher Park
Der südliche Teil dieses Parks am Lauf der Rietzschke entstand 1899 und 1903/04. Seit den 1970er-Jahren gibt es hier das Hallenbad Nord, eine ehemalige Volksschwimmhalle. Zu DDR-Zeiten benannte man den Eutritzscher Park nach Artur Bretschneider. Der Name hält sich immer noch, obwohl kaum jemand weiß, dass es sich dabei um einen Lehrer und Politiker der Liberaldemokratischen Partei Deutschlands (LDPD) handelt, der von 1886 bis 1949 in Leipzig lebte. Die

Anlage mit ihren erhaltenen und behutsam ergänzten historischen Strukturen ist eine Oase der Erholung. Beachtenswert sind die landschaftliche Gestaltung um den Teich, ein formaler Schmuckbereich nördlich der Gottschallstraße sowie die Plastik „Die Nachricht". Die Freilichtbühne des Geyser Haus e.V. ist mit ihren Konzerten und Veranstaltungen für Klein und Groß eine feste Größe in der Kulturszene. Im Winter rodeln die Kinder am zugefrorenen Teich, im Sommer bieten ihnen verschiedene Spielplätze Abwechslung.
Adresse: Coppistraße, 04129 Leipzig

Kleingartenvereine

KGV An der Thaerstraße e.V. mit mehr als 400 Gärten; Thaerstr. 39, 04129 Leipzig, 🌐 www.garten-thaerstrasse.de
KGV Heimatscholle 1893 e.V. mit 161 Parzellen; Schönefelder Str. 37, 04129 Leipzig, 🌐 www.heimatscholle1893.de
KGV Naturheilkunde Eutritzsch e.V. mit 476 Parzellen; Delitzscher Str. 129, 04129 Leipzig, 🌐 www.garten-in-leipzig-nord.de
KGV Neue Scholle e.V. mit 82 Parzellen; Wölkauer Weg 9 a, 04129 Leipzig, 🌐 www.neuescholle.de

Gohlis

(Stadtbezirk Nord)

Verkündet ein Leipziger seinem Nachbarn, er zieht nach Gohlis, ruft das bei seinem Gesprächspartner entweder Neid oder Bewunderung hervor: Der Stadtteil gilt als teuer und durch seine Nähe zu City und Rosental auch als schön gelegen. Alle diese Attribute treffen zu, doch auch hier gibt es wie überall ganz unterschiedliche Ecken in Gohlis-Süd, Gohlis-Mitte und Gohlis-Nord.

Gohlis-Mitte

Zwischen dem Gohliser Süden und dem Norden zeichnet Gohlis-Mitte rechts und links der Magistrale Georg-Schumann-Straße ein quirliges, multikulturelles Leben aus. Kleine individuelle Läden gibt es hier ebenso wie neu gebaute Supermärkte, Restaurants, Cafés und Imbissbetriebe, soziokulturelle Zentren und die Stadtbibliothek „Erich Loest".

Sehenswertes

▸ Bleichert-Werke

Die Ende des 19. Jahrhunderts gegründeten Bleichert-Werke lieferten ihre Drahtseilbahnen bis nach China. Das Fabrikgelände an der Sammet-Straße mit seinen zwölf historischen Fertigungshallen und Verwaltungsbauten, eine der größten Industrieruinen in Leipzig, erfährt nun eine neue Bestimmung als Wohn-, Kultur- und Kunstareal. Die prächtige Villa der Familie Bleichert in der Lützowstraße 19 ist heute als Heinrich-Budde-Haus ein sozio-kulturelles Zentrum für freie Kulturmacher, Künstler und Vereine.
Adresse: Sammetstr., 04155 Leipzig

Freizeitangebote

▸ Bibliothek Gohlis „Erich Loest"

Adresse: Georg-Schumann-Str. 105 (Stadtteilzentrum Gohlis), 04155 Leipzig, 🌐 www.stadtbibliothek.leipzig.de/unsere-bibliotheken/bibliothek-gohlis-erich-loest

▸ Budde-Haus

Sozio-kulturelles Zentrum, Sitz von Kunst- und Musikschulen sowie gemeinnützigen Vereinen. Der Name geht auf einen

Mitarbeiter der Bleichert-Werke zurück, der 1944 von den Nazis zum Tode verurteilt und hingerichtet worden war.
Adresse: Lützowstr. 19, 04157 Leipzig, www.buddehaus.de

Die neuen Gohliser Höfe in den Hallen der ehemaligen Bleichert-Werke.

Evangelisch-methodistische Bethesdakirche
Mitglied der Arbeitsgemeinschaft Christlicher Kirchen (ACK Sachsen) und der Evangelischen Allianz.
Adresse: Blumenstr. 74, 04155 Leipzig, www.bethesdakirche-leipzig.de

Gohliser Bahnbogen mit Naturspielraum Rabennest
Der Grünzug Gohliser Bahnbogen entstand in jüngster Zeit aus Rand- und Restflächen der ehemaligen Magdeburger Bahn. Er verläuft parallel zur neuen S-Bahntrasse nach Halle/Saale. Ein markantes Element ist die in einem leichten Bogen angeordnete Lindenpflanzung.
Adresse: Breitenfelder Str. 48, 04155 Leipzig

Infozentrum GSS
Anlaufstelle für Informationen der Magistrale Georg-Schumann-Straße, Veranstaltungsraum, Sitz des Magistralenmanagements und des Magistralenrates.
Adresse: Georg-Schumann-Str. 126, 04155 Leipzig, www.schumann-magistrale.de

Lehmbau Jugendtreff UFO
Offener Jugendtreff in einem 1999 errichteten Gebäude in Holzbauweise, das an ein gelandetes Ufo erinnert.
Adresse: Sassstr. 11–19, 04155 Leipzig, Nachbarschaftszentrum „DIE TÜR e.V."

Nachbarschaftladen, Kleiderwechsel, Veranstaltungen
Adresse: Wiederitzscher Str. 19, 04155 Leipzig, www.2021.dietuer.org

Singschule Leipzig e.V.
Die Chöre bestanden bis 2007 aus einem Kinderchor und Jugendchor, im Laufe der Zeit ergaben sich passendere Formen als Kinder- und gemischter Chor. Zum Repertoire gehören neben Volksweisen auch Gospels, Spirituals und Musicals sowie Stücke unterschiedlicher Epochen.
Adresse: Blumenstr. 74, 04155 Leipzig, www.singschule.com

Sportangebote

Aktiv & Fit Gesundheitssportverein e.V.
Sport- und Gesundheitsstudio im Aktiv Forum Leipzig
Adresse: Georg-Schumann-Str. 50 (Gohlis-Arkaden), 04155 Leipzig, www.aktiv-forum-leipzig.de

Sportplatz Sassstraße
Öffentlicher Sportplatz
Adresse: Sassstr. 15 a, 04155 Leipzig, www.leipzig.de/freizeit-kultur-und-tourismus/sport/

Märkte

▸ Wochenmarkt Gohlis-Arkaden
Lützow-/Georg-Schumann-Straße, mittwochs 9 bis 16 Uhr

Gohlis-Nord

Der Gohliser Norden, in kaum 15 Minuten vom Hauptbahnhof zu erreichen, ist selbst so manchem Leipziger eine eher unbekannte Größe. Dabei gibt es hier städtebaulich viel zu entdecken. Als Neu-Gohlis um 1890 begründet, entwickelten sich zwischen den Kasernen in Möckern und den in der Gründerzeit gebauten Fabriken vielfältige Viertel bis hin zur Nördlichen Rietzschke. Damals entstanden hier in der Gegend vom Süden aus in Richtung Norden strahlenförmig angeordnete Alleenzüge mit Wohn- und Gesellschaftsbauten sehr unterschiedlicher Baustile. Die Gegensätze sind schon ausgeprägt: Da gibt es zum Beispiel herrschaftliche Stadtvillen im französischen Viertel zwischen Würkert- und Corinthstraße, hochwertige Reihenhäuser im Philosophenviertel neben dem Eutritzscher Park, die architektonisch interessante Krochsiedlung, aber auch profane Mietshäuser mit ziemlich einfach konzipierten Wohnungen.

Sehenswertes

▸ Krochsiedlung
Zu einem ganz eigenen Stadtteil entwickelte sich in den 1930er-Jahren diese Wohnanlage als Standort für den kommunalen und genossenschaftlichen Wohnungsbau. Das Bankhaus Kroch und die Stadt hatten 1928 einen Wettbewerb für ein Wohngebiet mit Kleingewerbe ausgeschrieben. Den gewannen die Architekten Paul Mebes (1878–1938) und Paul Emmerich (1876–1958) mit einem Plan zur Umsetzung einer neuen Wohnform, der Zeilenbebauung. Die Siedlung gilt seitdem als wichtiges Beispiel für die Architektur der Neuen Sachlichkeit.
Adresse: Max-Liebermann-/Landsberger-/Bremerstraße, 04157 Leipzig

▸ Versöhnungskirche
Einzigartig an Klarheit und Ausstrahlung ist die Versöhnungskirche im Viertelsweg. Die außen weiß leuchtende Kirche mit ihrem 43 Meter hohen Turm und dessen goldenem Kreuz als Bekrönung ist ein Wahrzeichen von Gohlis. Der klassizistisch-moderne Bau, umgesetzt nach einem Entwurf des Architekten Hans Heinrich Grotjahn (1887–1962), greift Ideen des Bauhaus-Stiles auf. Die schlichte Formensprache soll das Wort Versöhnung erlebbar machen. Die als Basilika errichtete Saalkirche bietet einschließlich der Emporen etwa 850 Gästen zu Gottesdiensten, Konzerten, Vorträgen und Ausstellungen Platz. Das Kreuz ist in Buntglasfenster gefasst. Die fünf Etagen des Turmes werden teilweise als Wohnraum genutzt.
Adresse: Franz-Mehring-Str. 44/Viertelsweg, 04157 Leipzig,
🌐 www.versoehnungs-gemeinde.de

▸ Katholische Kirche St. Georg
Im Dezember 1910 erhielt hier die katholische Kapelle St. Georg ihre Weihe.
Adresse: Platz des 20. Juli 1944 2, 04157 Leipzig,
🌐 www.leipzig-st-georg.de

▸ Platz des 20. Juli 1944
Mit dem Namen Platz des 20. Juli 1944 soll seit 1994 an das Attentat auf Hitler erinnert werden. Bereits der Bebauungsplan von 1898 sah für den neuen Stadtteil begrünte Schmuckplätze vor. Einer davon ist dieser,

entstanden nach 1900 als zentraler Bezugspunkt eines bürgerlichen Wohnquartiers, ab 1904 mit der ersten Bezeichnung Jägerplatz. Die den Platz nördlich berührende Stauffenbergstraße hatte bereits 1947 ihren Namen anstelle von Garnisonstraße erhalten. 1995 gestaltete ein Dresdner Landschaftsarchitekturbüro die Anlage neu. Mittig befindet sich nunmehr an der Südseite des Platzes eine Sandspielfläche. Parallel zu den Lindenreihen erschließen die Anlage zwei breite wassergebunden befestigte Gehbahnen, die sich aufgrund ihrer Ausdehnung auch zum Spielen eignen. An den Außenseiten sind sie jeweils durch Vierergruppen kleinkroniger Bäume betont, die wie ein Tor wirken. Im Zentrum des Platzes sind die beiden Bahnen durch eine Fläche mit aufwändigem und teils geschliffenem Natursteinplattenbelag verbunden.
Adresse: Stauffenberg-/Jägerstraße, 04157 Leipzig

Die Versöhnungskirche am Viertelsweg.

Kunst und Kultur/Nord

▸ CC-Firlefanz Leipzig e. V.
Karnevalsverein
Adresse: Lützowstr. 46, 04157 Leipzig, 🌐 www.firlefanz-leipzig.de

▸ Männerchor Leipzig-Nord e. V.
Buntes Repertoire von Volksmusik bis Klassik, von geistlichen und weltlichen Werken der Renaissance und des 20. Jahrhunderts bis hin zu Bearbeitungen internationaler Lieder, die in Originalsprache gesungen werden.
Info: 🌐 www.maennerchorleipzig-nord.de

▸ ShowChor L. E. e. V.
Musical, Pop, Soul und Bühnenperformances von den 20er-Jahren bis ins digitale Zeitalter. Tanz und Spielszenen gehören zu jedem Programm.
Adresse: Tanzstudio Etage 5, Corinthstr. 6, 04157 Leipzig, 🌐 www.showchor-le.de

Sportangebote/Nord

▸ Wohnsportgemeinschaft Neu Gohlis e. V.
Gymnastik, Tischtennis, Volleyball, Badminton und allgemeiner Gesundheits- sowie Seniorensport
Adresse: Hannoversche Str. 67, 04157 Leipzig, 🌐 www.wsgneugohlis.de
Trainingsstätten: Turnhallen der Hans-Kroch-Schule, Jörgen-Schmidtchen-Weg 8, 04157 Leipzig und in der Johann-Heinrich-Pestalozzi-Schule, Hannoversche Str. 2, 04157 Leipzig

▸ SG Motor Gohlis-Nord Leipzig e. V.
Gesamtverein mit Angeboten für Kinder, Jugendliche und Erwachsene mit eigenem Stadion
Adresse: Max-Liebermann-Str. 83 (Stadion des Friedens), 04157 Leipzig, 🌐 www.mogono-leipzig.de

▸ 1. DSC Leipzig 06 e. V.
Im 1. Darts-Sport-Club in Leipzig für Steeldart spielen Kinder, Jugendliche und Erwachsene.

Adresse: Franz-Mehring-Str. 5, 04157 Leipzig, www.steeldart-leipzig.de

TC Wacker Gohlis
Tennis seit 1914 für alle Altersklassen sowie aktive Leistungssportförderung
Adresse: Max-Liebermann-Str. 85 a, 04157 Leipzig, www.tcwackergohlis.de

Kleingärten

KGV Germanus e. V. mit 201 Gärten; Goslarer Str. 8, 04157 Leipzig, www.kgv-germanus.jimdofree.com
KGV Neu-Gohlis mit 65 Parzellen; Braunschweiger Str. 35, 04157 Leipzig, www.kgv-neu-gohlis.de
KGV Naturheilkunde Gohlis e. V. mit 552 Parzellen; Möckernscher Weg 1, 04158 Leipzig, www.stadtverband-leipzig.de/kgv-naturheilkunde-gohlis-e-v/
KGV Goldene Höhe mit 126 Parzellen; Virchowstr. 90, 04157 Leipzig, kgv-goldene-hoehe.de

Märkte

Wochenmarkt Gohlis-Park
Landsberger/Ecke Max-Liebermann-Straße, dienstags und donnerstags 9 bis 16 Uhr

Gohlis-Süd

Im Süden von Gohlis stehen prächtige Stadthäuser der Gründerzeit neben unscheinbaren Mietshäusern verschiedener Bauzeiten und -stile. Dazu füllen etliche, nach 2000 gebaute Stadtvillen einstige Baulücken, deren Architektur eher für Irritation als für Begeisterung sorgt.

Bürgerverein Gohlis e. V.
Heinrich-Budde-Haus
Lützowstr. 19
04155 Leipzig
www.buddehaus.de/buergerverein_gohlis.php

Sehenswertes

Gohliser Schlösschen
Seit dem 18. Jahrhundert zählt das Schlösschen mit seinem weithin sichtbaren Turm als Wahrzeichen von Gohlis. Der Garten zeigt deutlich den barocken Ursprung, wobei das prächtige Gebäudeensemble, entstanden 1755/56 als Sommersitz des Ratsbaumeisters und Kaufmanns Johann Caspar Richter (1708–1770), dem Rokoko zugeordnet wird. Die Planung wird dem Dresdner Hofarchitekten Johann Friedrich Knöbel (1724–1792) zugeschrieben. Am Ende des 18. Jahrhunderts waren Friedrich Schiller und der Freundeskreis um Christian Gottfried Körner einige Male zu Gast. Während der Völkerschlacht wurde ein Militärhospiz eingerichtet. Schließlich rettete der Kaufmann Christoph Conrad Georg Nietzsche das Schlösschen vor dem drohenden Abriss und ließ den Oesersaal gestalten, der heute noch Konzerten, kleineren Theateraufführungen und Festen den feierlichen Rahmen gibt.
Adresse: Menckestr. 23, 04155 Leipzig, www.gohliser-schloesschen.de

Friedenskirche
Mit der Grundsteinlegung am 29. Oktober 1871 entstand hier eine dreischiffige, längsrechteckige Kirche mit Chor, Sakristei- und Kapellenanlagen als Backstein-Verblendbau. Ab Ostern 1902 hieß auf Beschluss des Kirchenvorstandes das Gotteshaus Friedenskirche, ab 1920 die Gemeinde „Versöhnungskirchgemeinde". 1977 wurde der nunmehr desolate Bau von der kirchlichen Bauverwaltung aufgegeben, die keine Mittel zur

Das Gohliser Schlösschen.

Erhaltung sah. Die Kirchgemeinde bemühte sich, die Kirche trotzdem weiterhin nutzbar zu halten. Nachdem zwischen 1990 und 1999 die Bauschäden immer größer wurden, fanden nur noch zu besonderen Anlässen Andachten und Gottesdienste statt. Das änderte sich, als im März 1999 der Verein Friedenskirche Leipzig e.V. gegründet wurde, seitdem Konzerte, Aufführungen, Foren und Ausstellungen durchführt und sich um den Erhalt kümmert. Ab 2000 begann die schrittweise Instandsetzung, am 2. Dezember 2000 wurde die Turmbekrönung mit neuem goldenem Kreuz und Kugel aufgesetzt. Seit 2016 wird die evangelische Kirche auch Paxkirche genannt und seit 2016 als Jugendkirche genutzt.
Adresse: Kirchplatz 9, 04155 Leipzig, 🌐 www.michaelis-friedens.de

▸ Kirche St. Michaelis
Mit ihrem 70 Meter hohen Turm, entworfen von den Architekten Alfred Müller (1847–1912) und Heinrich Rust, ist der Bau dem Jugendstil verpflichtet und erhielt am 12. Juni 1904 seine Weihe.
Adresse: Nordplatz 14, 04105 Leipzig, 🌐 www.michaelis-friedens.de

▸ Gosenschenke Ohne Bedenken
Legendäres Gasthaus, das in den 1980er-Jahren das obergärige Weißbier Gose neu entdeckte und ihm zu einer wahren Renaissance verhalf. Markante Attribute des Lokals sind das rustikale Ambiente, sächsische Speisen und ein idyllischer Biergarten mit 500 Plätzen.
Adresse: Poetenweg/Menckestr. 2, 04155 Leipzig, 🌐 www.gosenschenke.de

Museen und Galerien

▸ Schillerhaus

Gästeführer bezeichnen das kleine, unscheinbare Bauernhaus gern als ältestes deutsches Literaturmuseum. Es eröffnete am 10. November 1841, dem 82. Geburtstag von Friedrich Schiller (1759–1805). Der Dichter logierte 1785 hier beim Bauern Schneider. In jenem Sommer verfasste er sein berühmtes „Lied an die Freunde", das Ludwig van Beethoven im Schlusschor seiner 9. Sinfonie vertonte. In Küche, Schlafkammern und in der Bauernstube sind Exponate zu Schiller, zum Wirken des Schillervereins und zur Geschichte des Hauses zu sehen. Im Sommer finden im bunten Blumengarten Open-Air-Events, Lesungen, Konzerte und Theateraufführungen freier Bühnen statt.

Adresse: Menckestr. 42, 04155 Leipzig, 🌐 www.stadtgeschichtliches-museum-leipzig.de

Die Ehrenpforte am Schillerhaus.

Natur und Landschaft

▸ Richterplatz

Der Platz und die Richterstraße sind nach Johann Caspar Richter (1708–1770) benannt, dem Erbauer und ersten Besitzer des Gohliser Schlösschens. Dass es den Platz gibt, beruht auf einem Beschluss der Stadtväter von 1910. Erst 1996 erfolgten eine umfassende Sanierung und Wiederherstellung der Grundstrukturen. Von den Bänken aus hat man einen Blick auf Schmuckpflanzungen, Bäume und Hecken sowie künstlerisch gestaltete Spielgeräte.

▸ Schillerhain

Zum Gedenken an den Dichter Friedrich Schiller schließt diese Grünanlage direkt an das Rosental an. Sie unterscheidet sich durch ihre lockeren Gehölzstrukturen deutlich vom waldartigen hinteren Rosental. Ab 1904 als „Gartenanlage am Gohliser Wehr" neu angelegt, bildet sie seither ein ansprechendes Entrée für die sich nördlich und westlich anschließende, teils gehobene Wohnbebauung. Am 17. April 1905 erhielt die Anlage ihren heutigen Namen. Im Mai 1905, im hundertsten Todesjahr Schillers, beantragte der sogenannte „Hauptausschuss für die Schillerfeier" ihm zu Ehren die Pflanzung einer Linde. Es entstand eine kleine Partie mit einem Wegerondell, eingebunden in die ansonsten eher landschaftliche Gestaltung. Vor der sich nordwestlich anschließenden Bebauung bildeten zwei symmetrisch gepflanzte Silberahorne eine den Gedenkbaum hervorhebende Kulisse. Anfang der 1950er-Jahre wurde der Hain umgestaltet. Nachdem der Gedenkbaum, noch bis Anfang der 1990er-Jahre vorhanden, gefällt werden musste, spendeten 2005, im 200. Todesjahr des Dichters, Schülerinnen und Schüler des Schiller-Gymnasiums eine neue Linde, die am 9. Mai, dem Todestag Schillers, am Standort des alten Baumes gepflanzt wurde.

Adresse: Platner-/Stallbaumstr., 04155 Leipzig

Sportangebote

▸ Volleyball Hobbyliga Leipzig e. V.
Volleyball in den Leistungsklassen A bis D und Frauen
Adresse: Marbachstr. 16, 04155 Leipzig, www.hobbyliga-leipzig.de

Kleingärten

KGV Volksgesundung e. V. mit 390 Parzellen; Heinrothstraße 22, 04155 Leipzig, www.kgv-volksgesundung.de
KGV Brandts Aue e. V. mit 155 Parzellen; Heinrothstr. 20, 04155 Leipzig, www.kgv-brandtsaue.de
Westgohliser Gartenkolonie 1921 e. V. mit 42 Parzellen; Herloßsohnstraße 42 a, 04155 Leipzig, www.westgohliser1921.de

Seehausen

(Stadtbezirk Nord)

Die Gemeinde Seehausen, bestehend aus dem ursprünglichen Dorf sowie noch kleineren Orten wie Merkwitz, Göbeschelwitz oder Hohenheida, nahm lange kaum ein Leipziger wahr. Doch seit 1996 das gewölbte Glasdach der Neuen Messe und 2005 das im futuristischen Stil gebaute Werk von BMW den Betrieb aufnahmen, hat sich das geändert. Zumal nur unweit davon entfernt der 32 Meter hohe „Diamant", seit 2002 Symbol der Porsche-Niederlassung Leipzig, vom Aufschwung der Stadt kündet.
Seit den 1990er-Jahren erweitern die Wohnparks Seehausen und An der alten Mühle mit Reihen-, Einfamilien- und Mietshäusern, welche die dörfliche Struktur erweitern.

Bürgerverein Gottscheina e. V.
Am Ring 1
04356 Leipzig

Bürgerverein Hohenheida e. V.
Am Anger 60
04356 Leipzig
www.hohenheida.com

Sehenswertes

▸ Neue Messe
Die Umstellung von der Waren- zur Mustermesse meisterte Leipzig bereits 1895, den Umzug in einen Neubau auf der grünen Wiese nach Seehausen 1996. Bereits seit 1917 trug die Messe das vom Künstler Erich Gruner im Auftrag des „Meßamtes für die Mustermessen" geschaffene Doppel-M als Symbol, ab 1964 nahm das Messemännchen im blauen Anzug mit einem Globus als Kopf und Hut seinen Dienst als Maskottchen auf. Beides zog mit um. Die fünf Ausstellungshallen von jeweils 20 500 Quadratmetern Fläche sind durch eine große Glashalle miteinander verbunden. Auch das Congress Center Leipzig (CCL) ist trockenen Fußes zu erreichen.
Adresse: Messe-Allee 1, 04356 Leipzig, www.leipziger-messe.de

▸ Kirche Göbschelwitz
Nur aufgrund der politischen Veränderungen 1989/90 blieben der Ort und seine Kirche vor der geplanten Kohle-Abbaggerung bewahrt. Von der romanischen Anlage hat sich der aus Feldsteinen errichtete Turmstumpf erhalten. Das Kirchenschiff wurde 1859 neu errichtet. Das Haus selbst konnte nach umfassender Sanierung zu Pfingsten 1998 wieder geweiht werden und wird seither gottesdienstlich genutzt. Das Altarbild von Alf Brumme stellt das Abendmahl dar und vereint als Jünger Jesu den damaligen Pfarrer, Kirchvorstände und Albert Schweitzer.

Das Gelände der Neuen Messe Leipzig.

Adresse: Göbschelwitzer Str. 75, 04356 Leipzig, www.plaussig-hohenheida.de

▸ Kirche Gottscheina

Im Laufe der Jahrhunderte immer wieder umgebaut, erhielt sie 1853 eine neue Orgel, hergestellt von dem Eilenburger Orgelbaumeister Nicolaus Schrickel. Erst im Jahre 1892 wurde der Kirchturm errichtet. Die darin befindlichen Glocken stammen aus den Jahren 1745, 1809 und 1975. Diese läuten noch immer zu Umkehr, Einkehr und Heimkehr, wie es auf den Glocken zu lesen ist. Dank des Engagements der Dorfbewohner konnte Ende der 1960er-Jahre der Abriss des baufälligen Turmes verhindert werden und seine Instandsetzung erfolgen.

Das Maskottchen der Leipziger Messe: das Messemännchen.

Adresse: Am Ring 18, 04356 Leipzig, www.plaussig-hohenheida.de

▸ Kirche Hohenheida

Auf dem Dorfanger, leicht erhöht oberhalb des Teiches stehend, beherrscht die romanische Westturmkirche die Dorfanlage von Hohenheida. Das Kirchenschiff erhielt seine heutige Gestalt um 1715/16. Aus jener Zeit stammt ein Teil der Innenausstattung mit der dreiseitig umlaufenden Empore. An das späte Mittelalter erinnern eine um 1500 geschaffene Mondsichelmadonna

sowie ein Taufengel und eine Christusfigur in gekreuzigter Haltung. Sehenswert sind zwei Buntglasfenster im Altarbereich aus dem Jahre 1913.
Adresse: Am Anger 67, 04356 Leipzig, 🌐 www.kirche-leipzig.de/gemeinde/hohenheida/

Freizeitangebote

▸ Feuerwehrverein Seehausen e. V.
Adresse: Seehausener Allee 35, 04356 Leipzig

Sportangebote

▸ Sportplatzanlage Göbschelwitz
Adresse: Zur Loberaue 18, 04356 Leipzig, 🌐 www.leipzig.de/freizeit-kultur-und-tourismus/sport/

Wiederitzsch

(Stadtbezirk Nord)

Die Gemeinde Wiederitzsch entstand am 1. Januar 1904 durch Zusammenschluss der beiden bis dahin selbstständigen Landgemeinden Großwiederitzsch und Kleinwiederitzsch.
Bis Anfang 2007 befand sich hier eins von acht Bundeswehrkrankenhäusern. Kurz nach seiner aufwändigen Modernisierung wurde es allerdings wieder geschlossen. Außerdem hat Wiederitzsch eine Außenstelle des Veterinärinstitutes Sachsen.
Ein berühmter Sohn des Ortsteils ist Emil Hermann Nack, der 1843 im damaligen Großwiederitzsch geboren wurde und mit dem „Coswiga" als erster sächsischer Automobil-Hersteller gilt. Die Wohnviertel mit Einfamilien- und Reihenhäusern tragen Namen wie Thymianweg, Haferring und Weizenweg.

Sehenswertes

▸ Evangelische Kirche
Die romanische Chorturmkirche wurde in spätgotischer Zeit erneuert. Im Innern befinden sich drei spätmittelalterliche Terrakotta-Reliefs, die um 1300 gegossene Heinrichsglocke und eine Ladegast-Orgel.
Adresse: Bahnhofstr. 10, 04158 Leipzig, 🌐 www.kirche-podelwitz-wiederitzsch.de

Die Kirche in Wiederitzsch.

▸ St. Gabrielskirche
Die 1970 geweihte katholische Kirche St. Gabriel des Architekten Peter Weeck besitzt ein Spannbetonschalen-Dach und gilt als Beispiel moderner Kirchenarchitektur. Zusammen mit dem Bildhauer Friedrich Press errichtete der Architekt Peter Weeck das morderne Bauwerk aus Klinker, Beton, Stahl und Glas. Das Projekt vom „Zelt Gottes unter den Menschen", 1970

Der Hugo-Krone-Platz mit dem Bürgerbüro von Wiederitzsch.

eingeweiht, zieht in seiner konsequenten Umsetzung Kunstinteressierte aus vielen Ländern an.
Adresse: Georg-Herwegh-Str. 22, 04158 Leipzig, www.kirche-leipzig.de/gemeinde/wiederitzsch-st-gabriel/

Gedenkstätten

Gemeinschaftsgrab mit Gedenkstein
Es erinnert auf dem Friedhof an sieben unbekannte sowjetische Zwangsarbeiter, die im Zweiten Weltkrieg nach Deutschland verschleppt und Opfer von Zwangsarbeit wurden.
Adresse: Delitzscher Landstr. 151, 04158 Leipzig

Freizeitangebote

Bibliothek Wiederitzsch
Adresse: Zur Schule 10 a, 04158 Leipzig, www.stadtbibliothek.leipzig.de/wiederitzsch

Johann-Strauss-Chor Leipzig e. V.
Das Repertoire des gemischten Chores umfasst Operette, Musical, Oper und Evergreens der 50er- und 60er-Jahre.
Adresse: Begegnungszentrum Delitzscher Landstraße 38, 04158 Leipzig, www.johann-strauss-chor.de

Sportangebote

Sportplatzanlage Wiederitzsch/ SV Eintracht Wiederitzsch e. V.
Fußball
Adresse: Zum Feld 12, 04158 Leipzig, www.sv-eintracht-wiederitzsch.de

Kleingärten

KGV Am Rietzschketal e. V. mit 164 Parzellen
Adresse: Zur Schule 15, 04158 Leipzig, www.am-rietzschketal.de

Märkte und Feste

Wochenmarkt Wiederitzsch
Hugo-Krone-Platz, donnerstags 9 bis 12 Uhr

Mockau

(Stadtbezirk Nordost)

Als gesichert gilt, dass um etwa 1200 Bauern hier ein Straßendorf in den feuchten Auen der Parthe gründeten. Auf den besonderen Siedlungsgrund weist der Name hin, der sich vom slawischen mokry für nass, feucht ableitet. Doch nicht einmal alle Leipziger wissen, dass hier ein Kapitel der deutschen Luftfahrt geschrieben wurde: Noch bevor in Schkeuditz der heutige Flughafen Leipzig-Halle 1927 in Betrieb ging, starteten 1913 in Mockau die ersten Flieger. Relikte dieser Ära sind noch heute zu sehen. Die Industrialisierung des Ortes seit den 1850er-Jahren führte 1915 zur Eingemeindung.

Bürgerverein Leipzig Nordost e. V.
Kutschweg 36. 04349 Leipzig
(Mockau-Süd, Mockau-Nord, Thekla, Plaußig-Portitz, Nordost)
www.buergerverein-leipzig-nordost.de

Sehenswertes

Flughafen Leipzig-Mockau
Viel übrig ist nicht, dabei begann mit der Eröffnung 1913 die Ära von Leipzig-Mockau als Luftschiffhafen und Flugplatz. Im Ersten und Zweiten Weltkrieg entstanden Anlagen für die Flugzeugrüstungsindustrie. Zwischen 1949 und 1962 hatte Leipzig-Mockau einen Status als Messe-, bis 1972 noch als Verkehrsflughafen. Passagiere konnten nach Barth an die Ostsee fliegen. Bis zur endgültigen Stilllegung 1991 starteten die Agrarflieger der DDR-Fluggesellschaft Interflug sowie die Sportflieger der Gesellschaft für Sport und Technik von der 1560 Meter langen Start- und Landebahn. Unter Denkmalschutz stehend, künden noch das 1929 erbaute und 1955 um einen Tower erweiterte Abfertigungsgebäude sowie das ehemalige Fliegerheim von 1913 von großen Zeiten. Am 31. Mai 1991 wurde der Flugbetrieb eingestellt und mit dem Bau des gigantischen Quelle-Versandzentrums begonnen. Seit der Mutterkonzern Arcandor 2009 in die Insolvenz ging, ist die Zukunft des Areals trotz mehrfach verkündeter Pläne ungewiss.

Plattenbauten an der Tauchaer/Ecke Stralsunder Straße.

Der Flughafentower von Leipzig-Mockau.

Der Weidenhof, eine Rundsiedlung in Mockau.

▸ **Mockauer Post**
1915/16 als Neorenaissancebau an der Kreuzung von Mockauer, Essener und Kieler Straße erbaut, verkam sie nach der Stilllegung als Postgebäude in den 1990er-Jahren zur Ruine. Inzwischen wurde das Gebäude außen denkmalgerecht saniert und zum Wohn- und Geschäftshaus umfunktioniert.
Adresse: Mockauer Str. 121, 04357 Leipzig

▸ **Stephanuskirche**
Die Dorfkirche im romanischen Stil ist ein Zeugnis der Frühgeschichte des Dorfes aus dem 12. Jahrhundert. 1787 und 1841 wurde sie grundlegend umgestaltet. Das Geläut besteht aus drei Glocken, im 15. und 16. Jahrhundert gegossen. Die Orgel mit zwei Manualen und 13 Registern erklingt seit 1897. Seit 1926 trägt sie den heutigen Namen. Der klassizistische Charakter des Kircheninneren kommt seit der letzten Restaurierung in den Jahren 1968 bis 1971 wieder zur Geltung, die Fassade wurde 1990 erneuert.
Adresse: Kieler Str. 13/15, 04357 Leipzig,
🌐 www.matthaeuskirchgemeinde-leipzig.de

Sportangebote

▸ ☺ **Kletterturm**
Sportanlage im Wasserturm Mockau.
Adresse: Tauchaer Str. 14, 04357 Leipzig,
🌐 www.kletterturm.info

▸ **SV Lok Leipzig Nordost e. V.**
Fußballverein in Mockau-Süd
Adresse: Sportplatzanlage An der Parthe 30, 04357 Leipzig, 🌐 www.sv-lok-nordost-leipzig.de

▸ **Leipzig Wallbreakers e. V.**
Baseball und Softball
Adresse: Sportplatz Dortmunder Str. 56, 04357 Leipzig,
🌐 www.leipzig-wallbreakers.com

▸ **TuS Leipzig-Mockau e. V.**
Adresse Abteilung Tennis: Sportplatz Dortmunder Str. 56, 04357 Leipzig
Adresse Abteilung Handball: Spielstätte/Sporthalle Wiederitzsch, Messeallee 21, 04158 Leipzig, 🌐 www.tusmockau.de

▸ **Tennis Leipzig 1910 e. V.**
Adresse: Gontardweg 2, 04357 Leipzig,
🌐 www.tennis-scleipzig.de

▸ **Sächsischer Fußball-Verband e. V.**
Adresse: Sportplatzanlage Gontardweg 2, 04357 Leipzig, 🌐 www.sfv-online.de

▸ **Sportplatzanlage Katzmannstraße**
Fußball, Leichtathletik, Basketball
Adresse: Katzmannstr. 1 a,
04357 Leipzig, 🌐 www.leipzig.de/freizeit-kultur-und-tourismus/sport/

Kleingärten

KGV Mockau-Ost e. V.; Stralsunder Str. 50, 04357 Leipzig, 🌐 www.stadtverband-leipzig.de/kgv-mockau-ost-e-v/
KGV Am Wasserwerk e. V. mit 175 Parzellen; Alte Hohe Str. 2, 04357 Leipzig,
🌐 www.kgv-am-wasserwerk-leipzig.kleingarten-infonetz.de
KGV Nordstern e. V.; Friedrichhafener Str. 50, 04147 Leipzig, 🌐 www.kgvnordstern-leipzig.de

KGV Paradies e. V.; Gontardweg 46, 04147 Leipzig
Kleinsiedlung Leipzig-Mockau e. V.; Ostrowskistr. 12, 04357 Leipzig, www.mockau.info

Plaußig-Portitz

(Stadtbezirk Nordost)

Ein Stadtteil im Grünen, geprägt durch Einfamilienhäuser und landwirtschaftlich genutzte Felder. Zwischen den beiden alten Dorfkernen von Plaußig und Portitz fließt die Parthe. Im Norden liegt das Areal des BMW-Werkes.
Seit der Eingemeindung 1996 hat sich viel Gewerbe angesiedelt. Trotzdem ist in den Wohngebieten der ländliche Charakter der beiden ehemaligen Dörfer noch erkennbar. Die Namen der Moränen-, Kögel-, Krätzberg- und Teichsiedlung erinnern an die Gartenstadt. Nach 1990 entstanden in Plaußig die Siedlung An der Fasanerie und in Portitz das Wohngebiet Parkstadt 2000.

Bürgerverein Leipzig Nordost e. V.
Kutschweg 36
04349 Leipzig (Mockau-Süd, Mockau-Nord, Thekla, Plaußig-Portitz, Nordost)
www.buergerverein-leipzig-nordost.de

Sehenswertes

Kirche Portitz
Wer auf dem Waldfriedhof die Portitzer Kirche betritt, lässt den Verkehrslärm der nahen Bundesautobahn 14 hinter sich und steht in der frühesten Kirche im Stil der Neugotik auf Leipziger Stadtgebiet. 1866/67 wurde sie nach Plänen der Leipziger Architekten Ernst Zocher und August F. Viehweger auf den Fundamenten eines Vorgängerbaues errichtet. Zur sehenswerten originalen

Das alte Dorf Portitz.

Innenausstattung gehören die Kanzel und die Altarretabel mit dem Bild des lehrenden und segnenden Christus von Wilhelm Souchon, aber auch die Kreutzbach-Orgel von 1867. Die Eingangshalle wurde von Alf Brumme im Gedenken an Opfer von Krieg und Gewalt gestaltet. Die Kirche Portitz gehört gemeinsam mit den Kirchen in Göbschelwitz, Gottscheina, Hohenheida, Plaußig, Seehausen und Seegeritz zur Kirchgemeinde Plaußig-Hohenheida.
Adresse: Altes Dorf 5, 04349 Leipzig, www.kirche-leipzig.de/gemeinde/portitz/

St. Martinskirche Plaußig
Zierliche Barockkirche, ursprünglich als romanische Anlage erbaut, erhielt sie zwischen 1726 und 1772 ihr heutiges Bild, komplettiert durch den Taufstein von 1791. Die Orgel unterhalb eines romanischen Bogens ist ein Werk von Eduard Offenhauer. Direkt gegenüber des Plaußiger Pfarrhauses gelegen, bildet sie das Zentrum der weitläufigen Großgemeinde Plaußig-Hohenheida.
Adresse: Grundstr. 17, 04349 Leipzig, www.plaussig-hohenheida.de

Freizeitangebote

Vokalensemble Borinzi
Frauenchor mit breit gefächertem Repertoire von klassischer Chorliteratur bis Pop und Filmmusik
Info: www.borinzi.jimdofree.com

Sportangebote

▸ Plaußig/Plaußiger Sportverein e. V.
Adresse: Sportplatzanlage Seegeritzer Weg 8, 04349 Leipzig, 🌐 www.plaussiger-sportverein.de

Natur und Landschaft

▸ Lauf der Parthe
Den kleinen Fluss säumen Wiesen und Reste eines Auwaldes. Mit kleinen Abweichungen markiert er die Grenze zwischen Plaußig und Portitz. Seine Uferbereiche in einer Breite von etwa 500 Metern gehören zum Landschaftsschutzgebiet Parthenaue-Machern.
Dorfteich Plaußig
Ausgewiesenes Angelgewässer

Kleingärten

KGV Portitz e. V.; Tauchaer Str. 271, 04349 Leipzig, 🌐 www.stadtverband-leipzig.de/kgv-portitz-e-v/
KGV An der Krätzbergstraße e. V.; Krätzbergstr. 38, 04329 Leipzig, 🌐 www.stadtverband-leipzig.de/kgv-an-der-kraetzbergstrasse-e-v/

Schönefeld-Abtnaundorf

(Stadtbezirk Nordost)

Bis Ende des 19. Jahrhunderts lag das Dorf Schönefeld noch weit von Leipzig entfernt. Doch als die Stadt nach der Reichsgründung größer wurde, entdeckten es Spekulanten und Investoren. 1881 legte Arnold Woldemar von Frege (1841–1916), Rittergutsbesitzer von Schönefeld, einen Bebauungsplan zur Genehmigung bei der Amtshauptmannschaft vor. Erst weigerte sich die Baronesse Hedwig von Eberstein (1817–1900), ihr Terrain in diesem Areal zu verkaufen. Doch im Juni 1900 trat ein solcher Plan in Kraft und die Geschichte nahm ihren Lauf.
Heute gehören Schönefeld-Abtnaundorf und die „Großwohnsiedlung" Schönefeld-Ost dazu. Es liegt nicht unbedingt am Nabel der Welt, aber zentrumsnah. Neben Alt- und Neubauten hat es zwei Parks und mit der Parthenaue viel Grün zu bieten. Die gewachsenen Teile strukturieren sich mit jeweils eigenem Charakter: Die alte Ortslage rund um die Gorki- und Ossietzkystraße beherbergt das Schloss Schönefeld, Gedächtniskirche, eine alte Wassermühle, den Friedhof und Rathaus. Das klassische Gründerzeitgebiet ist über die Schönefelder Allee hinweg mit dem westlich anschließenden Mariannenpark verbunden.

Kaiserliches-Postamt und Lehrerhaus in der Ossietzkystraße.

Abtnaundorf
In den Jahren 1892/93 ließ Arnold Woldemar von Frege das Herrenhaus abreißen, um nach Plänen des Architekten Peter Dybwad (1859–1921) ein Schloss zu errichten, das die Zeiten als

restaurierte Wohnanlage überdauerte. Wer Abtnaundorf erkundet, fühlt sich der Großstadt entrückt. Die dörfliche Anmutung verstärken ein Gestüt, Reitställe und zahlreiche, eher wilde als gepflegte Gärten.

Bürgerverein Schönefeld e. V.
Bernhardstr. 38
04315 Leipzig
www.bv-schoenefeld.de

Bürgerbüro im Rathaus Schönefeld, Ossietzkystr. 37
04347 Leipzig
www.leipzig.de/buergerbuero

Der Abtnaundorfer Park im Landschaftsschutzgebiet Parthenaue.

Das Schönefelder Rathaus.

Sehenswertes

‣ Gedächtniskirche Schönefeld und Pyramide

Die ehemalige Hauptkirche für Schönefeld und sieben andere Dörfer steht an exponierter Stelle am Rande der Parthenaue. Nach der Zerstörung während der Völkerschlacht 1813 erfuhr sie bis 1820 einen Wiederaufbau mit barockem Äußeren und klassizistischem Innenraum. Am 12. September 1840 ließen sich vor dem Altar der Komponist Robert Schumann (1810–1856) und die Pianistin Clara Wieck (1819–1896) trauen. In Erinnerung an die Völkerschlacht und andere Kriege heißt sie seit 1916 Gedächtniskirche. Die heutigen Glocken wurden 1958 geweiht. Im Rahmen einer umfassenden Erneuerung stellte man 1970/71 den Innenraum wieder so her wie 1820. Im Zuge der Fassadensanierung zwischen 1988 und 1993 erhielt die einst schiefergedeckte Turmhaube eine Hülle aus Kupferblech. Der Kirchhof diente bis 1854 als Gottesacker. Im südlichen Teil ließ Hedwig von Eberstein 1883 für sich und ihre Familie eine Begräbnisstätte errichten. Die Gruft ist durch einen niedrigen, breiten Unterbau gekennzeichnet, auf dem eine geheimnisvoll wirkende Pyramide im ägyptischen Stil steht.

Adresse: Ossietzkystr. 41, 04347 Leipzig,
www.matthaeuskirchgemeinde-leipzig.de

‣ Schloss Schönefeld

Nach einer wechselvollen Geschichte ließ Hedwig von Eberstein in den Jahren 1871 bis 1876 ein neues, bis heute bestehendes Herrenhaus nach Plänen des Leipziger Architekten Bruno Leopold Grimm an Stelle des 1813 zerstörten errichten. Sie legte außerdem fest, dass die Feldflur südlich des Schlosses unbebaut bleiben sollte. Hier wurde ab 1913 der Mariannenpark angelegt. Zum neobarocken Schloss gehören das Herrenhaus, vor dem ein kleiner Park mit einem Teich liegt,

Schloss Schönefeld: links liegt die Orangerie, rechts das Kutscherhaus.

eine ehemalige Orangerie, Tor- und Kutscherhaus. Hedwig von Eberstein war unverheiratet und kinderlos. 1881 legte sie fest, dass nach ihrem Tode ihr gesamtes Vermögen in eine Stiftung überführt werden sollte, die eine Versorgungsstätte für mittellose Töchter hoher Zivilstaatsbeamter und Militärs im Schloss betreibt. Zu Ehren ihrer Mutter gab sie ihr den Namen Mariannenstiftung. Heute beherbergt das Gebäude die integrative Förderschule Schloss Schönefeld.

Adresse: Zeumer Str. 12, 04347 Leipzig, www.schloss -schoenefeld.de

Gedenkstätten

▸ Mahnmal „Massaker von Abtnaundorf 1945"

Im Zweiten Weltkrieg gab es hier eine Außenstelle des Konzentrationslagers Buchenwald, in der Zwangsarbeiter für die nahen Erla-Flugzeugwerke in Heiterblick untergebracht waren. Als sich die amerikanischen Truppen näherten, trieb die Lagerleitung rund 500 Häftlinge auf einen Marsch in Richtung Wurzen. Kranke und marschunfähige Häftlinge kamen in den Flammen des Massakers um.

Adresse: Theklaer Straße, 04143 Leipzig

Natur und Erholung

Grüne Flächen ergeben sich in großzügig angelegten Innenhöfen der Stadthäuser aus den 1920er- und 1930er-Jahren sowie am Stöckel- und Stannebeinplatz.

Die Gedenkinstallation „Massaker von Abtnaundorf".

▸ Abtnaundorfer Park

Der Park ist einer der schönsten Lost Places, die Leipzig zu bieten hat. Mitte des 19. Jahrhunderts entsprach die Anlage ganz dem romantischen Ideal der Zeit. Der Park lässt in Teilen noch die Stimmung erahnen, die Besucher zu Beginn des 19. Jahrhunderts in ihren Bann zog. Der Park im Rittergut Abtnaundorf geht auf die Mitte des 18. Jahrhunderts zurück. Wechselnde Eigentümer veranlassten immer wieder Umgestaltungen. Gutsgärtner Rudolf Lauche, Schüler des preußischen Gartenarchitekten Peter Joseph

Lenné (1789–1866), erweiterte die Anlage und schuf unter anderen ein Rosarium. Der Zeit entrückt wirkt heute neben den alten Bäumen der Teich mit der sogenannten Liebesinsel und dem Monopteros. Der Rundtempel mit seiner Plastik stammt aus der Zeit um 1820 und erinnert an Christian Gottlob Frege. Die Kunstinstallation „Doppelt hell an dunklen Ufern" ist Clara Schumann gewidmet.
Adresse: Abtnaundorfer Straße, 04347 Leipzig

▸ Mariannenpark
Diese Anlage gehört zu den ersten Volksparks, die um die Wende vom 19. zum 20. Jahrhundert bis kurz vor dem Ersten Weltkrieg entstanden. Hier gibt es idyllische Ruheorte ebenso wie Gartendenkmale, große Wiesen und eine Rodelbahn. Das Areal entstand auf einem westlich der Lindenallee (heute Schönefelder Allee) gelegenen Feld, das zum Besitz des Ritterguts Schönefeld gehörte. Die letzte Rittergutsbesitzerin, die kinderlose Clara Hedwig Baronesse von Eberstein (1817–1900), hatte bereits 1881 verfügt, dass nach ihrem Tode in dem nördlich des heutigen Parks gelegenen Schloss eine „Versorgungseinrichtung für unbemittelte Töchter höherer Beamter und Offiziere" einzurichten sei („Eberstein'sches Mariannenstift zu Schönefeld"). Außerdem sollten der zum Schloss gehörende Park sowie „die alte schöne Lindenallee ... so lange als möglich unbebaut und dem Stifte für alle Zeiten erhalten bleiben". Im Jahr 1913 wurde der Landschaftsarchitekt Leberecht Migge (1881–1935) aus Hamburg beauftragt, den Park zu konzipieren. Das damals angelegte Wasserbassin gibt es nicht mehr, aber kleinere Blumengärten, Wege und dichte Gebüschhecken sowie das Gartendenkmal Rosenhain am Eingang Rackwitzer Straße.
Adresse: Schönefelder Allee, 04347 Leipzig

▸ Parthenaue
Vorbei an Mariannen- und Schlosspark fließt die Parthe. Die Aue zieht sich über etwa 50 Kilometer lang und führt über den Abtnaundorfer Park zwischen Plaußig und Taucha hindurch, bis in die Region von Panitzsch und Borsdorf. Die Strecke eignet sich gut für Wanderungen oder Radtouren.

Das Rosarium im südlichen Teil des Mariannenparks.

Kunst und Kultur

Bibliothek Schönefeld, Shukowstr. 56, 04347 Leipzig, 🌐 www.stadtbibliothek.leipzig.de/unsere-bibliotheken/bibliothek-schoenefeld
Gesellschaft für musikalische Förderung Leipzig e. V., Musikschule, Torgauer Str. 114, 04347 Leipzig, 🌐 www.kreamusik.de
Theater Fingerhut/Sommerspielort Gartentheater Abtnaundorf, Sternbachstr. 22, 04347 Leipzig, 🌐 http://theater-fingerhut.de/

Sportangebote

Postspielverein Leipzig e. V., Sportplatz Mariannenpark, Adenauerallee 5, 04347 Leipzig,

www.mariannenpark.de
Schwimmhalle Nordost im Mariannenpark, Schönefelder Allee 26, 04347 Leipzig, www.sportbaeder-leipzig.de
Sommerbad Schönefeld, Volbedingstr. 39, 04357 Leipzig, www.sportbaeder-leipzig.de
Sportplatzanlage Mariannenpark/FC International e. V., Adenauerallee 9 04347 Leipzig, www.fc-inter.com

Sportschule Egidius Braun

Direkt am Park wurde in 1958 bis 1966 eine Sportschule eröffnet. Sie gehört heute zum Sächsischen Fußball-Verband e. V. (SFV) und trägt den Namen Egidius Braun. Auf dem acht Hektar großen Gelände steht die größte Kunstrasenhalle Deutschlands. Es gibt zwei Rasenplätze, einen Kunstrasenplatz mit Flutlicht und ein Hotel. Zudem fand hier das Steffi-Graf-Nachwuchszentrum des Sächsischen Tennis-Verbandes Platz und Raum.
Adresse: Abtnaundorfer Str. 47, 04347 Leipzig, www.sfv-online.de/verband/sportschule/

Kleingärten

KGV Buren e. V.; Torgauer Straße 51, 04318 Leipzig, www.kgv-buren.de
KGV Alt-Schönefeld e. V. mit 200 Parzellen; Abtnaundorfer Str. 7, 04347 Leipzig, www.alt-schönefeld.de
KGV Schöne Heimat e. V.; Leostr. 17, 04347 Leipzig, www.schoene-heimat-leipzig.de
KGV-Nordostvorstadt e. V. mit 140 Parzellen; Adenauerallee 20, 04347 Leipzig, www.kgv-nordostvorstadt.de
KGV Mariannnengärten e. V. mit 141 Parzellen; Waldbaurstr., 04347 Leipzig, www.mariannengaerten-leipzig.de/
Kleingartenverein An der Parthe e. V.; Rohrteichstraße 7, 04347 Leipzig, https://kgv-anderparthe.de/

Thekla

(Stadtbezirk Nordost)

Thekla, entstanden 1889 durch die Zusammenlegung der Dörfer Plösen, Cleuden und Neutzsch, wurde 1930 nach Leipzig eingemeindet. Die danach erbauten neuen Siedlungshäuser dominieren den Stadtteil noch heute.
Die jüngere Geschichte Theklas erhielt ein trauriges Kapitel durch das Außenlager Leipzig-Thekla des KZ Buchenwald, das von März 1943 bis April 1945 bestand. Während dessen Auflösung am Ende des Zweiten Weltkrieges wurden die Häftlinge auf einen Todesmarsch geschickt und mit dem Massaker von Abtnaundorf zu Tode gebracht (siehe auch Abschnitt im Kapitel Schönefeld-Abtnaundorf).

Bürgerverein Leipzig Nordost e. V.
Kutschweg 36
04349 Leipzig
www.buergerverein-leipzig-nordost.de

Sehenswertes

Kirche Hohen Thekla

Die zwei Meter dicken Mauern der zwischen 900 und 1100 auf einer Anhöhe erbauten

Die Parthenaue in Thekla, ab Tauchaer Straße.

romanischen Saalkirche bestehen aus großen Feldsteinen. Während der Völkerschlacht nutzte der schwedische Kronprinz Bernadotte die Kirche als Beobachtungsstandort. An die Ereignisse des Jahres 1813 erinnern drei in den Kirchturmputz eingemauerte französische Kanonenkugeln. 1959 brannte das Gotteshaus nach einer Brandstiftung bis auf die Umfassungsmauern nieder. Am 7. Oktober 1962 erhielt die neu aufgebaute Kirche Hohen Thekla ihre Weihe.
Adresse: Neutzscher Straße, 04349 Leipzig, 🌐 www.matthaeuskirchgemeinde-leipzig.de

Friedhof und Kirche in Hohen Thekla.

Sportangebote

Schießsporthalle Kiebitzstraße/ Schützenverein Leipzig-Thekla e. V., Kiebitzstr. 50, 04349 Leipzig, 🌐 www.schuetzenverein-leipzig-thekla.de
Sportplatzanlage Theklaer Straße/ SV Thekla e. V. (Fußball), Theklaer Str. 113, 04349 Leipzig, 🌐 www.sv-leipzig-thekla.de

Freizeit und Natur

▸ Naturbad Nordost

Für den Bau der nahen Autobahn, die heute als BAB 14 Thekla tangiert, wurde in den 1930er-Jahren eine Kiesgrube ausgehoben, die viele Jahre illegal als Badesee genutzt wurde. Im Jahr 2000 zum Landschaftssee erklärt, ist der „Bagger" heute ein offizielles, sehr beliebtes Ausflugsziel.
Adresse: Theklaer Str., 04349 Leipzig

▸ Sächsisches Spielzentrum des Vereins Freizeithäuser e. V.

Ludothek
Adresse: Klingenthaler Str. 14, 04349 Leipzig, 🌐 www.ludothek.de

Kleingärten

KGV Seehausener Straße e. V.; Göteborger Str. 81, 04349 Leipzig, 🌐 www.stadtverband-leipzig.de/kgv-seehausener-strasse-e-v/
KGV Theklaer Höhe e. V.; Darwinstr. 2, 04349 Leipzig, 🌐 www.kgv-theklaer-hoehe.de
KGV Wiesenweg Thekla e. V.; Binsengrund 33, 04349 Leipzig, 🌐 www.stadtverband-leipzig.de/kgv-wiesenweg-thekla-e-v/
KGV Zum Parthengrund e. V.; Alte Hohe Str. 4, 04357 Leipzig, 🌐 www.stadtverband-leipzig.de/kgv-zum-parthengrund-e-v/

Ehemalige Kiesgrube, heute das Naturbad Nordost: der „Bagger".

Lindenthal

(Stadtbezirk Nordwest)

Die beiden alten Ortskerne der Gemarkungen Breitenfeld und Lindenthal sind fast nicht mehr erkennbar, so viel wurde ringsum dazugesetzt und neu gebaut – nicht nur Ein- und Mehrfamilienhäuser, sondern auch verschiedene Gewerbegebiete.
Die erste Erwähnung geht auf 1350 zurück. Mit den Beschlüssen des Wiener Kongresses ging der Westteil des Amts Schkeuditz, zu dem Lindenthal damals gehörte, im Jahr 1815 an Preußen. Seitdem verlief die neue sächsisch-preußische Grenze nördlich von Lindenthal und Breitenfeld. In den 1890er-Jahren begann die Nutzung eines Teils der nordwestlichen Ortsflur als Exerzierplatz der Leipziger Garnison.
Die Geschichtsbücher vermerken, dass Lindenthal im Oktober 1813 ein Nebenschauplatz der Völkerschlacht bei Leipzig war, sich 1910 der 1. Sächsische Flugplatzverein gründete und man 1911 Sachsens ersten Flugplatz hier baute, zugelassen für Motorflüge und in dieser Funktion der zweitälteste in Deutschland.

Sehenswertes

▸ Gustav-Adolf-Kirche, Kantorei und ehemalige Schule

Im 14. Jahrhundert ist eine erste Kirche belegt. 1720/21 wird sie neu aufgebaut. Eine Besonderheit dieses Hauses der Evangelisch-Lutherischen Sophienkirchgemeinde aus der spätgotischen Zeit sind die

Die Gustav-Adolf-Kirche in Lindenthal.

Marienglocke (1460) und der große Kruzifixus (um 1500). Johann Christian Friedrich Flemming aus Torgau baute 1793 die noch heute genutzte Orgel ein. Ihren Namen trägt die Kirche seit 1934 in Erinnerung an den Sieg des Schwedenkönigs Gustav-Adolf in der Schlacht bei Breitenfeld im Jahre 1631.
Adresse: Lindenthaler Hauptstr. 15, 04158 Leipzig, 🌐 www.sophien-leipzig.de/unseregeschichte/gustav-adolf-kirche/

▸ Gedenkstein für die Gefallenen der Völkerschlacht bei Leipzig 1813

Adresse: auf Lindenthaler Flur nördlich der Kirche

▸ Vier Apelsteine

Sie markieren Schauplätze der Völkerschlacht: Nr. 16 am Friedhof, Nr. 18 in der Karl-Mansfeld-Straße und Nr. 46 An der Hufschmiede sowie in der Nähe der Mühle.

Die Lindenthaler Mühle.

▸ Windmühle
Markanter Bau von 1892 südöstlich des Ortes.

▸ Denkmal der 53
Am Rand des Tannenwaldes erinnert dieses Denkmal an ein dunkles Kapitel der Geschichte: das Massaker der Gestapo in den letzten Kriegstagen 1945. Per Genickschuss töteten Gestapo- und SS-Männer 53 namentlich bekannte, politische Häftlinge. Darunter befanden sich Margarete Bothe und Alfred Kästner. Nach ihnen sind Straßen sowie eine Schule in Leipzig benannt.

▸ Rathaus
Das einstige Rathaus, gebaut 1921/22, ist heute Außenstelle Lindenthal des Bürgerbüros Gohlis-Center.
Adresse: Erich-Thiele-Str. 2, 04158 Leipzig, 🌐 www.leipzig.de/buergerservice-und-verwaltung/aemter-und-behoerdengaenge/buergerbueros/

Sportangebote

▸ Ökobad Lindenthal
Naturnah gestaltetes ökologisches Familienbad mit Restaurant und Sauna.
Adresse: Am Freibad 3, 04158 Leipzig, 🌐 www.l.de/sportbaeder/freibaeder/oekobad-lindenthal

▸ TSV Einheit Lindenthal e. V.
Einheiten für Fußball sowie Kegeln, Tischtennis, Volleyball, Lauf/Nordic Walking, Radball und Gymnastik
Adresse: Sportplatzanlage Lindenthal, Gartenwinkel 4, 04158 Leipzig, 🌐 www.tsv-lindenthal.de

Natur und Landschaft

Durch die Flur schlängelt sich das Lindenthaler Wasser, die Rietzschke.
Erholung für Spaziergänger, Reiter und Radfahrer bietet der nördlich gelegene Tannenwald, in dem vor allem Laubbäume wachsen. Er wurde einst militärisch genutzt und ist heute Fauna-Flora-Habitat (FFH), in dem sich auch geschützte Arten wohlfühlen. Ein Radweg führt auf der ehemaligen, zurückgebauten Staatsstraße 1 direkt daran vorbei in das neue, riesige Gewerbegebiet „Güterverkehrszentrum“ mit Sitz von großen Firmen wie DHL oder dem Porsche-Werk Leipzig. Eine südlich angrenzende einstige Deponie wurde als Aussichtspunkt renaturiert.

Kleingärten

KGV Lindenthal Ost e. V. mit 47 Parzellen; Wiederitzscher Landstr. 100, 04158 Leipzig, https://kleingarten-leipzig.de/kreisverband/vereine/lindenthal-ost-e-v/
KGV Reichsbahn Lindenthal e. V. mit 261 Parzellen auf fünf Teilanlagen; Wahrener Str. 2 a, 04158 Leipzig, https://kleingarten-leipzig.de/kreisverband/vereine/reichsbahn-lindenthal-e-v/
KGV Lindenthal-West e. V. mit 460 Parzellen; Erich-Thiele-Str. 52, 04158 Leipzig, www.lindenthal-west.de

Schloss und Schlossbrücke in Lützschena.

Lützschena-Stahmeln

(Stadtbezirk Nordwest)

Lützschena-Stahmeln ist ein fast dörflich anmutender Stadtteil an den Flüssen Weiße Elster und Neue Luppe. Beschauliche Einfamilienhaussiedlungen, eine Schlosskirche und die Hainkirche St. Vinzenz prägen das Bild. Weithin bekannt ist der Ortsteil durch den romantischen Schlosspark Lützschena und die stillgelegte Sternburg-Brauerei

Sehenswertes

▸ Schlosskirche Lützschena
Fundamentreste zeugen noch vom ersten Steinbau der Pfarrkirche um etwa 1200. Auf einen Neubau von 1511 gehen die Maßwerkfenster im Chor, die Sakristei und der Türstock, die Sakramentsnische, der Westeingang und die Annenglocke von 1519 zurück. 1823 veranlasste Maximilian Speck von Sternburg die klassizistische Umgestaltung des Innenraums. 1855 ließ er durch den Architekten Oscar Mothes das Äußere im neugotischen Stil verändern. Eine Sanierung in den 1970er-Jahren rettete die bedrohte Bausubstanz und das historische Gut. Moderne Glasschmelz- und Metallarbeiten und die neue Sitzanordnung geben dem Raum eine zugleich festliche und intime Atmosphäre.
Adresse: Elstermühlweg, 04159 Leipzig, www.sophien-leipzig.de/unseregeschichte/schlosskirche/

▸ Hainkirche St. Vinzenz
Dem um 1200 errichteten, romanischen Bau wurden vor 1500 ein Ostabschluss mit einem Sakramentshaus, ein Dachreiter mit Glocke und die Sakristei angebaut. 1906 umgebaut, entstand ein Gotteshaus mit vielen historischen Elementen wie dem Turm sowie seitlich angebauten Treppenhäusern. Besonders schön wirken die Glasgemäldefenster.
Adresse: Rittergutsstr. 2, 04159 Leipzig, www.sophien-leipzig.de

Das Rathaus Lützschena.

▸ Bismarckturm

An der Neuen Halleschen Straße führt seit 1913 eine Allee mit Krim-Linden direkt zum 30,75 Meter hohen Bismarckturm. Die Bismarcktürme in Deutschland entstanden nach 1890 infolge des Rücktritts von Otto Fürst von Bismarck (1815–1898). Das imposante Bauwerk verfügt über drei Stockwerke mit quadratischem Grundriss. Das untere ist 10,20 Meter, das mittlere knapp 12,50 Meter, das obere 8,10 Meter hoch. Obenauf liegt eine runde Feuerschale mit etwa zwei Metern Durchmesser. Innen führen 124 Stufen zur Plattform. Eine Brüstung zwischen zehn Postamenten mit großen Betonkugeln ergänzt den eigenwilligen Charakter der gesamten Anlage.

Adresse: Schrägweg 35, 04159 Leipzig; Bismarckturm-Verein Lützschena-Stahmeln e. V., Am Brunnen 4, 04159 Leipzig,
🌐 www.bismarckturm-verein.de

Elsterwehr und Wasserkraftwerk.

Natur und Erholung

Schlosspark Lützschena
Mit ihren uralten Bäumen, verschlungenen Wegen und Teichanlagen, Pavillons und Grüften gehört diese Parkanlage zu den schönsten von Leipzig. Anlegen ließ sie Maximilian Speck, Sohn einfacher Gastwirte und Hirtenjunge, 1776 in Gröba geboren. 1818 gründete der Kaufmann sein erstes Handelshaus, Speck's Hof, und erwarb 1822 das in den napoleonischen Befreiungskriegen beschädigte Rittergut Lützschena. Dort widmete er sich nicht nur der Schafzucht, der Landwirtschaft und dem Brauereiwesen. Der Schöngeist begann auch, auf etwa 19 Hektar Fläche in den feuchten Auen einen Park anzulegen. Ein Spaziergang lohnt zu jeder Jahreszeit. Wunderschön wirken die für die Hartholzwälder der Elster-Luppe-Aue typischen Bestände von alten Eichen, Ulmen und Eschen. Schloss und Park stehen unter Natur- und Denkmalschutz und sind wieder in Familienbesitz. Der Park ist öffentlich, das Schloss nur zu besonderen Anlässen zugänglich.

Auwaldstation des Fördervereins Auwald und Schlosspark Lützschena
Adresse: Schlossweg 11, 04159 Leipzig.
www.fas-luetzschena.de/

Freizeitangebote

Bibliothek Lützschena-Stahmeln
Im ersten Obergeschoss des ehemaligen Rathauses Lützschena laden drei freundliche Räume mit malerischen Ausblicken auf Luppeaue, Wald und Störche zum Lesen und zu Events ein.
Adresse: Am Brunnen 4, 04159 Leipzig,
www.stadtbibliothek.leipzig.de/luetzschena-stahmeln

Heimatverein Lützschena-Stahmeln e. V.
Adresse: Am Brunnen 4, 04159 Leipzig,
www.luetzschena-stahmeln.de

OFT Lützschena
Offener, sportorientierter Treff für Kinder- und Jugendliche
Adresse: Hallesche Str. 117, 04159 Leipzig,
www.kv-leipzig.de/freizeittreff/jc-leipzig-luetzschena/

Sportangebote

Ride-le e. V., Am Brunnen 4 b,
0341/4627238, www.ride-le.de
Sportanlage Dirtbike-Bahn Lützschena-Stahmeln, Hallesche Str. 58, 04159 Leipzig
Reitverein Stahmeln, Lützschenaer Str. 34, 04159 Leipzig, 0341/4411214,
www.reitverein-stahmeln.de
Gesundheitssport „St. Georg" e. V./ Reitsportanlage Stahmeln, Georg-Schumann-Str. 416, 04159 Leipzig,
www.gesundheitssport-stgeorg.de
SV Sternburg Lützschena-Stahmeln e. V./ Sportplatzanlage Lützschena,
Hallesche Str. 117, 04159 Leipzig,
www.svsternburg.de
Rugby Club Leipzig e. V./Sportplatzanlage Stahmeln: Stahmelner Str. 218,
04159 Leipzig, www.leipzig-rugby.de

Kleingärten

KGV Am Radefelder Weg e. V.; Radefelder Weg 50, 04159 Leipzig,
www.amradefelderweg.de
KGV Stahmeln 209 e. V. mit 72 Parzellen; Stahmelner Straße 180, 04159 Leipzig,
www.kgv-stahmeln209ev.jimdofree.com
KGV An der Schule Stahmeln e. V.
mit 92 Parzellen; Stahmelner Höhe 2, 04159 Leipzig, www.gv-schule-stahmeln.de
KGV Lindenhöhe e. V. mit 117 Parzellen; Hallesche Str. 96, 04159 Leipzig,
www.kgv-lindenhoehe.de

Veranstaltungen und Feste

▸ Schlossparkfest
Adresse: Schlosspark Lützschena, Schlossweg 11, 04159 Leipzig, 🌐 www.fas-luetzschena.de

Möckern

(Stadtbezirk Nordwest)

Fährt man von der Leipziger City auf direktem Wege nach Norden, führt der Weg bald schnurgerade die Georg-Schumann-Straße entlang durch Möckern. Hinter den Mietskasernen ist vom Trubel der Magistrale kaum etwas zu spüren. Nur wenige 100 Meter von der geschäftigen Straße entfernt scheint die Stadt weit weg. Einen großen Aufschwung nahm Möckern Ende des 19. Jahrhunderts als stadtnaher Wohnort vor allem für Arbeiter. Abstecher in die Seitenstraßen führen zu so mancher Überraschung. Zum Beispiel, wenn man in Möckern stadtauswärts links in die unscheinbare Laubestraße abbiegt. Hier gehen naturnah gebaute Wohnviertel in eine fast dörfliche Idylle über. Zudem haben Gartenvereine, Herrenhäuser, Fachwerkbauten und zu Wohnanlagen umfunktionierte einstige Industriebetriebe die Zeiten überdauert.

Bürgerverein Möckern/Wahren e. V.
Georg-Schumann-Straße 294
04159 Leipzig
🌐 www.bv-moeckernwahren.de

Sehenswertes

▸ Alter Ortskern
Nahe der Weißen Elster finden sich noch Reste einiger Bauernhöfe und des ehemaligen

Denkmalgeschütztes Herrenhaus in Möckern.

Historisches Straßenbahnmuseum.

Gutes. Auf direktem Wege gelangt man hier zum Fluss und in das Gebiet der nördlichen Aue.
Adresse: Slevogt- und Bucksdorffstraße, 04159 Leipzig

▸ Sternsiedlung
Ganz am nordwestlichen Rand Möckerns liegt die Sternsiedlung mit ihren architektonisch interessanten, 1933 errichteten Einfamilienhäusern.
Adresse: Sternsiedlung, 04159 Leipzig

Zu Wohnzwecken umgenutzte ehemalige Heeresbäckerei.

Adresse: Georg-Schumann-Str. 244, 04159 Leipzig, www.straßenbahnmuseum.de

Freizeitangebote

▸ **der ANKER e. V.**
Soziokulturelles Zentrum mit über 50 Kursen für alle Altersgruppen. Auf der Spielstraße befinden sich die Skaterampe, Streetballfeld und Outdoorkicker.
Adresse: Renftstr. 1, 04159 Leipzig, www.anker-leipzig.de

Museen und Galerien

▸ **Straßenbahnmuseum „Historischer Straßenbahnhof Leipzig Möckern"**
Ausstellung historischer Straßenbahnen

▸ **Magistralenmanagement für die Georg-Schumann-Straße**
Hierbei handelt es sich um einen Anlaufpunkt für Bürgerschaft und Akteure, um ihr

Der Renftplatz mit Fußballfeld, das zum soziokulturellen Zentrum gehört.

Zusammenwirken mit Politik und Verwaltung für die Entwicklung entlang der Georg-Schumann-Straße zu unterstützen. In den vergangenen Jahren konnten etliche wichtige Projekte umgesetzt werden. So wurde der öffentliche Raum durch Gestaltung von Plätzen wie Huygens- und Renftplatz oder Möckernscher Markt aufgewertet.
Adresse: Georg-Schumann-Str. 126, 04159 Leipzig, 🌐 www.leipzig.de/bauen-und-wohnen/foerdergebiete/georg-schumann-strasse

Sportangebote

▸ Sporthalle Georg-Schumann-Straße
Sporthalle des Amtes für Sport in Leipzig
Adresse: Georg-Schumann-Str. 209, 04159 Leipzig,
🌐 www.leipzig.de/detailansicht-adresse/sporthalle-georg-schumann-strasse

▸ SC DHfK Leipzig e.V.
Adresse: Sportplatzanlage Diderotstr. 34, 04159 Leipzig, 🌐 www.scdhfk.de/abteilungen/inlineskating

▸ SG Motor Gohlis Nord Leipzig e.V.
Adresse: Sportplatzanlage Wettinbrücke, Marienweg 2, 04159 Leipzig,
🌐 www.mogono-bogen.de/

Kleingärten

KGV Neuer Weg e.V. mit 341 Parzellen; Heuweg/Brandts Aue, 04155 Leipzig,
🌐 www.kleingaertnerverein-neuerweg.de
KGV Wettinbrücke e.V. mit 86 Parzellen; Am Luppedeich 2, 04159 Leipzig,
🌐 www.kgv-wettinbruecke.wixsite.com/wettinbruecke
KGV Am Marienweg e.V. mit 180 Parzellen; Marienweg 3–5, 04159 Leipzig,
🌐 www.kgv-ammarienweg.de
KGV Elstertal 1905 e.V. mit 230 Parzellen; Marienweg 7, 04159 Leipzig,
🌐 www.kgv-elstertal-1905.de
KGV Froschburg e.V. mit 142 Parzellen; Wolffstraße 25 a, 04159 Leipzig,
🌐 www.stadtverband-leipzig.de/kgv-froschburg-e-v
KGV Schreber Hauschild e.V.: Georg-Schumann-Str. 144 a, 04159 Leipzig,
🌐 www.kgv-schreber-hauschild.de

Veranstaltungen und Feste

▸ Kunst- und Kulturfest Georg-Schumann-Straße
findet jährlich im September statt

Wahren

(Stadtbezirk Nordwest)

Auf den ersten Blick wirkt die Magistrale Georg-Schumann-Straße hier eher unscheinbar. Renovierte Häuser wechseln sich mit sanierungsbedürftigen ab, oft bunt plakatiert. Biegt man stadtauswärts links ab, gehen naturnah gebaute Wohnviertel in eine fast dörfliche Idylle über, sind Fachwerkbauten ebenso zu entdecken wie Wohnanlagen, die umfunktionierte einstige Industriebetriebe zu neuem Leben erweckt haben. Die Flussläufe des angrenzenden Auewaldes geben Wahren wie dem gesamten Nordwesten von Leipzig einen völlig eigenen Charakter.

Bürgerverein Möckern/Wahren e.V.
Georg-Schumann-Str. 294
04159 Leipzig
🌐 www.bv-moeckernwahren.de

Sehenswertes

▸ Auferstehungskirche der Sophienkirchgemeinde
In der 1900/01 erbauten Auferstehungskirche an der Georg-Schumann-Straße ist die älteste Kirchenorgel Leipzigs zu bewundern. Sie wurde 1766 von Johann Emanuel Schweinefleisch (1720–1771) erbaut und 1901 aus dem alten Kirchsaal der evangelisch-reformierten Gemeinde umgesetzt. 1841 spielte Felix Mendelssohn Bartholdy auf ihr.
Adresse: Georg-Schumann-Str. 184, 04159 Leipzig, www.sophienkirchgemeinde.de

Die Auenlandschaft mit Luppe bei Wahren.

▸ Dominikanerkirche und Kloster St. Albert
Seit 1229 wirkte der Orden der Dominikaner in Leipzig. Jedoch wurde sein Kloster 1539 enteignet und der Universität übertragen. Mit seiner Rückkehr in die Stadt 1923 baute in ihrem Auftrag der Architekt Andreas Marquardt 1951/52 die Kirche im Stil der 1920er-Jahre als Langhaus mit Turm. Die weiß verputzte, schlicht wirkende Kirche ist mit einem überdachten Gang an das Pfarrhaus angebunden. Zum 1996 gebauten Kloster der Dominikaner gehören Wohnungen für die Mönche und Gäste. Interessant wirken die transparente Glasfassade und der offene Dachstuhl.
Adresse: Georg-Schumann-Str. 336, 04159 Leipzig, www.dominikanerkloster-leipzig.de

Kunst und Kultur

▸ Anker
Konzerte und Ausstellungen, soziokulturelles Zentrum Anker e.V.
Adresse: Renftstr. 1, 04159 Leipzig, www.anker-leipzig.de

▸ Haus Auensee
Musik, Tanz, Events
Adresse: Gustav-Esche-Str. 4, 04159 Leipzig, www.haus-auensee-leipzig.de

Natur und Landschaft

▸ Auensee
Im Jahre 1912 wurden die „Luna-Park GmbH" gegründet und Grundstücke rund um den See an Wirte und Schausteller verpachtet. Die mit Grundwasser gefüllte Kiesgrube, 1910 entstanden, um Baumaterial für den Leipziger Hauptbahnhof zu gewinnen, erhielt wegen des benachbarten Auwaldes den Namen Auensee. Ab 1913 gab es ein Strandbad und rings um den See fuhr der „Luna-Express". Im Zweiten Weltkrieg kam der Betrieb zum Erliegen. Ab August 1951 tuckerte die Miniaturbahn dann wieder über den 1,9 km langen Rundkurs. Zu DDR-Zeiten hieß sie offiziell Pioniereisenbahn, seit 1990 Parkeisenbahn. Es gibt einen Fahrrad-, Boots- und Sportgeräteverleih. Schwimmen

Die Parkeisenbahn am Auensee.

ist wegen der mangelhaften Wasserqualität nicht möglich.
Adresse: Gustav-Esche-Straße 8, 04159 Leipzig, 04159 Leipzig, www.parkeisenbahn-auensee-leipzig.de

Sportangebote

▸ Gesundheitssport „St. Georg" e. V.
Reitsport, Voltigieren
Adresse: Georg-Schumann-Str. 416, 04159 Leipzig, www.gesundheitssport-stgeorg.de

▸ GSV Leipzig 1907 e. V.
Gehörlosen-Sportverein, Ballsport, Gymnastik, Schach, Wassersport
Adresse: An der Elster 35, August-Bebel-Kampfbahn, 04159 Leipzig, www.gsv-leipzig1907.de

▸ JV Leipzig-Stahmeln e. V.
Kampfsport, Judo
Adresse: Turnhalle Georg-Schumann-Str. 209, 04159 Leipzig, www.jv-leipzig-stahmeln.de

▸ TSV 1893 Leipzig Wahren e. V.
Ballsport, Gymnastik, Wassersport
Adresse: An der Elster 35, 04159 Leipzig, www.tsv-1893-leipzig-wahren.de

Kleingärten

KGV Wahren 1901 e. V. mit 72 Parzellen; Stammerstr. 13, 04159 Leipzig, http://leipzig-wahren1901.de
KGV Sternhöhe Wahren e. V. mit 380 Parzellen; Christoph-Probst-Str. 38, 04159 Leipzig, www.kgv-sternhoehe-wahren.de

Veranstaltungen und Feste

▸ Nacht der Kultur
Findet entlang der gesamten Georg-Schumann-Straße jährlich im September statt.

Althen-Kleinpösna

(Stadtbezirk Ost)

Althen

Althen war bis 1994 eine selbständige sächsische Gemeinde und bildet nunmehr gemeinsam mit Kleinpösna und Hirschfeld den Ortsteil Althen-Kleinpösna. Die Besiedlung der Althener Flur, erstmals urkundlich erwähnt 1270, lässt sich bis ins 11. Jahrhundert zurückverfolgen. Damals bauten deutsche Siedler hier ein Angerdorf mit noch heute erkennbarer Struktur.

Nach 1990 entstanden mehrere neue Eigenheimsiedlungen, nicht zuletzt auch durch die günstige Anbindung an die nahe gelegene Bundesautobahn 14.
Die Weltgeschichte hat hier Spuren hinterlassen: So trafen Kriegshandlungen der Völkerschlacht im Jahr 1813 auch Althen. Zuerst zogen die Franzosen auf ihrem Rückzug in Richtung Paunsdorf und Mölkau durch den Ort, anschließend österreichische Truppen und die Kosaken des Hermann Platow, um am 18. Oktober 1813 das Areal zwischen Taucha, Schönefeld und Holzhausen zu sichern. Seit 1998 erinnern ein Diorama in der Althener Heimatstube sowie eine dort 2002 angebrachte Gedenktafel daran.
Nicht unerwähnt bleiben soll, dass die erste Teilstrecke der Ferneisenbahn zwischen Leipzig und Althen am 24. April 1837 eröffnet wurde. An der Endstation in Althen

Am Althener Anger.

befand sich damals das erste – wenngleich auch provisorische – Bahnhofsrestaurant in Deutschland. Crux der Geschichte: Als die Strecke nach Dresden am 7. April 1839 freigegeben wurde, gab es keinen fahrplanmäßigen Halt mehr in dem 140 Einwohner zählenden Dorf.

Sehenswertes

▸ Gedenkstein zum 150. Jahrestag der Eröffnung des ersten Teilabschnittes der Leipzig-Dresdner Eisenbahn
Adresse: Prof.-Andreas-Schubert-Str., 04319 Leipzig

▸ Wohnhaus (aus Kohren-Sahlis versetzt) und ehemaliges Taubenhaus eines Bauernhofes
Adresse: Hersvelder Str. 26, 04139 Leipzig

▸ Fachwerkbauten des 18. Jahrhunderts
Sie sind meist gut erhalten, baugeschichtlich und landwirtschaftsgeschichtlich von Bedeutung.

▸ Kirche Althen
Denkmalgeschützter Sakralbau der Evangelisch-Lutherischen Landeskirche Sachsens in der Ortsmitte auf dem Anger. Der Bau geht auf das Ende des 13. Jahrhunderts zurück und wurde im Jahr 1714 barock umgestaltet. Der Kirchturm mit seinen gekuppelten Rundbogenöffnungen ist auf die Ostseite der Kirche über dem Altarraum gesetzt. Das Innere wirkt schlicht und hell gestaltet. Zum Geläut gehören drei Glocken: eine Glocke aus dem Jahr 1906 aus Bronze mit dem Ton d2, gegossen in Apolda von der Glockengießer-Familie Schilling, sowie zwei Eisenhartguss-Glocken mit den Tönen h1 und e2 aus dem Jahr 1959, gegossen von Schilling & Lattermann.
Adresse: Althener Anger 19, 04319 Leipzig, 🌐 www.parthenkreuz.de/kirchen/

Kleinpösna

Das im 13. Jahrhundert entstandene Dorf besaß eine eigene Kapelle, die rund 600 Jahre später ausgebaut und 1892 als Marienkirche geweiht wurde. Trotz des Baus verschiedener Eigenheime nach 1990 hat Kleinpösna seinen Charakter als Straßenangerdorf bis heute bewahrt. Von Süden nach Norden fließt der Pösgraben hindurch.

Bauernhaus im Ortsteil Hirschfeld.

Sehenswertes

▸ Marienkirche Kleinpösna
Das Kirchengebäude der Evangelisch-Lutherischen Landeskirche Sachsens geht auf eine vor 1295 gebaute Kapelle zurück. Die heutige Kirche wurde von Albert Geutebrück im neugotischen Stil als Saalkirche geplant und erbaut und am 28. November 1852 geweiht. Seit 1892 trägt sie den Namen Marienkirche. Der sogenannte Bruchsteinbau fällt durch seinen polygonal geschlossenen Chor und Spitzbogenfenster mit Maßwerk auf. Der weithin sichtbare Turm an der Westseite verfügt über ein oktogonales Glockengeschoss und Treppentürme. Innen ist die Kirche

neugotisch ausgestattet. Die Orgel entstand zwischen 1851 und 1855. Das Instrument mit zwei Manualen, Pedal und 16 Registern schuf Albert Hermann Wolfram aus Taucha.
Adresse: Kleinpösna, 04319 Leipzig

▸ Kirche Hirschfeld
Die evangelische Pfarrkirche, eine spätromanische Chorturmkirche, entstand im frühen 13. Jahrhundert. In Apsis und Kirchturm zeugen davon alte Mauernischen zur Aufbewahrung von Kerzen und Gesangbüchern sowie zwei mit Gittern versehene Kästen für die Abendmahlsgeräte und Hostien. Im Rahmen der letzten Renovierung 2002 wurden Sakrarium und Nischen freigelegt, das rechte Fenster vergrößert. Bis 1955 diente die Apsis als Sakristei und war durch eine Mauer vom Turm getrennt. Der Altar und das Kruzifix entstanden 1956 nach Entwürfen des Leipziger Architekten Max Alfred Brumme. Der Taufstein stammt aus dem 13. Jahrhundert. Ihm gegenüber im Chorraum sind erhaltene Reste mittelalterlicher Ausmalung zu sehen. Im Jahr 1885 baute der Orgelbaumeister Gottfried Hildebrand (1846–1922) eine neue Orgel ein, die zuvor Privatbesitz eines Herrn Wunsch aus Leipzig gewesen war und die Hildebrand um zwei Pedalregister erweiterte. Die Orgel hat – mit Ausnahme der zinnernen Viola da Gamba – Holzpfeifen. Sie wurde 2002 von Orgelbaumeister Lindner aus Radebeul generalüberholt und mit einer Pedalkoppel ausgestattet.
Adresse: Hersvelder Str. 31, 04319 Leipzig, www.kirche-leipzig.de/gemeinde/hirschfeld/

Sportangebote

▸ SV Althen 90 e. V.
Fußball für Kinder ab 4 Jahre
Adresse: Sportstätte Zum Althener Sportplatz 15, 04319 Leipzig, www.svalthen90.de

Anger-Crottendorf (Ost)

(Stadtbezirk Ost)

Die Stadtteile im Leipziger Osten gehören nicht eben zum „hippen Leipzig", werden aber vielfach unterschätzt. Gerade Anger-Crottendorf, nach 1900 industriell geprägt und eine Arbeiterwohngegend, gehört dazu, nicht zuletzt dank seiner Nähe zur City. Die beiden ehemals getrennten Dörfer schlossen sich 1883 zur Gemeinde Anger-Crottendorf zusammen und wurden sechs Jahre später mit Reudnitz als erste aus dem Umland nach Leipzig eingemeindet. Nach 1990 fanden Großbetriebe wie die einstigen Krausewerke, zu DDR-Zeiten VEB Polygraph, ein jähes „abgewickeltes" Ende. Seitdem ist der Stadtteil eine (fast) reine Wohngegend. Der hier aufgewachsene Schriftsteller Clemens Meyer (geb. 1977) setzte dem Kiez mit seinem überregional populären Bestseller „Als wir träumten" ein literarisches Denkmal.

Bürgerverein Anger-Crottendorf e. V.
Sellerhäuser Str. 10
04318 Leipzig
www.bv-anger-crottendorf.de/

Sehenswertes

▸ St. Trinitatiskirche
Die Trinitatiskirche ist Heimstatt der Evangelisch-Lutherischen Dreifaltigkeitskirchgemeinde Leipzig. Im Jahre 1891 wurde hier ein kreuzförmiger Fachwerkbau nach Plänen von Paul Lange als Interimskirche eingeweiht, im Volksmund „Holzdom" genannt. Und weil Anger-Crottendorf 1892 einen selbständigen Pfarrbezirk bildete, erhielt die Kirche der Gemeinde 1895 den Namen

St. Trinitatis. Nach der Zerstörung während des Bombardements am 4. Dezember 1943 begann 1949 der Neubau nach dem Entwurf von Otto Bartning, eingeweiht zu Trinitatis am 4. Juni 1950. Bereits 1891 erhielt der „Holzdom" eine Orgel, eingebaut von der Orgelbaufirma Kreutzbach in Borna. Die nächste, größere Orgel, 1941 vom Zittauer Meister Schuster gesetzt, zerstörten Bombardements im Jahr 1943. Sieben Jahre später setzten seine Orgelbauer den ersten Bauabschnitt einer geplanten dreimanualigen Orgel mit elektrisch traktierten Tischladen ein. Dieser Torso wurde 1965 an die Gemeinde der Hoffnungskirche in Leipzig-Knauthain verkauft. Die heutige Orgel der Firma Schuster von 1971 besteht aus 24 Registern auf zwei Manualen. Das Instrument mit asymmetrischem Gehäuse steht seitlich auf der Empore.

Adresse: Theodor-Neubauer-Str. 16, 04318 Leipzig, www.dreifaltigkeitskirchgemeinde-leipzig.de

Ein Mehrfamilienhaus in der Sellerhäuser Straße.

Freizeitangebote

Evangelisch-lutherische Dreifaltigkeitsgemeinde

Zum Gemeindeleben gehören ein Ökumenischer Chor, der Markuschor als Frauenchor, Kurrende und Vorkurrende, Jugend- und ein Posaunenchor sowie der Flötenkreis. Große Werke für Chor und Orchester werden mit der Kantorei der katholischen St. Laurentiuspfarrei erarbeitet und aufgeführt.

Info: www.dreifaltigkeitskirchgemeinde-leipzig.de

Madrigio e. V.

Das Repertoire des Kammerchors reicht von A-cappella-Werken und Madrigalen über Volksliedbearbeitungen bis hin zu Kompositionen von Felix Mendelssohn Bartholdy, Johannes Brahms, Max Reger und zeitgenössischer Chormusik.

Die Anger-Crottendorfer Kirche.

Adresse: Theodor-Neubauer-Str. 16, 04318 Leipzig, 🌐 www.madrigio.de

▸ Ostwache e. V.
Nachbarschaftszentrum in der ehemaligen Feuerwache Ost für Arbeiten, Kultur und nachbarschaftlichen Austausch
Adresse: Gregor-Fuchs-Str. 45-47, 04318 Leipzig, 🌐 www.ostwache.org

Sportangebote:

▸ Flying Dragon e. V.
Karateverein
Adresse: Friedrich-Dittes-Str. 15, 04318 Leipzig, 🌐 www.karateverein-flyingdragon.de

▸ K4 Leipzig e. V.
Kampfsport, Karate, Kick- und Thaiboxen, Kyusho
Info: 🌐 www.k4-leipzig.de

▸ TSC Leipzig Süd/Ost e. V.
Kampfsport/Kampfkunst für Kinder
Adresse: Zweinaundorfer Str. 18, 04318 Leipzig, 🌐 www.tenbukan.de

▸ Verein für russische Kampfkunst „Sibirskij Wjun"
Training von Kampfakrobatik, russischem Faustkampf, Selbstverteidigung, für Kinder ab 4 Jahre und Jugendliche ab 14 Jahre
Adresse: Martinstr. 16, 04318 Leipzig, 🌐 www.sibirskij-wjun-leipzig.de

Natur und Landschaft

▸ Anger-Crottendorfer Bahnschneise
Wo früher Bahngleise durch Anger-Crottendorf führten, entspannt sich seit 2004 ein grüner Weg zwischen Nerchauer und Mierendorffstraße, im Anschluss an den Lene-Voigt-Park bis in Höhe der Posadowsky-Anlage. Trotz Niedergangs des Eilenburger Bahnhofs (heute Lene-Voigt-Park in Reudnitz), wurde die zuführende Gleistrasse noch bis in die 1970er-Jahre für Verkehrszwecke genutzt. Dann entstand Wildwuchs. Die Schaffung einer zusätzlichen Anbindung über die Gleistrasse lag nahe. Von 2004 bis 2006 erfolgte in drei Bauabschnitten und im Auftrag des städtischen Grünflächenamtes die Erschließung. Bei weitgehendem Erhalt der Spontanvegetation entstand ein Asphaltweg für Radfahrer und Fußgänger. An der Martinstraße erleichtert eine Rampe den Aufstieg.

▸ Liselotte-Herrmann-Park
Diese Grünanlage zwischen Theodor-Neubauer- und Zweinaundorfer Straße ist der kleinste von drei Parks im Stadtteil. Den Eingang bei St. Trinitatis markiert eine üppige Trauerweide, die Rückseite der Kirche berührt den Park, der einst zur Villa des Leipziger Maschinenfabrikanten Karl Krause gehörte. Der Rundgang durch den Park führt an einem Spielplatz mit Holzklettergerüst, Rutsche und großem Sandkasten vorbei.

▸ Ramdohrpark
Dieser offene Park wirkt von der vielbefahrenen Breite Straße zunächst wie eine große Wiese, hat aber wesentlich mehr zu bieten. Im Jahre 1897 verfüllte man den vorderen von zwei Teichen. In Nachbarschaft der Teiche erwarb Ende des 19. Jahrhunderts der Leipziger Stadtrat Franz Wagner ein Bauerngehöft, das er zu einem herrschaftlichen Anwesen ausbauen und um einen großen Garten am verbliebenen Teich ergänzen ließ. Nach 1901 verweigerten sich Wagners Erben, darunter Sanitätsrat Ramdohr, einer Parzellierung und Bebauung des Geländes, obwohl das zu jener Zeit (das Umfeld nahm immer mehr städtische Strukturen an) sicher gute Gewinne gebracht hätte. Noch bis 1958 war die Anlage eingefriedet und nicht öffentlich zugänglich. Dies änderte sich in jenem Jahr. Die noch vorhandene Gestaltung

erinnert im Kern an diese Zeit. Auffällig ist ein zeittypischer Sitzplatz mit unregelmäßigem Natursteinplattenbelag und vorgelagerter Schmuckpflanzung. Erhalten blieben alte Gehölze. Der ehemalige hintere Teich zeichnet sich im Gelände noch durch eine Mulde ab.

▸ Volkshain Stünz

Erst seit der Eingemeindung von Stünz zum 1. Januar 1910 liegt der Park auf Leipziger Terrain. Für Stünz wurde 1892 in einem Bebauungsplan erstmals die Anlage eines Parks festgeschrieben. Oberbürgermeister Otto Georgi (1831–1918) und Stadtgartendirektor Carl Otto Wittenberg sprachen sich 1884 für ein Terrain östlich der Eilenburger Bahn aus. Der letztlich verwirklichte Plan vom 3. Oktober 1896 sah dann großzügige Wiesenflächen, Baumgruppen und Einzelbäume vor. Die feierliche Eröffnung fand im September 1898 statt. Wie es die Bezeichnung Volkshain vorgibt, war hier eine Anlage entstanden, die weniger repräsentativ sein, sondern die Anwohner zu Erholung, Sport und Spiel einladen sollte. Wegen des bald einsetzenden Andrangs wurde von der Stadt im Dezember 1898 eigens ein Parkwächter mit Polizeigewalt verpflichtet. Auffällig sind große, von Baumreihen gesäumte Rasenspielplätze nach englischem Vorbild, ein Teich, geschwungene Wege und ein kleiner Aussichtshügel. Gemeinsam mit benachbarten Kleingärten und einer fast zwei Hektar großen Wiese bildet der Volkshain heute einen zusammenhängenden, großen Grünbereich inmitten von noch immer von Leerstand geprägten ehemaligen Arbeiterquartieren. An die ältere Vergangenheit gemahnt ein Denkmal am Westufer des Teiches, einer von vielen der im Gedenken an den Stifter genannten Apelsteine. Er erinnert an ein ostpreußisches Infanterieregiment, welches vor dem Sturm auf Leipzig in der Völkerschlacht 1813 hier lagerte. Im Frühjahr sprießen jetzt im Park Buschwindröschen und Aronstab, auf den Wiesen blühen Schöllkraut, Wicken und Storchschnabel. Geschützte Vögel wie Bluthänfling, Kuckuck, Mittelspecht und Buchfink, die auf der „Roten Liste" von Deutschland bzw. Sachsen stehen, ziehen ihre Brut groß. Mit Glück können Fasane im Unterholz beobachtet oder Nachtigallen belauscht werden. Im Parkteich leben Erdkröten, Teich- und Grasfrösche.

Kleingärten

KGV Anger Crottendorf e. V. mit 279 Parzellen; Zweinaundorfer Str. 87, 04318 Leipzig-Anger-Crottendorf, 🌐 www.kgv-anger-crottendorf.de
Bunte Gärten – interkultureller Gemeinschaftsgarten im KGV Anger-Crottendorf; Pommernstr. 10/Ecke Zweinaundorfer Str., 04318 Leipzig, 🌐 www.bunte-gaerten.org
KGV Grüne Aue Leipzig; Theodor-Neubauer-Str. 69, 04318 Leipzig, 🌐 www.kgv-gruene-aue-leipzig.de
KGV Volkshain-Anger e. V. mit 81 Parzellen; Theodor-Neubauer-Str. 104, 04318 Leipzig, 🌐 www.volkshain-anger.de
Kleingärtnerverein Sonnenglück e. V. mit 184 Parzellen; Liselotte-Herrmann-Str. 3, 04315 Leipzig, 🌐 www.kgv-sonnenglueck.de
Kleingartenverein Neues Leben e. V. mit 107 Parzellen; Pommernstr. 57, 04318 Leipzig, 🌐 www.kgv-neues-leben.de

Baalsdorf

(Stadtbezirk Ost)

Siedler aus Flandern gründeten den Ort im 12. Jahrhundert. Die erste urkundliche Erwähnung der damals Balduwinesdorp

genannten Siedlung geht auf 1213 zurück, als Markgraf Dietrich von Meißen das Dorf dem Augustiner-Chorherrenstift St. Thomas in Leipzig zueignete. Während der Völkerschlacht im Oktober 1813 besetzten und plünderten zuerst französische Truppen das Dorf, danach russische und österreichische. Bis 1856 lag Baalsdorf im kursächsischen bzw. königlich-sächsischen Kreisamt Leipzig, ab 1856 gehörte der Ort zum Gerichtsamt Leipzig I und ab 1875 zur Amtshauptmannschaft Leipzig.
Die 1952 gebildete Landwirtschaftliche Produktionsgenossenschaft (LPG) baute in den 1960er-Jahren einen umfangreichen Geflügelzuchtbetrieb auf. Von 1991 bis 1994 entstand östlich des Angers auf Baalsdorfer Flur ein Gewerbegebiet. Trotzdem ist es im Kern ein altes Angerdorf geblieben, das heute zahlreiche neu gebaute Einfamilienhäuser prägen.

Ein bemalter Transformatorenturm am Baalsdorfer Anger.

Sehenswertes

▸ Baalsdorfer Dorfkirche

Im 13. Jahrhundert wurde auf dem Anger um die bis dahin bestehende kleine Holzkirche die massive, bis heute bestehende Kirche Baalsdorf als Chorturmkirche erbaut. Der Turm überragt den Altarraum. Westseitig schließt sich das Kirchenschiff als Versammlungsort der Gemeinde an, ostwärts die halbrunde Apsis. Bei einem Umbau 1748 erhielten Fenster und Portal Gewände aus Rochlitzer Porphyr. Im Jahr 1758 wurden in der Apsis Wandmalereien freigelegt. Diese Seccomalerei hat nach Ermessen von Experten etwa 1415 ein Künstler gestaltet, dessen Stil böhmische Meister prägten. Bei Renovierung des Innenraumes der Baalsdorfer Kirche im Jahr 2013 wurde der mehrfach umgebaute barocke Altaraufsatz entfernt und damit ein unverstellter Blick auf die Apsis möglich.

Die Dorfkirche in Baalsdorf.

Adresse: Baalsdorfer Anger, 04316 Leipzig,
🌐 www.kirchspiel-leipzig.de

▸ Kirchschule und Pfarrhaus

Die Kirchschule 1598 wurde als letztes Gebäude auf dem Dorfanger gebaut. Die

Reformation Martin Luthers förderte auch das Schulwesen. Zunächst vordringlich im Lehren von Lesen und Schreiben und den Grundrechenarten neben Bibel- und Katechismusunterricht. Schullehrer war der Kantor der Gemeinde. Beaufsichtigt wurde die Schule durch den Kirchenvorstand und den Pfarrer, 1858 wurde das heutige Schulgebäude an Stelle seines Vorgängers errichtet und 1996 vollständig rekonstruiert.
Das alte Pfarrhaus wurde nach Fertigstellung des neuen derzeitigen Pfarrhauses etwa 1900 abgerissen. Angeschlossen ist ein großer Pfarrgarten,
Adresse: Baalsdorfer Anger, 04316 Leipzig, www.kirchspiel-leipzig.de

Engelsdorf

(Stadtbezirk Ost)

Lange hat sich Engelsdorf der Anbindung durch den starken Nachbarn Leipzig widersetzt, allerdings im Laufe der Jahre selbst so manches Dorf um sich herum geschluckt: Nachdem sich bereits 1923 die zwei Angerdörfer Sommerfeld und Engelsdorf zusammengetan hatten, traf es 1994 und 1995 die Orte Althen, Baalsdorf, Kleinpösna und Hirschfeld. Mit dieser Größe avancierte Engelsdorf zum lukrativen Kandidaten, Leipzig mal eben schnell zu vergrößern und so endete nach einigem Streit am 1. Januar 1999 die kommunale Eigenständigkeit. Manche Straße erhielt einen neuen Namen, um Doppelungen zu vermeiden. Es gab Engelsdorfer, die für die Eingemeindung plädiert hatten, aber das Gros hat sich dagegen gewehrt. „Immerhin gab es eine fast 800-jährige Selbständigkeit, die über Nacht beseitigt wurde“, resümiert Tino Hemman in seinem Buch „Engelsdorf bleibt“.

Ortschaftsrat Engelsdorf
Engelsdorfer Str. 345
04319 Leipzig
www.leipzig.de/buergerservice-und-verwaltung/stadtrat/ortschaftsraete/engelsdorf

Der Engelsdorfer Wasserturm.

Freizeitangebote

Chorgemeinschaft Engelsdorf e. V.
Zum Repertoire gehören Volkslieder, klassische und moderne Chorwerke und Gospels, aber auch Bearbeitungen von Evergreens und neueren Popsongs.
Info: www.chorgemeinschaft-engelsdorf.de

Kleingärten

KGV Zum Kirchblick e. V. mit 101 Parzellen; Hirschfelder Str., 04319 Leipzig, www.kleingarten-leipzig.de/kreisverband/vereine/zum-kirchblick-e-v/

St. Pankratius, Kirchturm und Friedhofsmauer am Kirchweg in Engelsdorf.

Die Dorfkirche Rehbach.

KGV Bahnmeisterei Engelsdorf e. V.; Alter Marktweg 1, 04319 Leipzig, www.kleingarten-leipzig.de/kreisverband/vereine/bahnmeisterei-engelsdorf-e-v/

Eisenbahn-Gartenkolonie e. V. Engelsdorf-Leipzig mit 200 Parzellen: Werkstättenstr. 25, 04319 Leipzig, www.egk-engelsdorf.de

KGV Gemeinnutz e. V. mit 188 Parzellen; Hans-Weigel-Str. 31, 04319 Leipzig, www.kgv-gemeinnutz.de

Sportangebote

▸ SV Lokomotive Engelsdorf e. V.
Schach, Ballsport, Gymnastik
Adresse: Hans-Weigel-Str. 29, 04319 Leipzig, www.lok-engelsdorf.de

Heiterblick

(Stadtbezirk Ost)

Das Areal entstand 1930 durch die Eingemeindung der Heiterblicker Flur nach Leipzig. Der Name führt zur Nutzung des Gebietes ab Mitte des 16. Jahrhunderts hin, als die Herren des nahe gelegenen Rittergutes Abtnaundorf an der Landstraße nach Taucha das Vorwerk Heiterer Blick errichten ließen. Drei Jahrhunderte später wurde Heiterblick zum beliebten Ausflugsziel für die Leipziger, vor allem für Künstler. Erst 1992 entstand im Rahmen der kommunalen Neugliederung Leipzigs unter Erweiterung großer Flächen offiziell der Ortsteil Heiterblick. International für Furore sorgt vor allem das Straßenbahnbauunternehmen HeiterBlick, das von hier aus modernste Straßenbahnen, Stadtbahnen, Schienenfahrzeuge in alle Welt liefert (www.heiterblick.de).

Das Gewerbegebiet Arcus Park in Heiterblick.

Wer stadtauswärts entlang der vierspurig ausgebauten Torgauer Straße Leipzig verlässt, erlebt im Abschnitt Heiterblick vor allem Gewerbegebiete. Den meisten bleibt der beschauliche historische Ortsteil verborgen, ebenso wie das in den 1990er-Jahren entstandene, naturnahe Wohngebiet Kiebitzmark. Neu geplant wird zudem bis 2030 ein neues Viertel mit circa 50 000 Wohnungen in Heiterblick-Süd. Hier sollen beispielgebend klimatische und ökologische Ziele mit verschiedensten Formen des bezahlbaren Wohnens kombiniert werden.

Sehenswertes

▸ Vorwerk Heiterblick

Bauzeit 19. Jahrhundert, Baustil Historismus. Das Wohnhaus ist saniert, die Wirtschaftsgebäude wurden abgerissen. Das Krüppelwalmdach beeindruckt mit großen Gauben.
Adresse: Torgauer/Ecke Wotanstr., 04329 Leipzig, 🌐 www.sachsens-schloesser.de/leipzig-vorwerk-heiterblick/

Freizeit und Erholung

▸ Grüner Ring Leipzig

Durch Heiterblick führt der Innere Grüne Ring dieses Rundradweges um die Stadt Leipzig. Er besteht aus zwei Radwegen: dem Inneren Grünen Ring und dem Äußeren Grünen Ring. Der Innere, ca. 65 km lang, umschließt die Kernstadt von Leipzig, während der ca. 130 km lange Äußere durch das Umland führt. Ein Einstieg in den Inneren Grünen Ring ist überall möglich, in Heiterblick am Haltepunkt der S-Bahn Wotanstraße.
Info: 🌐 www.gruenerring-leipzig.de

Der Rundweg am Beweidungsgebiet Heiterblick im LSG Paunsdorfer Wäldchen in Heiterblick.

Mölkau

(Stadtbezirk Ost)

Das ehemalige Dörfchen entlang der Östlichen Rietzschke ist nicht mehr Dorf und noch nicht Stadt. Bereits 1934 hat man die benachbarte Gemeinde Zweinaundorf angegliedert. Seit Januar 1999 gehören nun beide, längst zusammengewachsen, zu Leipzig.
Erstmals erwähnt 1324 als Mylkowe (aus dem Slawischen), litt das Dorf während der Völkerschlacht 1813. Eine Gedenktafel im Park sowie der Apelstein Nr. 39 auf dem historischen Bergfriedhof erinnern daran, dass während der Schlacht auch das Herrenhaus mit seinem Gutspark zerstört wurde. 1892 eröffneten Max und Richard Zimmermann in Mölkau eine Klavierfabrik.

Der Mölkauer Dorfplatz.

Der Bergfriedhof Mölkau.

Sehenswertes

▸ Grabanlage und Denkmal auf dem Friedhof

Errichtet für 23 Frauen und Männer aus Polen, Belgien, Frankreich und den Niederlanden, die während des Zweiten Weltkrieges nach Deutschland verschleppt und Opfer von Zwangsarbeit wurden.
Adresse: Engelsdorfer Straße, 04316 Mölkau

▸ Kirche Zweinaundorf

Die Kirche, erbaut 1614 von Johan Scipio, gehört zur Anlage um das Rittergut Zweinaundorf. Innen findet sich der Grabstein des schottischen Gelehrten Alexander Alesius, Professor für Theologie in Leipzig und Großvater des Kirchengründers. Nach einem Teilabriss wurde die Kirche 1710 neu errichtet. Die Orgel baute 1863 Friedrich Ladegast ein. Während einer Renovierung 1906 erhielt sie ihr heutiges Erscheinungsbild im Jugendstil.

Adresse: Zweinaundorfer Str. 206/Am Teich, 04316 Leipzig, 🌐 www.kirche-leipzig.de/gemeinde/moelkau/

▸ Rathaus

Nach einem Entwurf von Hans Heinrich Grotjahn 1926 fertiggestellt. Heute Sitz des Gemeindeamtes Mölkau.
Adresse: Engelsdorfer Str. 92, 04316 Leipzig, 🌐 www.leipzig.de/buergerservice-und-verwaltung/stadtrat/ortschaftsraete/moelkau

▸ Relief-Ensemble vor dem Schulgebäude

Der Bildhauer Günter Schütz schuf es zur Erinnerung an den kommunistischen Reichstagsabgeordneten Ernst Schneller, der 1944 im KZ Sachsenhausen ermordet wurde.
Adresse: Schulstraße, 04316 Leipzig

Freizeitangebote

▸ Stadtgut Leipzig Mölkau
Vorzeigebetrieb, der rund 150 Hektar Fläche ökologisch bewirtschaftet. Auf dem Areal liegen der idyllische Landschaftspark, eine Kita und eine Tierheilpraxis. Kinder wie Erwachsene erfahren hier ein buntes Angebot zum Thema „Leben auf dem Bauernhof“. Am 12. September 1840 sollen Robert und Clara Schumann nach ihrer Hochzeit in der Gedächtniskirche Schönefeld den Nachmittag hier verlebt haben.
Adresse: Kelbestr. 3, 04316 Leipzig,
🌐 www.stadtgutmoelkau.de

Sportangebote

▸ Sportverein Mölkau 04 e.V.
Badminton, Tischtennis, Fußball, Kegeln
Adressen:
Sportpark Mölkau, Sommerfelder Str. 95 und Karl-Friedrich-Straße 21, 04316 Leipzig,
🌐 www.svmoelkau04.de
Mölkauer Kegler e.V. im SV Mölkau 04, Kegelsportanlage Mölkau, Zweinaundorfer Straße 165 a, 04316 Leipzig,
🌐 www.mölkauer-kegler.de

Kleingärten

KGV Am Sonnenbad e.V. mit 22 Parzellen; Engelsdorfer Str. 1, 04316 Leipzig,
🌐 www.kleingarten-leipzig.de/kreisverband/vereine/am-sonnenbad-e-v/

KGV Am Stünzer Park e.V. mit 64 Parzellen; Engelsdorfer Str. 5, 04316 Leipzig, 🌐 www.kleingarten-leipzig.de/kreisverband/vereine/am-stuenzer-park-e-v/

KGV Am Wäldchen e.V. mit 18 Parzellen; Karl-Friedrich-Str. 81, 04316 Leipzig

KGV Gartenverein Glück Auf e.V. mit 97 Parzellen; Sommerfelder Str. 94, 04316 Leipzig, 🌐 www.kleingarten-leipzig.de/kreisverband/vereine/glueck-auf-e-v-moelkau/

KGV Lerchenwiese e.V.; Hermann-Sander-Str. 20 a, 04316 Leipzig,
🌐 www.kleingarten-leipzig.de/kreisverband/vereine/lerchenwiese-e-v/

KGV Mittelpunkt Mölkau 1920 e.V. mit 59 Parzellen; Engelsdorfer Str. 3, 04316 Leipzig, 🌐 www.kleingarten-leipzig.de/kreisverband/vereine/mittelpunkt-moelkau-e-v/

KGV Neue Welt e.V. mit 29 Parzellen; Engelsdorfer Str. 92 a, 04316 Leipzig,
🌐 www. kleingarten-leipzig.de/kreisverband/vereine/neue-welt-e-v/

Beliebtes Ausflugsziel: das Stadtgut Mölkau.

Neustadt-Neuschönefeld

(Stadtbezirk Ost)

Was für ein bunter, multikultureller Stadtteil! Rechts und links der Eisenbahnstraße, der „Grenze“ zwischen Neustadt und Neuschönefeld, leben und arbeiten heute Menschen aus vielen Nationen. Beide Stadtteile wurden 1890, in der Gründerzeit des 19. Jahrhunderts, nach Leipzig eingemeindet. Nach wie vor locken günstige Mieten in diesem Arbeiterwohnbezirk, in dem einige Straßenzüge und Häuser noch der Sanierung harren, auch Studenten und Kreative an. Als Zentrum, aber nicht als Mitte, gilt das Viertel um den Neustädter Markt. Obwohl „Reudnitz“ nicht im Namen des Ortsteils genannt wird, wurden ihm im Zuge einer verwaltungstechnischen Neuordnung im Jahre 1992 auch der einstige Siedlungskern des Dorfes Reudnitz an der heutigen Kohlgartenstraße sowie die ehemaligen Standorte des Reudnitzer Rathauses und der Markuskirche zugeschlagen. Beide sind zerstört bzw. abgetragen worden. Wie ein Fremdkörper inmitten der Altbauten wirkt das Kreuzstraßenviertel, zu Beginn der 1980er-Jahre als erster zusammenhängender, innerstädtischer Plattenbaukomplex der WBS 70-Serie mitten hineingesetzt.
Noch etwas: Mit 187 Straftaten pro 1000 Einwohner 2017 (der Durchschnittswert für Leipzig liegt bei 139) zählen die Eisenbahnstraße und ihre Nebenstraßen als Kriminalitätsschwerpunkte. Die Polizeidirektion Leipzig erklärte das Gebiet im November 2018 zur Waffenverbotszone, was aber im März 2021 vom Sächsischen Oberverwaltungsgericht für unwirksam erklärt wurde. Der Leipziger Stadtrat hatte sich für die Abschaffung der Zone ausgesprochen, will aber weiter präventiv vorgehen. Verschiedene Förderprogramme, darunter das Integrierte Stadtentwicklungskonzept Leipzig 2020 (SEKo), sollen die Arbeits- und Wohnqualität aufwerten.

Bürgerverein Leipziger Ostvorstadt e. V.
Förderung der Kinder-, Jugend- und Altenhilfe sowie der Denkmalpflege und Unfallverhütung
Hermann-Liebmann-Str. 73
04315 Leipzig
www.bv-ostvorstadt.de

IC-E Infocenter Eisenbahnstraße
Eisenbahnstr. 49
04315 Leipzig
www.leipziger-osten.de

Sehenswertes

Heilig-Kreuz-Kirche
Zwischen 1893 und 1894 nach Plänen des Architekten Paul Lange im neoromanischen Stil als Evangelisch-Lutherische Kirche zum Heiligen Kreuz 1894 erbaut, gehört sie heute zur Kirchgemeinde St. Nikolai Leipzig. Der Turm ist 67 Meter hoch, ihr Grundriss hat die Form des lateinischen Kreuzes. Die 2009 grundlegend sanierte Eule-Orgel von 1894, eine der großen romanischen Orgeln der Stadt, ist die einzige noch spielbare Kegelladenorgel Leipzigs.
Adresse: Neustädter Markt 8, 04315 Leipzig, www.kirche-leipzig.de/gemeinde/neustadt-neuschoenefeld-heilig-kreuz-kirche/

Freizeitangebote

Neustädter Markt e. V.
Förderung der Jugend und Senioren sowie Umwelt- und Landschaftspflege, auch Kunst, Kultur und Denkmalschutz.

Adresse: Schulze-Delitzsch-Str. 19, 04315 Leipzig, 🌐 www.neustaedtermarkt-leipzig.de

▸ Generations Church International/ Kulturcafé Knicklicht
Multikulturell und englischsprachig, verwaltet durch die Evangelische Gemeinde ELIM Leipzig.
Adresse: Dresdner Str. 79, 04317 Leipzig, 🌐 www.generations-international.de

Natur und Erholung

▸ Stadtteilpark Rabet
Rabet wird als Flurname erstmals im 17. Jahrhundert genannt. Hier entwickelte sich am Rande der Rietzschkeaue eine Ansiedlung für „sozial schwächere Kreise“. Inzwischen zum Park gereift, bietet sie dem Kiez einen Ort zu Erholung und Freizeit, Sport und Spiel. Das etwa einen Kilometer lange „Aktivband“, eine Bahn aus rostrotem Asphalt, zieht sich durch die gesamte Anlage und vermittelt einen dynamischen Charakter. Ein offener Freizeittreff wurde in den Park integriert. Besonders auffällig und anziehend wirken Kletterschiff, Atriumbühne und das alte Straßenpflaster am Otto-Runki-Platz.
Offener Freizeittreff Rabet
Adresse: Eisenbahnstraße 54, 04315 Leipzig, 🌐 www.oft-rabet.de

Flohmarkt in der Eisenbahnstraße.

▸ Elsapark
Hinter dem Rabet entsprechen die Straßenverläufe der alten, durchschnittlich 200 Meter breiten Rietzschkeaue. Einer der unbebauten Talreste ist der Elsapark, einst Privatpark der Leipziger Familie Schwabe,

Am Neustädter Markt.

Der Rabet an der Konradstraße.

seit 1939 öffentlich. Die Anlage, an mehreren Seiten direkt von Gründerzeithäusern umgeben, erhielt nach 2000 eine behutsame Umgestaltung und deutliche Aufwertung.
Adresse: Kohlgarten-/Elsastraße, 04315 Leipzig

▸ **Bernhardiplatz**
Dieser begrünte Platz liegt im ehemals Reudnitzer Teil. Bis gegen Ende des 19. Jahrhunderts war das Gebiet Uferzone der Östlichen Rietzschke. Zum Schmuckplatz umgestaltet wurde 1925 der südliche Teil an der Lilienstraße und als Lilienplatz der Öffentlichkeit übergeben. 1932 erhielt der Platz den Namen Bernhardiplatz nach Isidor Bernardi (1842–1916). Er war ehrenamtlich als städtischer Armenpfleger tätig. Am Parkeingang erinnert ein schlichter Granitfindling an ihn, der inzwischen unter Denkmalschutz steht. Heute ist der Platz eine parkähnliche Anlage. Die ältesten Bäume sind zwei Kanadische Pappeln von 1910 bzw. 1920 am Zugang von der Marcusgasse. Im zentralen Teil liegt ein Spielplatz, am Südostrand ein Streetballplatz. Der Zugang von der leicht höher gelegenen Hermann-Liebmann-Straße führt durch drei pergolenartige Tore. Im Nordwesten des Platzes deutet eine kleine Brücke über einer Geländemulde den ehemaligen Verlauf der Rietzschke an.
Adresse: Hermann-Liebmann-Straße/ Marcusgasse, 04315 Leipzig

Kunst und Kultur

▸ **Forum Zeitgenössischer Musik Leipzig e. V. (FZML)**
Planung und Durchführung von Konzertveranstaltungen und Festivals sowie pädagogischen und soziokulturellen Projekten, auch genreübergreifenden Charakters, darunter die Konzertreihe FreiZeitArbeit (🌐 www.freizeitarbeit.info) und das Festival MachtMusik (🌐 www.machtmusik.eu)
Adresse: Kohlgartenstr. 24, 04315 Leipzig, 🌐 www.fzml.de

▸ **Theaterpack**
Freie Bühne
Adresse: Kohlgartenstr. 51, 04315 Leipzig, 🌐 www.theaterpack.com/

Sportangebote

▸ **Shotokai Leipzig e. V.**
Kampfsport, Karate-Do, Rollstuhl-Karate
Adresse: Kapellenstr. 11, 04315 Leipzig, Training in den Turnhallen Heinrichstr. 33, 04317 Leipzig und Holsteinstraße, 04318 Leipzig, 🌐 www.shotokai-leipzig.de

▸ **Sporthalle Rabet**
Dreifeldsport- und Veranstaltungshalle mit 199 Zuschauersitzplätzen. 2013 vom Architekturbüro Behzadi + Partner, Leipzig realisiert.
Adresse: Konradstr. 30, 04315 Leipzig, 🌐 www.leipzig.de/detailansicht-adresse/sporthalle-rabet

Paunsdorf

(Stadtbezirk Ost)

Zu Paunsdorf gehören das alte Dorf und seit 1987 das Plattenbaugebiet Neu-Paunsdorf. Sein Ursprung geht auf ein Rittergut zurück, 1312 als Buntstorf, später Bwnsdorf (1335) und Baunsdorff (1467) erwähnt. Daran erinnert noch heute die Genezarethkirche. Die Völkerschlacht tobte auch hier im Oktober 1813 und hinterließ Spuren. Ein nahe der Kirche gelegenes Denkmal von 1913 erinnert an die Erstürmung des Dorfes. Die Industrialisierung setzte ein, als sich 1863 die Schriftgießerei Johann Gottfried Böttger ansiedelte. Während der

Gründerzeit zwischen 1874 und 1876 dehnte sich der Ort mit dem Bau zahlreicher Wohnhäuser nach Osten aus.
Bereits seit 1887 bemühte sich das Dorf um die Eingemeindung, entwickelten sich doch hier an der neugebauten Bahnlinie Industriebetriebe wie ab 1898/1899 das Messingwalzwerk der Hugo Schneider AG (1934 umbenannt in HASAG). Die Eingemeindung ging dann 1922 über die Bühne. Mit 6290 Wohneinheiten ist Neu-Paunsdorf eine der letzten Großwohnsiedlungen des industriellen Plattenbaus der DDR und zweitgrößte in Leipzig nach Grünau. Nach 1990 entstand zudem das Paunsdorf-Center, bis heute das größte Einkaufszentrum in Leipzig.
Und nicht uninteressant ist, dass 1897 und 1898 in Paunsdorf die ersten Marathoni auf deutschem Boden eine 40 km lange Strecke vom Neuen Gasthof in Paunsdorf nach Bennewitz und zurück liefen.

Bürgerverein Paunsdorf e. V.
Goldsternstr. 54
04329 Leipzig
www.leipzig.de/detailansicht-adresse/buergerverein-paunsdorf-ev

Sehenswertes

Genezarethkirche

Als Dorfkirche im 18. Jahrhundert auf dem Feldsteinsockel des ersten Gotteshauses am Platz errichtet, heißt sie seit 1946 Genezarethkirche. Im Jahr 1783 erhielt sie das noch heute existierende Kirchenschiff mit einem frühklassizistischen Innenraum auf dem Feldsteinsockel des Vorgängerbaus durch Johann Carl Friedrich Dauthe. Der neugotisch geprägte Turm mit Spitzhelm stammt von 1875.
Adresse: Theodor-Heuss-Straße 45, 04328 Leipzig, www.kirchspiel-leipzig.de/kirchen-und-friedhoefe/paunsdorf/

Rathaus

Als der neobarocke Bau im April 1912 eingeweiht wurde, zählte der Ort 5000 Einwohner.
Adresse: Theodor-Heuss-Straße/Ecke Am Röschenhof, 04328 Leipzig

Freizeitangebote

Aktive Senioren Leipzig e. V.

Etwa 70 Angebote an Sport, Kultur und Bildung für alle ab 50 Jahren, die sich kulturell, künstlerisch und sportlich betätigen möchten.
Adresse: Sportplatzanlage Döllingstr. 31, 04328 Leipzig, www.aktive-senioren-leipzig.de

Leipziger Lehrerchor e. V.

Repertoire vom Madrigal bis zum Volks- und Scherzlied, von der Motette bis zur Messe, vom Liedgut für Frauen- bzw. Männerchor über Liedzyklen bis zu Chorwerken mit Orchester
Adresse: Dachsstr. 22, 04329 Leipzig, www.chorklang.de

Stadtteilbibliothek Paunsdorf

Adresse: Platanenstr. 37, 04329 Leipzig, www.stadtbibliothek.leipzig.de/paunsdorf

Die Genezarethkirche mit Kirchenschiff und Turm.

Der Paunsdorfer Wasserturm im alten Dorf.

Sportangebote

▸ **Karateverein Kushanku-Kai e. V.**
Kampfkunst Karate, basierend auf der Stilrichtung Shōtōkan für Kinder, Jugendliche und Erwachsene
Adresse: Frohburger Str. 38, 04277 Leipzig, www.kushanku-kai.de

▸ **Sachsen-Therme**
Spaß- und Freizeitbad für die ganze Familie mit Wellness, Fitness, Saunen und Beauty-Spa
Adresse: Schongauer Str. 19, 04329 Leipzig, www.sachsen-therme.de

▸ **Schachfreunde Fortuna Leipzig e. V.**
Adresse: Spielstätte „Karinas Treff", Rotfuchsstraße 4/ Eingang Hermelinstraße, 04329 Leipzig, www.sk-fortuna-leipzig.de

▸ **SSV Neunpaunsdorf 1989 e. V.**
Badminton, Volleyball, Lady-Fitness
Adressen Spielstätten:
Sporthalle der Mittelschule Paunsdorf, Zum Wäldchen 4, 04329 Leipzig
Sporthalle Gustav-Hertz-Gymnasium, Dachsstr. 5, 04329 Leipzig
Sporthalle Brüder-Grimm-Grundschule, Goldsternstr. 25, 04329 Leipzig
www.ssv-neupaunsdorf.de

Der Grüne Bogen auf Paunsdorfer Flur.

▸ **SV Fortuna Leipzig 02 e. V.**
Fußball, Gymnastik, Kegeln, Kraft- und Skisport, Headis, Volley- und Beachvolleyball
Adresse: Riesaer Str. 48, 04328 Leipzig, Spielstätte: Erich-Steinfurth-Stadion, Riesaer Straße 101, 04328 Leipzig,
🌐 www.fortuna02.de

▸ **SV Paunsdorf Devils e. V.**
Fußball
Adresse: Döllingstr. 31 (Sportanlage der ASL Leipzig), 04328 Leipzig, 🌐 www.leipziger-fussball.de/stadion/devils.htm

Kleingärten

KGV An der Schule e. V. mit 61 Parzellen; Döllingstr., 04328 Leipzig, 🌐 www.stadtverband-leipzig.de/kgv-an-der-schule-e-v/
KGV Freiland e. V. mit 234 Parzellen; Döllingstr. 33, 04328 Leipzig, 🌐 www.stadtverband-leipzig.de/kgv-freiland-e-v/
KGV Kleingärtner Paunsdorf 163 e. V. mit 2 Anlagen und 288 Parzellen; An den Theklafeldern 19, 04328 Leipzig, 🌐 www.www.stadtverband-leipzig.de/kgv-kleingaertner-paunsdorf-163-e-v/
KGV Rose e. V. mit 24 Parzellen; Theodor-Heuss-Str. 38, 04328 Leipzig, 🌐 www.stadtverband-leipzig.de/kgv-rose-e-v/
KGV Waldessaum e. V. mit 151 Parzellen; Zum Wäldchen 15, 04329 Leipzig, 🌐 www.stadtverband-leipzig.de/kgv-waldessaum-e-v/
KGV Knauer Gärten e. V. mit 61 Parzellen; Paunsdorfer Str. 30, 04316 Leipzig, 🌐 www.kleingarten-leipzig.de/kreisverband/vereine/knauer-gaerten-e-v/

Feste und Märkte

▸ **Wochenmarkt Paunsdorf**
Waldzieststraße 1, donnerstags 9 bis 14 Uhr

Sellerhausen-Stünz

(Stadtbezirk Ost)

Ausgehend vom Ortskern des ehemaligen Dorfes am Ostufer der Östlichen Rietzschke hat sich Sellerhausen-Stünz seit dem 9. Jahrhundert immer weiter nordöstlich ausgedehnt. Von einst fruchtbaren Auen, die sowohl sorbische als auch deutsche Siedler anzogen, ist nichts mehr zu sehen. Bereits weit mehr als 100 Jahre gehört die Gemeinde zu Leipzig.
Eine einheitliche Entwicklung ist bis heute nicht erkennbar: Es gibt Wohnviertel mit zum großen Teil sanierten Mehrfamilienhäusern, einige Eigenheimsiedlungen und viel Gewerbe. Alle gemeinsam schätzen sicher die gute Verkehrsanbindung, sowohl in die City und als auch zur Bundesautobahn 14.

Bürgerverein Sellerhausen-Stünz e. V.
George-Bähr-Str. 11
04328 Leipzig
🌐 www.bv-sellerhausen.de

Dorfstraße in Sellerhausen.

Sehenswertes

▸ Eisenbahnviadukt

Den 250 Meter langen und bis zu zwölf Meter hohen Viadukt prägen vier Rundbögen aus Sandsteinquadern. Die stillgelegte Bahnverbindung ist Teil des Projekts Neugestaltung Rietzschke-Aue. Siehe Kapitel Natur und Landschaft.
Adresse: Verbindungsstraße Sellerhausen-Stünz und Anger-Crottendorf, 04318 Leipzig, 🌐 www.leipzig.de/unserpark

Detail an der Emmauskirche.

▸ Emmauskirche

An einer Straßengabelung gelegen ist die 1900 gebaute Kirche mit ihrer terracottafarbenen Ziegelfassade und einem spitzen Turm nicht zu übersehen. Über dem Gemeindesaal erhebt sich die 1900 von Urban Kreutzbach aus Borna eingebaute Orgel, seitdem mehrmals klanglich umgebaut.
Adresse: Wurzener Str. 160, 04318 Leipzig, 🌐 www.emmauslukas.de

▸ Alesius-Kirchspiel

Das Evangelisch-Lutherische Alesius-Kirchspiel Leipzig wurde im Januar 2021 gegründet. Zu ihm gehören zehn Kirchtürme und die sechs Kirchgemeinden Baalsdorf-Mölkau, Sellerhausen-Volkmarsdorf, Paunsdorf, Holzhausen, Liebertwolkwitz sowie Sommerfeld-Engelsdorf-Hirschfeld.
Adresse: Riesaer Str. 31, 04328 Leipzig, 🌐 www.kirchspiel-leipzig.de

Freizeitangebote

▸ Batzen-Tauschring Leipzig e. V.

Organisation eines Tauschrings zur geldlosen Verrechnung von gegenseitigen Hilfeleistungen seiner Mitglieder.
Adresse: Zum Kleingartenpark 41, 04318 Leipzig, 🌐 www.batzen.de

Natur und Landschaft

▸ Rietzschke-Aue

Im Leipziger Osten ist auf rund 18 000 Quadratmetern eine öffentliche, multifunktionale Grünfläche für Fußgänger und Radfahrer entstanden: Die Rietzschke-Aue Sellerhausen erhöht den Freizeitwert und erfüllt wichtige Funktionen für das Stadtklima, die Biodiversität und den Hochwasserschutz. Dazu wurde der Gewässerverlauf der Östlichen Rietzschke offengelegt und als natürlich erlebbarer Bachlauf und Naturraum gestaltet. Mehr als 90 neue einheimische sowie klimaangepasste Bäume, Blumenwiesen und eine Vielzahl an Strauch- und Kletterpflanzen komplettieren die naturnah gestaltete Wasserrückhalte- und Grünfläche, die Nist- und Lebensstätte für verschiedenste Tierarten bietet. Ausgezeichnet als Naturschutzprojekt des Jahres 2022.

▸ Sellerhäuser Bogen

Ab 2024 soll ein 1,5 Kilometer langer Abschnitt zwischen der Eisenbahnstraße in Volkmarsdorf und der Zweinaundorfer Straße in Anger-Crottendorf nutzbar sein. Der neue Park auf dem ehemaligen Bahndamm wird mit tieferliegenden Ebenen, den umliegenden Wohnquartieren und Gartenanlagen vernetzt. Aufgänge und Rampen führen künftig von allen Straßen, die die ehemalige Bahntrasse queren, auf den Höhenweg. Auch barrierearme Sport- und

Spielmöglichkeiten sind geplant – darunter ein Fitness- und Bewegungsparcours samt einer Calisthenics-Anlage.
Adresse: Verbindungsstraße Sellerhausen-Stünz und Anger-Crottendorf, 04318 Leipzig, www.leipzig.de/unserpark

Im Volkspark Sellerhausen.

▸ Volksgarten Sellerhausen
Im Mai 1893 erwarb die Stadt Leipzig eine 20.560 Quadratmeter große Fläche nordwestlich der heutigen Torgauer Straße, auf der Stadtgartendirektor Wittenberg diesen Volksgarten anlegen ließ. Schon damals waren Anpflanzungen, Wasser, Spiel- und Sitzplätze vorgesehen. Im Jahr 1976 erfuhr der Park eine Erweiterung, die in einer Arrondierung an der Volksgartenstraße mündete.
Adresse: Torgauer Str., 04318 Leipzig

Sportangebote

▸ FC International Leipzig e. V.
Fußball
Adresse: Wurzner Str. 154 a, 04318 Leipzig, www.fc-inter.com

▸ Karateverein Bushido Leipzig e. V.
Karate, Air Trick, Kickboxen, Selbstverteidigung, Fitness für Kinder und Jugendliche
Adresse: Wurzner Straße 180, 04318 Leipzig, www.bushido-leipzig.de

▸ Sporthalle Riesaer Straße/SV Fortuna Leipzig 1902 e. V.
Adresse: Riesaer Str. 48, 04328 Leipzig, www.sv-fortuna-leipzig1902.de

▸ Sportplatzanlage Torgauer Straße/ SV Tapfer 06 Leipzig e. V.
Adresse: Torgauer Str. 106, 04318 Leipzig, www.svtapfer06.de

▸ TV IMO Leipzig e. V.
Geräteturnen
Adresse: c/o Schmitzstr. 30, 04328 Leipzig

Kleingärten

KGV Reichsbahn-Kleingärtner Engelsdorf/ Paunsdorf e. V. mit 12 Teilanlagen; Geithainer Str. 24, 04328 Leipzig
KGV Ostecke e. V. mit 56 Parzellen; Macherner Str. 20, 04318 Leipzig, www.stadtverband-leipzig.de/kgv-ostecke-e-v/
KGV Sommerwind e. V. mit 91 Parzellen; Geithainer Str. 10; 04318 Leipzig, www.stadtverband-leipzig.de/kgv-sommerwind-e-v/
KGV Stünzer Höhe e. V. mit 71 Parzellen; Geithainer Str., 04318 Leipzig, www.stadtverband-leipzig.de/kgv-stuenzer-hoehe-e-v/
KGV Stünzer Hain e. V. mit 125 Parzellen; Stünz-Mölkauer-Weg, 04318 Leipzig, www.kgv-stünzer-hain.de
KGV Stünzer Blick e. V. mit 43 Parzellen; Zweenfurther Str. 2 b, 04318 Leipzig, www.stadtverband-leipzig.de/kgv-stuenzer-blick-e-v/
KGV Tunnelwiese e. V. mit 84 Parzellen; Liselotte-Herrmann-Str. 11, 04318 Leipzig, www.stadtverband-leipzig.de/kgv-tunnelwiese-e-v/

KGV Volksgarten e. V. mit 235 Parzellen; Torgauer Str. 104, 04318 Leipzig, 🌐 www.stadtverband-leipzig.de/kgv-volksgarten-e-v/
KGV Volkshain Stünz e. V. mit 85 Parzellen; Stünz-Mölkauer-Weg, 04318 Leipzig, 🌐 www.stadtverband-leipzig.de/kgv-volkshain-stuenz-e-v/
KGV Volkshain Anger e. V. mit 81 Parzellen; Theodor-Neubauer-Str. 104, 04318 Leipzig, 🌐 www.stadtverband-leipzig.de/kgv-volkshain-anger-e-v/

Volkmarsdorf

(Stadtbezirk Ost)

Multikulti Leipzig-Ost: Hier leben knapp 40 Prozent Menschen mit Migrationshintergrund – rund dreimal mehr als im Stadtdurchschnitt. Knapp ein Kilometer der Magistrale Eisenbahnstraße führt durch den Stadtteil. Einst als Arbeitergegend gebaut sind diese ehemaligen Mietskasernen der Gründerzeit heute zum großen Teil saniert.
Volkmarsdorf blieb bis zur Mitte des 19. Jahrhunderts ländlich. Es gehörte zu den sogenannten Kohlgartendörfern. Die Bauern lieferten, was ihre Felder, Beete und Ställe hergaben nach Leipzig. Geografisch längst mit der Stadt zusammengewachsen, wurde Volkmarsdorf 1890 eingemeindet.
In der Zeit des Kaiserreichs und der Weimarer Republik galt der Leipziger Osten mit Volkmarsdorf als eine Hochburg der Arbeiterbewegung. Bei Wahlkampfkundgebungen der KPD trat mehrmals ihr Vorsitzender Ernst Thälmann (1886–1944) auf. Und so hieß zu DDR-Zeiten die Eisenbahnstraße nach ihm benannt Ernst-Thälmann-Straße, der Volkmarsdorfer Markt Ernst-Thälmann-Platz.
Rund um den Volkmarsdorfer Markt mit der Lukaskirche ersetzte man in den 1980er-Jahren den ruinösen Baubestand durch einheitliche Plattenbauten.

Bürgerverein Volkmarsdorf e. V. – Nachbarn für Nachbarn
Konradstr. 60 a
04315 Leipzig

Sehenswertes

▸ Lukaskirche
Von 1891 bis 1893 im Stil des Historismus und der Neogotik von Baumeister Julius Zeißig errichtet. Der mit Spitzhelm bekrönte, 71 Meter hohe Turm ist das Wahrzeichen des Stadtteils. Seit 2015 nutzt die altlutherische St. Trinitatisgemeinde Leipzig den Sakralbau.
Adresse: Lukasstr. 1, 04315 Leipzig, 🌐 www.lutherisch-leipzig.de

Die Lukaskirche in Volkmarsdorf.

Freizeitangebote

‣ Bibliothek Volkmarsdorf
Sozialer und interkultureller Treffpunkt für Familien, Erwachsene sowie für die vielfältigen Gruppen und Initiativen im Einzugsgebiet. Geplant ist ein Neubau auf dem Otto-Runki-Platz.
Adresse: Torgauer Platz 3, 04315 Leipzig, 🌐 www.stadtbibliothek.leipzig.de/volkmarsdorf
Info: 🌐 www.leipzig.de/ueberblick-beteiligungen

Das Center am Torgauer Platz.

Sportangebote

‣ BoxGym Leipzig e. V.
Boxsport
Adresse: Eisenbahnstr. 121–123, 04315 Leipzig, 🌐 www.boxgymleipzig.de

‣ Sporthalle Torgauer Straße/ATV Leipzig Volkmarsdorf 90 e. V.
Tischtennis, Turnen, Volleyball, Gymnastik, Karate, Badminton
Adresse: Torgauer Str. 15, 04315 Leipzig, 🌐 www.atv-volkmarsdorf.de

‣ Sportplatzanlage Wurzner Straße/ SV Leipzig Ost 1858 e. V.
Fußball, Leichtathletik
Adresse: Wurzner Str. 140 b, 04315 Leipzig, 🌐 www.svost.de

Natur und Erholung

‣ Dunkler Wald/Lichter Hain
Da in Volkmarsdorf bis auf Kleingärten im Ostteil kaum Grünflächen vorhanden sind, wurden in den 2000er-Jahren beim Stadtumbau an der Wurzner Straße flächenhafte Baumpflanzungen im Rahmen des Projekts „Dunkler Wald/Lichter Hain" vorgenommen.

Das Bülow-Viertel in Volkmarsdorf.

Märkte

‣ Wochenmarkt
Torgauer Platz, donnerstags 9 bis 14 Uhr

Connewitz

(Stadtbezirk Süd)

Der heutige Ruf des alten Arbeiterquartiers als links-alternativer Stadtteil gründet sich vor allem auf den Anfang der 1990er-Jahre. Damals „verschmolzen" die im Untergrund bereits agierenden Hausbesetzer mit Lebenskünstlern zur Freien Szene. Inzwischen steht Connewitz für vielseitige Lebensstile. Mit Teilen im Auewald ist er einer der grünsten Orte innerhalb der Stadtgrenzen.
Der Name des 1891 eingemeindeten Dorfes Connewitz stammt aus dem altsorbischen Konowiza, dem „Ort, wo die Pferde weiden". Im 19. Jahrhundert wurde viel gebaut, Industriebauten als auch Mietskasernen für die Arbeiter. Im Jahre 1913 entstand mit der Bebauung des Connewitzer Teils der damaligen Südstraße die Königlich-Sächsische Bauschule, heute als Hochschule für Technik, Wirtschaft und Kultur etabliert.
Zu DDR-Zeiten verfiel hier so ziemlich alles. Vor allem in Alt-Connewitz um die Biedermannstraße war der Anteil ruinöser Altbauten gravierend. Sie sollten analog wie im Osten der Stadt und überhaupt in der ganzen DDR abgerissen und durch gleichförmige Platten der Wohnungsbauserie WBS 70 ersetzt werden. Den Kahlschlag verhinderte letztendlich die Friedliche Revolution von 1989 und die danach stattfindende erste „Volksbaukonferenz". Ab 1991 begann die Sanierung ganzer Straßenzüge zwischen der Wolfgang-Heinze-, der Meusdorfer und der Bornaischen Straße, um die bedrohte Altbausubstanz zu retten. Einige Abrisse waren unumgänglich. An den Fassaden der inzwischen zum großen Teil sanierten Mietshäuser ist die Schönheit der Gründerzeithäuser wieder zu erkennen. Parallel wurden neue Wohngebiete erschlossen. Nicht immer passen die Neubauten zur Altbausubstanz. So stehen zum Beispiel in der Roßmäßlerstraße fast stylish anmutende Einfamilienhäuser, die in diesem Viertel deplatziert wirken. Große Industriebetriebe gibt es kaum noch. Manche wie das Werk II erfuhren dafür eine neue, durchaus aufwertende Nutzung als Kulturraum, andere bieten Platz zum Wohnen und für Kleingewerbe.

Sehenswertes

▸ Pfarrkirche St. Bonifatius

Die St. Bonifatius-Kirche wurde 1929 erbaut, 1930 geweiht und dem Patronat des Hl. Bonifatius unterstellt. Sie ist als Pfarrkirche der katholischen Gemeinde im Leipziger Süden zugleich die Gedächtniskirche des KKV (heute: Katholiken in Wirtschaft und Verwaltung) für die im Ersten Weltkrieg gefallenen Kaufleute und wurde vom Deutschen Liturgischen Institut in die Straße der Moderne aufgenommen. Das Gesamtwerk beeindruckt durch seine äußere und innere Gestaltung.
Adresse: Biedermannstr. 86, 04277 Leipzig, 🌐 www.kath-kirche-leipzig-sued.de/st.-bonifatius-kirche/

▸ Paul-Gerhardt-Kirche

Die evangelisch-lutherische Kirche mit ihrem 60 Meter hohen Kirchturm wurde 1898 bis 1900 erbaut und steht unter Denkmalschutz. Seit 1976 wird die Kirche auch als Aufnahmestudio für klassische und kirchliche Musikproduktionen genutzt. Seit dem

21. April 1974 erklingt eine Schuke-Orgel mit zwei Manualen, Pedal, 28 Registern und 2079 Orgelpfeifen. Die Paul-Gerhardt-Kantorei hat mehr als 80 Mitglieder und probt montags um 19.30 Uhr im Paul-Gerhardt-Haus, Selnecker Straße 7.
Adresse: Selnecker Str. 7, 04277 Leipzig, www.kirche-leipzig-sued.de; Förderverein Paul-Gerhardt-Kirche Leipzig-Connewitz e. V., www.kirche-connewitz.de

▸ Il-62
Ausrangiertes Flugzeug, einige Zeit als Restaurant genutzt, derzeit Umbaupläne
Adresse: Arno-Nitzsche-Str. 43, 04179 Leipzig, www.il62-leipzig.de/wp

Das ausrangierte Flugzeug Il-62 ist ein technisches Denkmal.

Freizeitangebote

▸ Haus der Demokratie
Im Jahr 1903 als Waisenhaus errichtet, diente es im Zweiten Weltkrieg als Lehrlings- und Kinderheim sowie als Lazarett, nach 1952 als Konstruktionsbüro. Ab 1983 beanspruchte es die Stadtleitung der Sozialistischen Einheitspartei SED für sich. Seit 1990 verwaltet es der Verein Haus der Demokratie Leipzig e. V. als Sitz von sozialen, Kultur- und Umweltverbänden. Zu den Mietern gehören die Umweltbibliothek Leipzig, der Leipziger Lehrerverein e. V., der Blindenverband Leipzig e. V., Einrichtungen für Soziales, Senioren und Politik, aber auch das Tanzcafé Ilses Erika oder die Kinobar Prager Frühling.
Adresse: Bernhard-Göring-Str. 152, 04277 Leipzig, www.hddl.de

Kultur und Theater

▸ Kinobar Prager Frühling
Anspruchsvolles Programmkino
Adresse: Bernhard-Göring-Str. 152, 04277 Leipzig, 0341/3065333, www.kinobar.leipzig.de

▸ Kulturfabrik Leipzig
Vereint unter diesem Dach finden sich das Werk 2, Frauenkultur e. V., Cammerspiele, Halle 5 und die Agentur Glücklicher Montag.
Adresse: Kochstr. 132, 04277 Leipzig, 0341/3080140, www.kulturfabrik-leipzig.de

▸ Media City
Mitteldeutscher Rundfunk, Studiotouren
Adresse: Kantstraße 71–73, 04177 Leipzig, 0341/3000, www.mdr.de

▸ UT Connewitz
Konzerte und Kino
Adresse: Wolfgang-Heinze-Str. 10 a, 04277 Leipzig, 0341/4626776, www.utconnewitz.de

Früher Kino, heute Veranstaltungs- und Konzerthaus: das UT Connewitz.

Das zum Panometer umgebaute Gasometer in Connewitz.

‣ Connewitzer Kreuzchor
Motto: Lust auf singen – ohne Anspruch auf Perfektion oder ein bestimmtes Genre.
Adresse: Proben, Kiezkneipe Frau Krause, Simildenstr. 8, oder LiWi Stockartstraße, 04277 Leipzig

Museen, Galerien

‣ Asisi Panometer Leipzig
Der Künstler Yadegar Asisi richtete in einem ehemaligen Gasometer aus dem Jahr 1910 das weltgrößte 360-Grad-Panorama ein. Panometer ist eine Kombination aus „Panorama" und „Gasometer". Seit 2003 inszeniert er verschiedene Themen, die in eine andere Welt führen: Seine Panoramakunst besteht darin, unzählige, am Computer erstellte Puzzleteile auf Stoffbahnen gedruckt zu einem rundum geschlossenen Gemälde zusammenzufügen, hoch wie ein zehnstöckiges Haus. Als Vorlage nutzt Asisi Fotografien, Zeichnungen und Malerei. Licht- und Toneffekte erzeugen Tag- und Nachtstimmungen, begleitende Ausstellungen erklären historische Zusammenhänge. Als erste Themen begeisterten „Everest", „Pergamon", „Amazonien", „Rom 312", „LEIPZIG 1813" und „Great Barrier Reef".
Adresse: Richard-Lehmann-Str. 114, 0341/355534-0, www.asisi.de

Sportangebote:

‣ Gesundheitssportverein „Bewegung ist Leben" e. V.
Präventions-, Rehabilitations-, Behinderten- und Breitensport sowie sporttherapeutische Maßnahmen unter medizinisch fachlicher Anleitung

Adresse: Meusdorfer Str. 61, 04277 Leipzig, www.reha-sport-leipzig.de

▸ Sporttherapeutisches Bewegungszentrum – SBZ
Sporttherapie, Fitness, Rehabilitation und Prävention
Adresse: Ärztehaus am Wiedebachplatz, Bornaische Str. 18, 04277 Leipzig, www.sbz-leipzig.de

▸ Roter Stern Leipzig '99 e. V. (RSL)
Die Bedeutung des über 1500 Mitglieder und 19 Abteilungen starken Clubs liegt neben den sportlichen Erfolgen auch im Selbstverständnis als „kultur-politisches Sportprojekt im Spannungsfeld zwischen normalem Fußballverein und linksradikaler Politik". Der Rote Stern Leipzig '99 ist ein antifaschistisches Sportprojekt. Der Verein organisiert sich selbstbestimmt, hierarchiefrei und basisdemokratisch.
Adresse: Geschäftsstelle, Braustr. 15, 04107 Leipzig; Sportplatz, Teichstraße 12, 04277 Leipzig, www.rotersternleipzig.de

Natur und Landschaft

▸ Connewitzer Stadtgarten
Das ökologisch bewirtschaftete Unikat entstand auf dem Areal eines ehemaligen Schulgartens, heute ein Ort der Wissensvermittlung und Naturerfahrung zum Thema „urban gardening", ist offen für alle. Der Ökolöwe - Umweltbund Leipzig e. V. pflegt hier seit 1993 Beete für Gemüse, Beeren und Obst, Kräuter und Blumen, einen Duftgarten und Streuobstwiesen. Es gibt eine alte Laube sowie Nistplätze für Vögel, Wildbienen, eine Wasserpumpe und Komposthaufen, ein Dorf aus Weidenhütten und einen Lehmbackofen.
Adresse: Kohrener/Burgstädter Str., 04177 Leipzig, Kontakt c/o Ökolöwe – Umweltbund Leipzig e. V., www.oekoloewe.de/stadtgarten

Kleingärten

KGV Frohsinn e. V.; Probstheidaer Str. 45, 04277 Leipzig www.kgvfrohsinn.de
Kleingartenverein Erholung e. V. mit 260 Parzellen; Richard-Lehmann-Str. 62 a, 04275 Leipzig, www.kgv-erholung-leipzig.de
KGV Waldidyll e. V. mit 361 Parzellen auf drei Teilanlagen; Threnaer Str. 19, 04277 Leipzig, www.stadtverband-leipzig.de/kgv-waldidyll-e-v/
KGV Reichsbahn Connewitz e. V. mit 109 Parzellen; Arno-Nitzsche-Str. 41 e, 04277 Leipzig, www.stadtverband-leipzig.de/kgv-reichsbahn-connewitz-e-v-2/

Dölitz-Dösen

(Stadtbezirk Süd)

Dösen hat in Leipzig immer noch einen gewissen Ruf: Wer früher in „Dösen" eingeliefert wurde, galt als bedauernswerter Mensch. Im Oktober 1901 hatte hier eine Anstalt zur Heilung Geisteskranker eröffnet, das spätere Bezirkskrankenhaus für Psychiatrie. Dösen galt deshalb unter den Leipzigern als Synonym für „Irrenanstalt". Die wohl bekanntesten PatientInnen waren die sächsische Mundartdichterin Lene Voigt und der Jurist Daniel Paul Schreber, nach dessen Vater die Kleingartenbewegung benannt wurde. Die Gebäude der alten Psychiatrie werden schon längst nicht mehr als Klinik genutzt. Manche geben noch die Kulissen für Filmdrehs, aber längst wurden die Qualitäten des Areals zur Entwicklung eines neuen Wohnviertels entdeckt. Die vorhandenen Parkanlagen, das benachbarte, sogenannte Leineholz mit seinem schönem Altbaumbestand und die innerstädtische

Lage liefern dafür gute Argumente.
In den 1970er-Jahren entstand die Plattenbausiedlung Dölitz.
Seit 1992 bilden Dölitz und Dösen einen verwaltungstechnischen Stadtteil, in dem in den beiden alten Ortskernen Häuser mit dörflichem Charakter vorkommen, in Dölitz kamen gründerzeitliche hinzu. Die meisten Wohnhäuser entstanden noch vor dem Zweiten Weltkrieg in offener Bauweise in Dölitz am Eichwinkel und in Dösen zwischen Leine- und Eigenheimstraße. Als Hauptverkehrsader verläuft in Nord-Süd-Richtung die Bornaische Straße, ehemals Teil der Via Regia Dölitz-Dösen, in Ost-West-Richtung führen die Leinestraße sowie der Goethesteig mit der Auffahrt zur Bundesstraße 2.

Sehenswertes

▸ Johanniskirche Dösen
Die kleine Saalkirche mit Chor und halbrunder Apsis zeigt Anklänge an den Bauhaus-Stil. Georg Staufert erbaute sie 1934 im Auftrag der Siedler der Johannishöhe in Alt-Dösen auf dem Gelände des ehemaligen Johannis-Stifts für ihre religiösen Bedürfnisse. Verwendung fanden Baumaterialien verschiedener Interimskirchen (Andreas-, Michaelis- und Bethanienkirche). Das Langhaus schließt mit einem 11 Meter hohen Turm ab, links und rechts befinden sich kleine Gemeinderäume. Schmuckstück der Kirche ist die Orgel der Rochlitzer Firma W. E. Schmeisser & Sohn (Rochlitz) vom Anfang des 20. Jahrhunderts.

Wasserrad und Wehr der Wasserkraftanlage der Wassermühle Dölitz an der Mühlpleiße.

Adresse: Markkleeberger Str. 25, 04279 Leipzig, 🌐 www.kirche-leipzig.de/gemeinde/doesen-johanniskirche/

Museen und Galerien

▸ Torhaus Dölitz
Das Torhaus Dölitz blieb als Teil des im letzten Drittel des 17. Jahrhunderts erbauten Schlosses Dölitz erhalten. Die Zinnfigurenausstellung mit dem Schwerpunkt Völkerschlacht bei Leipzig zählt mit rund

Relikte der Braunkohlentiefbaugrube Schacht Dölitz in der Friederikenstraße 60.

Am Torhaus Dölitz.

100 000 Exponaten zu den größten öffentlich zugänglichen Expositionen weltweit. Mit der Betreuung ist der Verein Zinnfigurenfreunde Leipzig e. V. betraut. Seit Juli 2014 verwaltet das Gelände und die Gebäude der Traditionsverein „Verband Jahrfeier Völkerschlacht bei Leipzig 1813 e. V.". Das historische Diorama der Völkerschlacht bei Leipzig, im Jahre 1913 anlässlich der 100-jährigen Wiederkehr der Schlacht eingeweiht, übernahm im Jahr 2000 der Verein vom Stadtgeschichtlichen Museum Leipzig.
Adresse: Helenenstr. 24, 04279 Leipzig, 🌐 www.torhaus-doelitz.eu/

Sportangebote

▸ **Glück Auf Kampfbahn, Turbine Leipzig e. V.**
Moderne Wettkampfkegelbahn
Adresse: Friederikenstr. 39, 04279 Leipzig, Geschäftsstelle Goethesteig 2–4, 04279 Leipzig, 🌐 www.turbineleipzig.de

Natur und Landschaft

Den Ortsteil durchfließt in Ost-West-Richtung der Leinegraben, der in die südnördlich verlaufende Mühlpleiße mündet. Im Ortskern von Dösen und in den Parks

Viele Jahre ein markantes Event: die Ballonfiesta.

gibt es mehrere Teiche. Der östliche Teil des Agra-Parks und Teile des Erholungsparks Dölitz-Dösen belegen nahezu die Hälfte des Ortsteilgebietes.

▸ Park Dösen
Auf dem Areal des oben erwähnten Parkkrankenhauses entwickelte sich im durchgrünten Klinikgelände ein Landschaftspark mit Teichanlage. Ausgehend von dem im Norden der Anlage befindlichen Wasserturm zieht sich eine Allee bis zum ehemaligen Leineholz im Süden.
Besonders sehenswert sind die Teiche im Park und in der Kleingartenanlage „An der großen Eiche“ sowie die Eiche am Eingang der Kleingartenanlage mit der Infotafel für den 1686 gepflanzten Baum, ein anerkanntes Naturdenkmal.

Freizeitangebote

▸ Dachverein der Mitteldeutschen Straße der Braunkohle e. V.
Adresse: Witznitzer Werkstraße 22, 04552 Borna, 🌐 www.braunkohlenstrasse.de

Kleingärten

KGV Dölitz e. V. mit 18 Parzellen; Hentschelweg 2, 04279 Leipzig, 🌐 www.stadtverband-leipzig.de/kgv-doelitz-e-v/
KGV Glück auf Dölitz e. V. mit 16 Parzellen; Friederikenstr. 50, 04279 Leipzig, 🌐 www.stadtverband-leipzig.de/kgv-glueck-auf-doelitz-e-v/
KGV An der großen Eiche e. V. mit 200 Parzellen und dem Naturdenkmal einer Eiche am Haupttor des Vereins; Leinestr. 35, 04279 Leipzig, 🌐 www.kgv-grosse-eiche.de
KGV Fliederweg e. V. mit 53 Parzellen; Bornaische Str. 191, 04279 Leipzig, 🌐 www.kgvfliederweg.com

Lößnig

(Stadtbezirk Süd)

„Ort am Wald“ bedeutet der slawische Name dieser 1040 erstmals in einer Urkunde Heinrich III. als Lesnic erwähnten Siedlung. Zur Eingemeindung nach Leipzig am 1. Januar 1891 lebten hier 549 Menschen in 34 Häusern an fünf Straßen. Es wurden stetig mehr, vor allem, als in den 1960er-Jahren in der Siegfriedstraße drei siebengeschossige Wohnhochhäuser und 1971 bis 1975 östlich der Zwickauer Straße eine Plattenbausiedlung hochgezogen wurden. Allein diese bot 3082 Wohnungen in elfgeschossigen Wohnblöcken, dazu Schulen und Einkaufs- und Dienstleistungseinrichtungen. Die Häuser der Gartenstadt Alt-Lößnig wurden in den 1990er-Jahren aufwändig modernisiert.

▸ Moritzhof
Zentrales Einkaufs- und Dienstleistungszentrum.
Adresse: Zwickauer Str. 125–129, 04279 Leipzig, 🌐 www.moritz-hof.de

Der Beginn des Lößniger Abschlaggrabens von der Mühlpleiße aus.

Die Gethsemanekirche in Lößnig.

Sehenswertes

▸ Gethsemanekirche

Am 28. Oktober 1877 nach Entwürfen des Architekten Hugo Altendorff eingeweiht. Die Orgel baute die Firma Geißler aus Eilenburg. Die Kirche erhielt den Taufstein von 1582 aus dem Vorgängerbau sowie Glocken von 1442 und 1526, 1986 noch eine dritte. Auf dem Dach ist der vergoldete Dachreiter mit dem Wappen der Familie Blasebalg zu sehen, einst aktive Unterstützer der Kirche.

Adresse: Raschwitzer Str. 10, 04279 Leipzig, 🌐 www.kirche-leipzig.de/gemeinde/loessnig-gethsemanekirche/

▸ Rundling

Namen der Nibelungensage wie Giselher, Kriemhild oder Gerlinde verdankt der Rundling seine Bezeichnung als Nibelungenring. Die kreisförmige Wohnanlage mit insgesamt 624 Wohnungen für etwa 2000 Menschen entstand im Auftrag der Kommune 1929/30. Geplant hat sie der Leipziger Architekt und Stadtbaurat Hubert Ritter (1886–1967). Auf einem flachen Hügel stehen rund um den Siegfriedplatz in drei konzentrischen Ringen 24 Häuser im Stil der Neuen Sachlichkeit. Die denkmalgerechte Sanierung 1993 bis 1997 versetzte die Blöcke wieder in den Originalzustand.

Adresse: Siegfriedplatz, 04279 Leipzig

Sportangebote

SV Eintracht Leipzig-Süd e. V.; Sportplatzanlage Südkampfbahn, Raschwitzer Str. 17, 04279 Leipzig, 🌐 www.eintrachtleipzigsued.de

Sporthalle Raschwitzer Str.; Raschwitzer Str. 16, 04279 Leipzig, 🌐 www.leipzig.de/freizeit-kultur-und-tourismus/sport/

Sportplatzanlage Lößnig; Bernhard-Kellermann-Str. 3, 04279 Leipzig, 🌐 www.leipzig.de/freizeit-kultur-und-tourismus/sport/

Lößnig von oben mit Stauteich und Rundling.

Holzplastik von der Gaststätte „Zur Schäferei" im Erholungspark Lößnig-Dölitz.

Natur und Erholung

▸ ☺ **Erholungspark Lößnig-Dölitz**
Seit Mitte der 1980er-Jahre entstand auf den sogenannten Bruchfeldern des 1959 stillgelegten Dölitzer Braunkohleschachtes der Erholungspark Lößnig-Dölitz. Der einstige Stauteich erhielt den Namen Silbersee. Ballonfahrer starten morgens von der großen Wiese aus oft gen Himmel. Bis heute erhalten ist ein Förderturm, der einen Hauch von Ruhrgebietsatmosphäre erzeugt. Es gibt Spielplätze, Sitzgruppen, Rad- und Skaterwege sowie eine Roller- und Automodellsportbahn und Skulpturen wie den Ochsenkarren, eine Säule oder das Liebespaar. Der Leinegraben bildet als Fließgewässer einen attraktiven Wiesengrund. Mit seinem natürlichen Charakter steht er im Kontrast zu den nördlichen Parkbereichen.

Kleingärten

KGV Gartenfreunde Lößnig Dölitz 1899 e. V. mit 327 Parzellen; Nibelungenring 69 a, 04279 Leipzig, 🌐 www.gartenfreunde-Loessnig-Doelitz.de
KGV Märchenland e. V. mit 291 Parzellen; Bernhard-Kellermann-Str. 1, 04279 Leipzig, 🌐 www.stadtverband-leipzig.de
KGV Frohsinn e. V. mit 99 Parzellen; Probstheidaer Str. 45, 04277 Leipzig, 🌐 www.kgvfrohsinn.de
KGV Marienthal e. V. mit 88 Parzellen; Probstheidaer Str. 78, 04277 Leipzig, 🌐 www.stadtverband-leipzig.de/kgv-mariental-e-v/

Märkte

▸ **Wochenmarkt Lößnig**
Johannes-R.-Becher-Str., donnerstags und samstags 9 bis 14 Uhr bzw. 8.30 bis 12 Uhr

Marienbrunn

(Stadtbezirk Süd)

Bereits seit dem Mittelalter wurde von einer Quelle im südwestlichen Parkbereich des heutigen Wilhelm-Külz-Parks Wasser in die Stadt geleitet. Eine junge Pilgerin, die die angeblich heiltätigen Wasser entdeckt haben soll, gilt als Namensgeberin: Marienbrunn. Nach 1900 erfolgte eine Gestaltung als romantische Felsszenerie, die 1995 und 1998 in Stand gesetzt wurde. 1813 lag das Gebiet des heutigen Parks im Zentrum der Weltgeschichte, tobte hier doch die Völkerschlacht. Genau 100 Jahre später wurde dann aus Anlass der Internationalen Baufachausstellung der älteste Siedlungsteil Marienbrunns erbaut. Der Bebauungsplan orientierte sich am Prinzip der Gartenstadt. Interessenten für urbanen Städtebau erleben hier sehenswerte Zeugnisse verschiedener Epochen der Architektur, denn eine Plattenbausiedlung mit genormten Blöcken der Wohnbauserie WBS 70 gibt es auch.

Verein der Freunde von Marienbrunn e. V.
Am Bogen 6
04277 Leipzig
🌐 www.gartenvorstadt-leipzig-marienbrunn.de

Sehenswertes

▸ Arminiushof
Zentrum der Gartenstadt. Der Name ist abgeleitet vom Pseudonym „Arminius", das sich die Leipziger Autorin Gräfin Adelheid Poninska (1804–1878) zugelegt hatte.

▸ Kirche Marienbrunn
Die Kirche Marienbrunn trägt keinen Turm. Dafür orientiert sich ihr Baustil an der 1911 gegründeten Gartenvorstadt. Das zweigeschossige Gemeindehaus mit Kirchsaal, 1928 errichtet, verfügt über einen 180 Sitzplätze fassenden Saal. Besonders sehenswert sind der erhöhte Altar und das in die Apsis eingelassene Farbglasfenster mit der Darstellung des Christophorus.
Adresse: Lerchenrain 1, 04277 Leipzig, 🌐 www.kirche-leipzig.de/gemeinde/marienbrunn-loessnig/

Der Marienbrunner Prinzenweg.

Die Marienquelle am Wilhelm-Külz-Platz ist seit Anfang des 20. Jahrhunderts versiegt.

▸ Märchenwiese
1921 begann man nach Plänen des Stadtbaurats Carl James Bühring (1871–1936) nördlich der Straße An der Tabaksmühle den Bau einer Einfamilienhaussiedlung mit Einzel- und Doppelhäusern, die unter dem Eindruck der Nachkriegsinflation mit großen Selbstversorgergärten verbunden waren. Ab 1927 wurde auch das Terrain südlich des Gebietes bebaut. Straßen und Wege tragen die Namen von Märchen oder erinnern an Sammler wie die Gebrüder Grimm und Hans Christian Andersen.

▸ Siedlung Marienbrunn
Vorgärten, Parks und offene Gärten. Während der Bauausstellung 1913 fuhr eine eigens angelegte Miniatureisenbahn zum Gelände und einzelne Häuser wurden als Ausstellungsräume verwendet.

Sportangebote

▸ STK Impuls Leipzig
Tanzen für Kinder, Jugendliche und Erwachsene, Turniertanz, Ballett und Körperschulung
Adresse: Am Bogen 50, 04277 Leipzig, 🌐 www.stk-impuls-leipzig.de

Kleingärten

KGV Gartenfreunde Südost e. V. mit 453 Parzellen: An der Tabaksmühle 44 a, 04277 Leipzig, 🌐 www.gartenfreunde-suedost.de

Südvorstadt

(Stadtbezirk Süd)

Der Stadtteil zwischen der City und Connewitz steht für Vielfalt in jeder Beziehung: freie Szene und Subkultur, Kneipen, Kino und Theaterbühnen. In Clubs legen DJs und DJanes auf. Die Magistrale Karl-Liebknecht-Straße nennen Leipziger entweder Südmeile oder KarLi. An jeder Ecke trifft man auf Gegensätze. Unsanierte Fabrikgebäude sind hier ebenso zu finden wie hochwertig sanierte Gründerzeitbauten oder neu gebaute Glaspaläste. Am Floßplatz endete vor mehr als 150 Jahren das Zeitalter der kommerziellen Flößerei in Leipzig. Danach wurde der Pleissemühlgraben zugeschüttet, bebaut und begrünt und in den 1990er-Jahren wieder ans Licht geholt.

Sehenswertes

▸ Feinkost und Löffelfamilie

Das Areal um den Hof des einstigen VEB Feinkost, ein ehemals volkseigener Betrieb, bietet nun Räume für Fahrradwerkstätten, Bücher-, Gewürz- und Modeläden, freie Bühnen, junge Verlage und Sommerkino. An der Fassade leuchtet als Relikt des VEB Feinkost die legendäre Löffelfamilie. Die Neon-Werbung wurde dank privater Spender repariert und als Unikat erhalten. Wenn man sie über die Hotline 0900-LOEFFEL zum Blinken bringen lässt, löffelt die Familie in zackigen Bewegungen und wirbt wie einst für „Obst- und Speisekonserven, tischfertige Gerichte und doppelt konzentrierte Suppen".
Adresse: Karl-Liebknecht-Str. 36, 04107 Leipzig, 🌐 www.feinkostgenossenschaft.de

Die berühmte Löffelfamilie an der Feinkost.

▸ Heinrich-Schütz-Platz

Hier fand 1863 auf freiem Feld das 3. Allgemeine Turnfest mit etwa 20 000 Teilnehmern statt. Im folgenden Jahr wurde ein erster Bebauungsplan für die Äußere Südvorstadt erarbeitet, in den 1880er-Jahren dann der Turnfestplatz reduziert, sodass die Fläche des Heinrich-Schütz-Platzes entstand. 1884 errichtete Stadtbaurat Hugo Licht (1841–1923) an der Nordseite die monumentale 8. Bezirksschule, heute Immanuel-Kant-Gymnasium.
Adresse: Koch-/Ecke Scharnhorststraße, 04175 Leipzig

▸ Hinterhöfe

Nicht alles, was den Reiz der Südvorstad ausmacht, liegt vorn an der KarLi. Ein Blick in Hinterhöfe und Nebenstraßen zeigt die wahren Potenziale: Werkstätten, kleine Läden für handgemachte Mode und ausgefallene Accessoires, Trödel, Kunst und Praktisches.

▸ Peterskirche

Die evangelisch-lutherische Pfarrkirche, im Stil der Hochgotik von 1882 bis 1885 nach dem Entwurf der Architekten August Hartel (1844–1890) und Constantin Lipsius (1832–1894)

Der Südplatz, das gefühlte Zentrum in der Südvorstadt.

erbaut, ist die größte Kirche der Stadt. Imposant wirken die beiden 43 Meter hohen Ecktürme und die 36 Meter hohe Westfassade aus Werkstein. An dieser Fassade stehen auf einer Galerie sieben überlebensgroße Heiligenfiguren: Christus mit Abraham, Moses und Maleachi sowie die Apostel Johannes, Paulus und Petrus. Zusätzlicher Schmuck ist eine über mehreren Spitzbogenfenstern und dem Haupteingang angebrachte Rosette. Als Wahrzeichen von Leipzig prägt der 89 Meter hohe Hauptturm am Eingang der Nordseite der Kirche die Silhouette Leipzigs mit. Als Glücksfall gilt, dass in der Peterskirche die Orgel der gesprengten Universitätskirche St. Pauli Aufnahme fand.
Adresse: Schletterstr. 5, 04107 Leipzig, 🌐 www.peterskirche-leipzig.de

Kunst und Kultur

▸ Cinematheque Leipzig e. V.
Engagement für die Aufführung anspruchsvoller und diskussionswürdiger Werke nationaler und internationaler Filmkunst.
Adresse: Karl-Liebknecht-Str. 48, 04275 Leipzig, 🌐 www.cinematheque-leipzig.de

▸ Ensemble TonART Leipzig
Geistliche und weltliche Chormusik a cappella
Info: 🌐 www.tonart-leipzig.de

▸ Frauenchor Leipzig-Süd e. V.
Der Laienchor singt alte und neue Volkslieder, auch klassische bis hin zu

zeitgenössischen Chorsätzen von Hindemith, Bartók, Distler und Dessau – selbst in verschiedenen Dialekten.
Info: www.frauenchor-leipzig-sued.de

Fräulein A. Kapella LE
Das Repertoire des Frauenchors umfasst Songs aus Rock, Pop und Jazz, Chansons und Volkslieder aus aller Welt.
Info: www.fraeulein-a-kapella.de

Horns Erben
Schon seit der vorvergangenen Jahrhundertwende bot das Geschäft in der Arndtstraße 33 „Feinsten Schnaps, erlesene Weine und edle Liköre" an. Die Geschichte setzte Wilhelm Horn im Alter von 24 Jahren fort, als er 1923 seine Spirituosenfirma ins Handelsregister der Stadt Leipzig eintragen ließ und drei Jahre später die hier ansässige Sektkellerei kaufte. Im Keller lief die Produktion, oben der Ausschank. Leider blieb nach der Enteignung 1972 nicht viel übrig. Ende 2004 entdeckte der Kunst- und Kulturverein Retina e.V. die historischen Räume als Club für sich. Im Mai 2011 fiel der Beschluss zur Renovierung, im September des Jahres dann der Vorhang von der wieder erstandenen Fassade, die wie das Original von 1931 als beleuchtete Werbeanlage aus Glas das Haus „adelt". In den Räumen im Erdgeschoss entstand ein Café im Stil der 1920er-Jahre. Alles in allem ein Treff für Performances vieler Art.
Adresse: Arndtstr. 33, 04175 Leipzig, www.horns-erben.de

Knalltheater
Lustiges Theater für Kleine und Große
Adresse: Körnerstr., 04107 Leipzig, verschiedene Spielstätten, www.knalltheater.de

Kulturhaus Leipzig e.V.
Events, Proberäume und Ateliers
Adresse: Alfred-Kästner-Str. 22b, 04275 Leipzig, www.kulturhausleipzig.de

naTo
Am Südplatz, dem gefühlten Zentrum der Südvorstadt, findet sich dieses soziokulturelle Zentrum, ein Konglomerat aus Kneipe, Saal und Bühne für Konzerte, Lesungen und Filme.
Adresse: Karl-Liebknecht-Str. 48, 04275 Leipzig, www.nato-leipzig.de

UniSono Leipzig
Gemischter Hobbychor, der Lieder aus verschiedenen Epochen und Musikstilen singt.
Adresse: Probenraum Peterskirche, Schletterstr. 5, 04107 Leipzig, unisono@ist-einmalig.de

Freizeitangebote

Andreaskirchgemeinde
Weil die 1893 geweihte neugotische Andreaskirche 1958 aufgrund starker Beschädigungen durch Bombenangriffe im Zweiten Weltkrieg abgerissen wurde, trifft sich die Gemeinde im Pavillon der Hoffnung, Messehalle 14 auf dem alten Messegelände. Das Gemeindehaus, 1937 fertiggestellt, wird regelmäßig für Veranstaltungen wie Seminare, Familienarbeit, Kinderarbeit sowie von Gastgemeinden genutzt.
Adresse: Scharnhorststr. 21, 04275 Leipzig, www.kirche-leipzig.de/gemeinde/andreaskirchgemeinde-suedvorstadt/

Bethlehemgemeinde
Die Bethlehemgemeinde verfügt über einen großzügigen Gemeindesaal für über 250 Besucher. Ein Kirchenneubau auf dem angrenzenden Grundstück wurde durch die Widrigkeiten zweier Weltkriege und zuletzt leere Kirchenkassen immer wieder verhindert.
Adresse: Kurt-Eisner-Str. 22, 04275 Leipzig, www.kirche-leipzig.de/gemeinde/bethlehemkirchgemeinde-suedvorstadt/

▸ Bibliothek Südvorstadt „Walter Hofmann"
Adresse: Steinstraße 42, 04275 Leipzig, 🌐 www.stadtbibliothek.leipzig.de/unsere-bibliotheken/bibliothek-suedvorstadt-walter-hofmann

▸ Haus Steinstraße e. V.
Soziokulturelles Zentrum für Kultur, Bildung und Kontakte.
Adresse: Steinstr. 18, 04275 Leipzig, 🌐 www.haus-steinstrasse.de

▸ tanzZenit e. V.
Verein zur Pflege und Förderung des zeitgenössischen Tanzes, des modernen Tanzes und der Improvisation als Bühnentanzkunst
Adresse: Arndtstr. 64, 04275 Leipzig, 🌐 www.tanzzenit.de

▸ Verband Jahrfeier Völkerschlacht b. Leipzig 1813 e. V.
Vorbereitung und Durchführung von Veranstaltungen zu den Jahrfeiern der Völkerschlacht 1813.
Adresse: Karl-Liebknecht-Str. 123, 04275 Leipzig, 🌐 www.leipzig1813.com

Galerien und Museen

▸ artpa e. V.
Galerie als Plattform für junge Gegenwartskunst, räumliches Netzwerk zum Experimentieren mit verschiedenen künstlerischen Stilen
Adresse: Kantstr. 18, 04275 Leipzig, 🌐 www.galeriekub.de

Natur und Landschaft

▸ Fockeberg
Als nach Bombenangriffen 1943 und 1944 große Teile Leipzigs in Schutt und Asche lagen, fuhr man sie mit einer Trümmerbahn in die Südvorstadt. Dabei wuchs am Auewald eine Halde, die bald Fockeberg genannt wurde und Mitte der 1950er-Jahre Material für den Bau des Zuschauerwalles am Zentralstadion abgab. Im Laufe der Zeit entstand ein Hügel mit wild wachsenden Büschen und Bäumen. Inzwischen führt ein Asphaltweg zum Plateau. Unten kann man auf einer Paul Fröhlich gewidmeten Bank Platz nehmen. Sie setzt dem 2009 viel zu früh bei einem Unfall verstorbenen Erfinder zahlreicher Open-Air-Events, wie dem Seifenkistenrennen „Prix de Tacot" oder dem Fockeberg-Zeitfahren, ein Denkmal.
Adresse: Fockestraße, 04107 Leipzig

▸ Picknickplatz Tal der Weißen Elster
Idyllisch am Wasser, Nähe Brücke an der Wundtstraße
Adresse: Wundtstraße, 04275 Leipzig

Sportangebote

▸ Galopprennbahn Scheibenholz/ Leipziger Reit- und Rennsportverein Scheibenholz e. V.
Pferdesport und -rennen
Adresse: Rennbahnweg 2 a, 04107 Leipzig, 🌐 www.scheibenholz.com

▸ Wassersportanlage Schleußiger Weg/ SG LVB e. V.
Kanusport und öffentlicher Bootsverleih am Leipziger Eck, dem Zusammenfluss von Elsterflutbett und Pleiße
Adresse: Schleußiger Weg 2, 04275 Leipzig, 🌐 www.kanu-lvb.de

Kleingarten

▸ KGV „Südvorstadt" e. V.
Mit 109 Parzellen
Adresse: Schleußiger Weg 2, 04275 Leipzig, 🌐 www.stadtverband-leipzig.de/kgv-reichsbahn-connewitz-e-v/

Holzhausen

(Stadtbezirk Südost)

Am beschaulichen Holzhausen überrascht, dass es mit knapp 13 Quadratkilometern seit der Eingemeindung 1999 einer der flächenmäßig größten Stadtteile von Leipzig ist. Zum einstigen Straßenangerdorf gehört seit 1934 auch das im 7. Jahrhundert als Sorbisches Rundangerdorf gegründete Zuckelhausen. Die beiden sehr verschiedenen Dorfkerne sind noch gut erkennbar. Den von Zuckelhausen dominiert eine romanische Kirche aus dem 12. Jahrhundert. Es gibt hier vor allem Einfamilienhäuser, kleine Villen sowie einige Gutshöfe ehemaliger Großgrundbesitzer. Gartenbau und Landwirtschaft waren viele Jahre die Haupteinkommensquellen der Bewohner, die noch heute betonen, dass um 1900 die Apfelsorte „Edler von Leipzig" hier gezüchtet worden ist. In den vergangenen 30 Jahren zogen vor allem junge Familien her, die die ruhige Lage am grünen Stadtrand von Leipzig ebenso schätzen wie die gute Verkehrsanbindung. Weithin sichtbar ist ein Fernmeldeturm der Deutschen Telekom AG, mit 134 Metern das zweithöchste Gebäude der Stadt und auch eine der sechs Regionalzentralen des Deutschen Wetterdienstes hat hier ihren Sitz.

Sehenswert

▸ Kirche Holzhausen

Mitten auf der Hauptstraße teilen sich die Fahrspuren und führen behutsam an der Kirche vorbei. Ihr erster Bau aus dem 12. Jahrhundert brannte 1813 während der Völker-

Die Hauptstraße von Holzhausen mit Kirche.

schlacht nieder. An gleicher Stelle entstand 1818 eine neue, die ihren Turm 1857 erhielt. Die Orgel baute der Delitzscher Orgelbauer Lochmann. Auffällig innen sind die klassizistische Gestaltung mit Farben in Weiß, Rosé, Apfelgrün und Gold sowie die von Professor Schulze aus Leipzig entworfenen, 1913 von der Firma Stockinger angefertigten Kirchenfenster.
Adresse: Hauptstraße, 04288 Leipzig, kirchgemeinde-holzhausen.de

▸ Kirche Zuckelhausen

Bereits im 12. Jahrhundert als romanischer Saalbau errichtet, ist sie heute das älteste Gebäude im Dorf. Den Altar baute Matthias Schiffner 1957 ein. Weithin sichtbar ist das Fachwerk des Turmes mit dem Glockenstuhl, wo die Gemeinde im Sommer 2005 eine neue Bronzeglocke einweihte.
Adresse: Zuckelhausener Ring, 04288 Leipzig, 🌐 www.kirche-leipzig.de/gemeinde/holzhausen-kirche-zuckelhausen/

▸ Rumänisch-Orthodoxe Kirche St. Georg

Seit der Weihe dieser neuen Kirche 2015 in Zuckelhausen finden hier in der Kapelle des Heiligen Georgi die Gottesdienste der Rumänisch-orthodoxen Gemeinde sowie die

Göttliche Liturgie der Griechisch-Orthodoxen Gemeinde von Leipzig statt
Adresse: Russenstr. 194, 04288 Leipzig, www.parohia-leipzig.com

Österreicherdenkmal

100 Jahre nach der Völkerschlacht wurde in Leipzig 1913 das Völkerschlachtdenkmal eingeweiht und in Holzhausen als Beitrag Österreichs zu den Feierlichkeiten ein bronzener kaiserlicher Doppeladler als Denkmal aufgestellt.
Adresse: Kolmberg, Gemarkung Holzhausen

Die Windmühle in Holzhausen.

Freizeitangebote

Bibliothek Holzhausen

Adresse: Arthur-Polenz-Str. 12, 04288 Leipzig, www.stadtbibliothek.leipzig.de/holzhausen

Heimatverein Holzhausen e. V.

Das Berggut in Zuckelhausen, eines der ältesten Bauwerke des Ortes und letzter noch erhaltener Teil eines Dreiseitenhofes, ist die Begegnungsstätte des Heimatvereins Holzhausen.
Adresse: Zuckelhausener Ring 17, 04288 Leipzig, www.berggut.de

Kinder- und Jugendfreizeitzentrum Holzhausen/Columbus Junior e. V.

Offener Kinder- und Jugendtreff mit Freizeit- und Sportangeboten wie Fußballspielen auf dem Bolzplatz, Musikhören oder kreatives Gestalten.

Weithin zu sehen: der Fernmeldeturm.

Adresse: Arthur-Polenz-Str. 12, 04288 Leipzig, 🌐 www.clubholzhausen.de

Kunst und Kultur

▸ ☺ **Jugend- & Blasorchester Leipzig e.V.**
Neben den drei Hauptorchestern (Symphonisches Blasorchester Leipzig, ISKRA Oldstars und Pfiffige Musikusse) finden sich Musiker auch in kleineren Ensembles zusammen.
Adresse: Orchesterbüro, Arthur-Polenz-Str. 12, 04288 Leipzig, 🌐 www.jbo-leipzig.de

Das Denkmal der Stätte des Kampfes zwischen Klenau und Macdonald.

▸ **Orchester Holzhausen e.V.**
Das Blasorchester ist Mitglied im Sächsischen Blasmusikverband und anerkannter Träger der freien Jugendhilfe.
Adresse: Ferdinand-Jost-Str. 35, 04299 Leipzig, 🌐 www.orchester-holzhausen.de

Sportangebote

▸ **FC Eintracht Holzhausen 1993 e.V.**
Fußball
Adresse Spielstätten: Sportplatzanlage Holzhausen, Arthur-Polenz-Straße und Emil-Altner-Weg 45, 04288 Leipzig, 🌐 www.eintracht-holzhausen.de

▸ **TTC Holzhausen e.V.**
Tischtennis
Adresse: Christian-Wille-Weg 36, 04316 Leipzig, Training Sporthalle Hauptstr. 37, 04288 Leipzig, 🌐 www.ttc-holzhausen.de/

▸ **Kegelverein Holzhausen/ SV Holzhausen e.V.**
Gymnastik, Judo, Kegeln
Adresse: Kegelbahn Holzhausen, Hauptstraße 37, 04288 Leipzig, 🌐 www.holzhausen-sachsen.de/info/kegelverein

▸ **Sporthalle Holzhausen**
Adresse: Emil-Altner-Weg 50, 04288 Leipzig, 🌐 www.leipzig.de/detailansicht-adresse/sporthalle-holzhausen

Kleingärten

KGV Auf der Höhe e.V. mit 105 Parzellen; Steinbergstr., 04288 Leipzig, 🌐 www.kleingarten-leipzig.de
KGV Wochenend e.V. mit 41 Parzellen; Baalsdorfer Str. 55, 04288 Leipzig, 🌐 www.kleingarten-leipzig.de/kreisverband/vereine/wochenend-e-v/

Liebertwolkwitz

(Stadtbezirk Südost)

Die fast 1000-jährige Gemeinde, eine der ältesten Siedlungen der Region, wurde 1999 eingemeindet. Die Einwohner nennen sie „Wolks" und sich selbst nicht ohne Stolz „Wolkser".
Aufgrund seiner exponierten Lage war Ersterer Teil der Königlich-Sächsischen Triangulation. Die Geschichte ist deutlich von der Völkerschlacht geprägt und das bis heute: Am Abend des 18. Oktober trafen sich die drei verbündeten Monarchen Kaiser Franz I. von Österreich, der russische

Zar Alexander I. und König Friedrich Wilhelm III. von Preußen hier auf einer Anhöhe, die nunmehr Monarchenhügel heißt. Der Oberbefehlshaber der verbündeten Streitkräfte, Fürst Karl Philipp zu Schwarzenberg, überbrachte ihnen die Siegesbotschaft über Napoleon.
Zum jährlichen Heimatfest um dieses Datum herum ist ganz Wolks auf den Beinen. Dann „reist" der Ort wieder ins Jahr 1813 und macht die Tage kurz vor der entscheidenden Schlacht gegen Napoleons Armee erlebbar. Zu besonderen Jubiläen reisen Interessengruppen und Mitglieder militärhistorischer Vereine aus den damals beteiligten Ländern an.

Rathaus/ Bürgerbüro Liebertwolkwitz
Liebertwolkwitzer Markt 1
04288 Leipzig
www.leipzig.de/buergerbuero

Sehenswertes

Das Schwarzenberg-Denkmal, ein weiteres direkt auf dem Monarchenhügel und eins auf dem Galgenberg erinnern an den Befehlsstand Napoleons am 16. Oktober 1813.

Der Liebertwolkwitzer Markt.

Apelsteine zeichnen den damaligen Schlachtverlauf nach.
Ein Gedenkstein für die hohen Verluste in einem Reitergefecht der Völkerschlacht sowie ein Denkmal zum Gedenken der Opfer der beiden Weltkriege mahnen auf dem Kirchhof.

▸ Teichmann-Denkmal
Denkmal sowie die nach Friedrich Teichmann benannte Teichmannstraße sind dem Gründer der Sparkasse zu Liebertwolkwitz gewidmet.
Adresse: Marktplatz, 04288 Leipzig

▸ Gedenkstein im Josef-Sliwanski-Hain
Gewidmet den Opfern des Faschismus
Adresse: Josef-Sliwanski-Hain, 04288 Leipzig

▸ Evangelisch-lutherische Kirche Liebertwolkwitz
Die Dorfkirche entstand auf romanischer Substanz nach einem Brand von 1575 als rechteckiger Saalbau mit eingezogenem Ostchorabschluss und breitem Westturm errichtet. 1702 erhielt dieser über dem Schiff eine achteckige Erhöhung und einen schönen Abschluss im Barockstil mit einer Laterne zwischen großer und kleiner Haube. Die Innengestaltung mit Kanzelaltar von 1908, unter Verwendung der klassizistischen Ausstattung, prägt teilweise heute noch den Kirchenraum.
Adresse: Kirchstr. 1, 04288 Leipzig, www.kirche-liebertwolkwitz.de

▸ Rathaus
Das denkmalgeschützte Rathaus im historischen Ortskern wurde um 1841 erbaut.

Adresse: Liebertwolkwitzer Markt, 04288 Leipzig, 🌐 www.liebertwolkwitz.de

▸ **Wasserturm**
Wahrzeichen des Ortes, 52,5 Meter hoch und damit das höchste Gebäude von Liebertwolkwitz. Der heute unter Denkmalschutz stehende Turm wurde 1903/04 errichtet und ab 2017 zum Wohnturm umgebaut.

Ein denkmalgeschütztes Bauerngehöft in der Teichmannstraße.

Freizeitangebote

▸ **Orchester Liebertwolkwitz e. V.**
Das Repertoire ist eine breite Palette klassischer, volkstümlicher und zeitgenössischer Musik.
Adresse: Störmthaler Str. 7, 04288 Leipzig, 🌐 https://blasorchester-liebertwolkwitz.jimdofree.com/

▸ **Heimatverein Liebertwolkwitz e. V.**
Lesungen und Vorträge auf kulturellen und historischen Gebieten; Diavorträge; Ausstellungen, Exkursionen, jährliches Heimatfest mit Festumzug
Adresse: Badergasse, 04288 Leipzig, 🌐 www.liebertwolkwitz.de

▸ **Hofgenossenschaft Stiftsgut Liebertwolkwitz e.G./Wolkser Höfe**
Erklärtes Ziel der Genossenschaft sind die Erhaltung und der Ausbau des historisch bedeutenden Grundstücks Liebertwolkwitzer Markt 11 zum Zweck der touristischen Vermarktung des Themas „Leben um 1800". Anstelle des denkmalgeschützten Wohngebäudes mit Seitenflügel, das die Stadt Leipzig 2006 abreißen ließ, entstand auf dem Stiftguts-Hof die Neue Scheune 2014 als Event- und Veranstaltungsort.
Adresse: Markt 11, 04288 Leipzig, 🌐 www.hofgenossenschaft.de

Museen, Galerien

▸ **Vereinshaus Alte Tauchaer Straße 1**
Das unter Denkmalschutz stehende Haus ist Sitz des Interessenvereins „Völkerschlacht bei Leipzig 1813 e. V.", Museum und Ausstellung befinden sich derzeit im Umbau.
Adresse: Alte Tauchaer Str. 1, 04288 Leipzig, 🌐 www.voelkerschlacht1813.de

Sportangebote

▸ **Sportverein Liebertwolkwitz e. V.**
Verschiedene Sektionen von Aikido bis Volleyball
Adresse: Sportplatzanlage Liebertwolkwitz, Prager Str. 440, 04288 Leipzig, 🌐 www.sv-liebertwolkwitz.de

Natur und Landschaft

Liebertwolkwitz weist mit dem Galgenberg (168 m ü. NHN) und dem historisch bedeutsamen Monarchenhügel (160 m ü. NHN) die beiden höchsten natürlichen Erhebungen der Stadt auf.

Im Süden Liebertwolkwitz' entspringt der Schaukelgraben – ein Bach, der den gesamten Ort in nordöstliche Richtung durchfließt und in den Pösgraben mündet. Dieser bildet seinerseits eine natürliche Grenze zwischen Liebertwolkwitz und Holzhausen.

Kleingärten

KGV Naturfreunde e. V. mit 120 Parzellen; Störmthaler Str. 60, 04288 Leipzig, https://kleingarten-leipzig.de/kreisverband/vereine/naturfreunde-e-v-liebertwolkwitz/
KGV Fortschritt e. V. mit 91 Parzellen; An der Brauerei 27, 04288 Leipzig, https://kleingarten-leipzig.de/kreisverband/vereine/fortschritt-e-v-liebertwolkwitz/
KGV Springer'sche Gärten e. V. mit 95 Parzellen; An der Brauerei, 04288 Leipzig, https://kgv-springerschegaerten.jimdofree.com

Veranstaltungen und Feste

Heimatfest mit Festumzug
Findet jährlich Mitte/Ende Oktober statt und wird vom Heimatverein Liebertwolkwitz e. V. organisiert.
Info: www.liebertwolkwitz.de

Historischer Maienmarkt
Findet Anfang Mai statt. Die Hofgenossenschaft Stiftsgut Liebertwolkwitz greift seit 2009 jährlich die Tradition auf, dass im Jahr 1679 Liebertwolkwitz die Marktgerechtigkeit erhalten hat.
Info: www.hofgenossenschaft.de

Märkte

Wochenmarkt
freitags 8 bis 13 Uhr

Meusdorf

(Stadtbezirk Südost)

In der 1910 nach Leipzig eingemeindeten Siedlung wurden in den 1930er-Jahren 400 gleich aussehende Doppelhäuser mit 800 Siedlerstellen zu je 800 bis 1000 Quadratmetern Fläche gebaut, die den Stadtteil heute noch prägen. Neben der Leinesiedlung gehören zwei weniger gut beleumdete Einrichtungen zum Stadtteil: die Justizvollzugsanstalt für männliche Jugendliche und Erwachsene sowie das Haftkrankenhaus. Zudem hängt die Geschichte auch in diesem südöstlichen Ortsteil an der Völkerschlacht von 1813: Vom Galgenberg aus beobachtete Napoleon die Kämpfe der Schlacht bei Wachau. Am Abend des 18. Oktober weilten die drei verbündeten Monarchen, Kaiser Franz I. von Österreich, der russische Zar Alexander I. und König Friedrich Wilhelm III. von Preußen auf der seitdem Monarchenhügel genannten Erhebung östlich von Meusdorf.

An der Prager Straße steht im Meusdorfer Park diese Säule mit Löwen-Skulptur. Auf einer Seite ist das Leipziger Wappen eingraviert, auf einer anderen die Inschrift Leipzig.

Sehenswertes

▸ Schwarzenberg-Denkmal auf dem Monarchenhügel
Auf Meusdorfer Flur ließen 1838 die Gattin und die drei Söhne des Oberbefehlshabers der verbündeten Streitkräfte, Fürst Karl Philipp zu Schwarzenberg, der die Siegesbotschaft über Napoleon verkündet hatte, einen Granitquader auf einer Fundamentplatte als Denkmal errichten.

Sportangebote

▸ L. E. Sport e. V.
Badminton, Gymnastik, Klettern, Fitnesssport
Adresse: Sporthalle Lene Voigt, Höltystr. 51, 04289 Leipzig, 🌐 www.le-sport.de

Kleingärten

KGV Park Meusdorf e. V. mit 17 Parzellen; Jack-London-Weg, 04289 Leipzig, 🌐 www.kgvparkmeusdorf.de

Probstheida

(Stadtbezirk Südost)

Das Straßenangerdorf Heida ging im 13. Jahrhundert an das Leipziger Augustiner-Chorherrenstift und bekam dadurch den Zusatz „Probst". In der Völkerschlacht 1813 erlangte Probstheida eine Schlüsselstellung, die bis heute nachhallt: Mehrfach wurde es von preußisch-russischen Truppen gestürmt, am Ende steckten die französischen Soldaten das durch die Kämpfe bereits zerstörte Dorf in Brand. Kirche und Gebäude wurden später wiedererrichtet. Seit 1910 gehört Probstheida zu Leipzig.

Sehenswertes

▸ Napoleonstein
Unweit des Völkerschlachtdenkmals markiert der Napoleonstein den Standort des Heerführers und seines Stabes in den Schicksalsstunden des 18. Oktober 1813. Napoleon hatte den Mühlenhügel der Tabaksmühle am Thonberg ausgewählt. Leipziger Bürger wollten den Platz erhalten und setzten 1832 mit einem schlichten Stein ein erstes Zeichen. 1857 erhielt Napoleon ein größeres Denkmal, das 1953 die jetzige Inschrift eingemeißelt erhielt.
Adresse: An der Tabaksmühle/Ecke Friedhofsweg, 04299 Leipzig

▸ Völkerschlachtdenkmal
Es ist *das* Wahrzeichen der Stadt und prägt die Silhouette. Vom Sockel bis zur Plattform in 90 Metern Höhe führen 501 Stufen. Eingeweiht wurde es am 18. Oktober 1913 im Beisein des deutschen Kaisers Wilhelm II. und des sächsischen Königs. Der Weg zum Denkmal führt am „See der Tränen" vorbei, einem 162 x 79 Meter großen Wasserbecken, in dem es sich spiegelt.
Adresse: Straße des 18. Oktober 100, 04299 Leipzig,
🌐 www.voelkerschlachtdenkmal.eu
Kontakt: Stadtgeschichtliches Museum Leipzig, 🌐 www.stadtgeschichtliches-museum-leipzig.de

▸ Lene-Voigt-Straße
Ein weiteres markantes Gebäude in Probstheida ist das zehngeschossige Wohnhaus mit 800 Wohnungen, das mit seinen 330 Metern das längste durchgängige Wohngebäude Deutschlands sein soll. 1970 wohnte darin etwa ein Drittel der Probstheidaer. Neue Siedlungsgebiete mit Ein- und Mehrfamilienhäusern entstanden im Stadtteil nach der Wiedervereinigung. Mit Herzzentrum, Suchtklinik und

Das Völkerschlachtdenkmal bei Nacht.

Parkkrankenhaus ist Probstheida auch ein wichtiger Krankenhausstandort.
Adresse: Lene-Voigt-Str. 2–8, 04288 Leipzig

Museen

▸ Forum 1813 am Völkerschlachtdenkmal
Adresse: Straße des 18. Oktober 100, 04299 Leipzig,
www.voelkerschlachtdenkmal.eu

Freizeitangebote

▸ Denkmalchor Leipzig e. V.
Gemischter Chor, der im Völkerschlachtdenkmal durch Aufführungen weltlicher und geistlicher Vokalmusik aufgrund der besonderen akustischen Verhältnisse und eines außergewöhnlichen Raumklangs einzigartige musikalische Erlebnisse vermittelt.
Info: www.denkmalchor.de

▸ Kinder- und Jugendfreizeitzentrum (KJFZZ)/Bürgerverein Probstheida
Offene Kinder- und Jugendarbeit
Adresse: Franzosenallee 23, 04289 Leipzig,
www.slp-probstheida.de

Natur und Landschaft

▸ Park am Völkerschlachtdenkmal
Das Völkerschlachtdenkmal befindet sich auf einem teils aus Schutt bestehenden Hügel. Vorgelagert ist ein großer hofartiger Bereich, von monumentalen Wällen eingerahmt. Im großen Wasserbassin, dem „See der Tränen", spiegelt sich das Monument. Der nördliche Zugang wird von massiv wirkenden Torbauten flankiert. Über die hier integrierten Treppen gelangt man zu einer Umgangspromenade auf mittlerer Höhe der Wälle. Auf ihrer Krone befindet sich ein weiterer, von Krimlinden gerahmter Weg.
Adresse: Friedhofsweg 3, 04299 Leipzig

▸ Park und Gedenkort an der Etzoldschen Sandgrube
Dieser idyllische Park inmitten eines Landschaftsschutzgebietes neben der vielbefahrenen Prager Straße beeindruckt

nicht nur mit ausgedehnten Wiesenflächen und Gehölzen, sondern auch als Gedenkort an die Sprengung der Universitätskirche St. Pauli. Im Jahre 1968 wurden nach der Sprengung der intakten Kirche deren Steine hierhergefahren und zu einem Trümmerberg angehäuft, der die Erinnerung an den barbarischen Akt auslöschen sollte. Erst nach 1990 entstand auf dem Plateau ein Freiraum, der das Prinzip der nach oben führenden Stufen unvermittelt umgekehrt: Eine Betonkante in Sitzhöhe umgrenzt ihrerseits einen ellipsenförmig abgesenkten Platz. Hier wurde eine sensitive Fläche installiert, die Bewegungen und Schritte registriert. Zu erleben ist eine bewegende Klanginstallation des Künstlers Erwin Stache mit Stimmen von Zeitzeugen, Orgelpfeifen und Stadtgeräuschen, an- und abschwellende Töne, die plötzlich – als Hinweis auf das plötzliche Verschwinden des Sakralbaus – abrupt verstummen.
Adresse: Prager/Augustinerstr., 04288 Leipzig, 🌐 www.leipzig.de/freizeit-kultur-und-tourismus/parks-waelder-und-friedhoefe/parks-und-gruenanlagen/park-an-der-etzoldschen-sandgrube

▸ Südfriedhof
Direkt neben dem Völkerschlachtdenkmal ließen der Stadtbaurat und Architekt Hugo Licht (1841–1923) und Gartendirektor Carl Otto Wittenberg (1834–1918) um 1900 diesen Friedhof mit der Wegeführung in Form eines Lindenblattes anlegen. Der am 1. Juni 1886 eröffnete Südfriedhof ist mit 78 Hektar Fläche der zweitgrößte Hain- und Parkfriedhof Deutschlands. Sehenswert sind die monumentale Kapellenanlage mit Krematorium und dem 63 Meter hohen Glockenturm sowie Gräber von bedeutsamen Leipziger Persönlichkeiten. Grabmäler von Künstlern wie Max Klinger oder Carl Seffner haben einen hohen historischen Wert. Die erste Bestattung von 1886 hat heute wie damals noch in der Abteilung I ihren Platz. Seit 2011 können im einzigartigen Kolumbarium auf der Rückseite der Kapellenanlage wieder Urnen bestattet werden.
Adresse: Friedhofsweg 3, 04299 Leipzig/ Eingang Prager Str. 210, 04289 Leipzig, 🌐 www.voelkerschlachtdenkmal.eu

Sportangebote

▸ Bruno-Plache-Stadion/1. FC Lokomotive Leipzig e. V.
Fußball
Adresse: Connewitzer Str. 21, 04289 Leipzig, 🌐 www.lok-leipzig.com

Die Arkadengänge auf dem Südfriedhof.

▸ Sportplatzanlage Prager Straße/ ATV zu Leipzig von 1845 e. V.
Fußball, Tennis, Hockey
Adresse: Gerhard-Langner-Weg 1, 04299 Leipzig, 🌐 www.atv1845.de

Kleingärten

KGV Probstheida e. V. mit 571 Parzellen; Zum Förderturm 85, 04289 Leipzig, 🌐 www.kgv-probstheida.de
KGV Alt-Probstheida e. V. mit 54 Parzellen; Crednerstr. 15, 04289 Leipzig, 🌐 www.alt-probstheida.de

Reudnitz-Thonberg

(Stadtbezirk Südost)

Nahe am Zentrum der Stadt gibt es hier neben Parks und Grünanlagen die Sternburg-Brauerei mit ihrem seit 1822 gebrauten Kultbier „Sterni", ein großes Kino und das Technische Rathaus. Derzeit entsteht auf dem Areal Gerichtsweg/Ecke Reichpietschstraße unter Einbeziehung der denkmalgeschützten ehemaligen Empfangshalle des Eilenburger Bahnhofs ein neues, modernes Bildungszentrum.
Im Dezember 2009 wurden im technischen Rathaus mehrere technische Ämter wie das Amt für Umweltschutz oder das Verkehrs- und Tiefbauamt sowie Teile des Sozialamtes der Stadt, auch der Melde- und Bürgerservice am gemeinsamen Standort zusammengeführt.

Technisches Rathaus
Prager Str. 118–136,
04317 Leipzig
www.leipzig.de/buergerservice-und-verwaltung/aemter-und-behoerdengaenge/technisches-rathaus

Bürgerverein Leipzig Ostvorstadt e. V.
Dresdner Str. 82
04317 Leipzig
www.bvostvorstadt.de

Sehenswertes

Neuapostolische Kirche Leipzig-Mitte
Nach nur 15-monatiger Bauzeit wurde die Kirche am 9. Juni 1912 durch Stammapostel Niehaus geweiht. Die architektonische Gestaltung stand ganz im Zeichen der Gründerzeit, beeinflusst vom Jugendstil. Nach dem Zweiten Weltkrieg und starken Zerstörungen erfuhr die Kirche innen eine erste, in den 1990er-Jahren eine zweite Neugestaltung. Die historische Silhouette blieb erhalten. Durch den gläsernen Anbau sowie den Abriss einer Mauer öffnete sich die Kirche zum angrenzenden Park.
Adresse: Sigismundstr. 5, 04317 Leipzig, www.leipzig-mitte.nak-nordost.de

Golden glänzt die Kuppel der Russischen Kirche.

Russische Gedächtniskirche St. Alexej
Schon von weitem glänzt der 55 Meter hohe Turm des zweigeschossigen Kirchenbaus mit seiner vergoldeten Zwiebelkuppel. Die 1913 errichtete russisch-orthodoxe Gedächtniskirche dient dem Gedenken an die 22 000 russischen Soldaten, die während der Völkerschlacht 1813 bei Leipzig fielen. Sie wurde mit russischen Spenden finanziert und 1913, dem 100. Jahrestag der Völkerschlacht, eingeweiht. Ihre Architektur im Nowgoroder Stil lehnte der Architekt Wladimir A. Pokrowski

(1871–1931) an die Christi-Himmelfahrtskirche in Moskau Kolomenskoje an. Innen beeindrucken eine 18 Meter hohe Ikonenwand, ein großer Bronzeleuchter sowie originale Reiterfahnen von 1813.
Adresse: Philipp-Rosenthal-Str. 51 a, 04103 Leipzig, 🌐 www.russische-kirche-l.de

▸ Russischer Pavillon Alte Messe
Nur echt mit goldener Spitze und rotem Sowjetstern auf dem Portikus, ab 1950 offizieller Sitz sowjetischer Aussteller, heute Außenstelle des Stadtarchivs.
Adresse: Alte Messe/Halle 12, 04103 Leipzig

Im denkmalgeschützen Sowjetischen Pavillon auf dem ehemaligen Messegelände hat das Stadtarchiv eine Außenstelle.

Kunst und Kultur

▸ Gesellschaft für zeitgenössische Lyrik e. V.
Neben offenen literarischen Veranstaltungen betreut der Verein die Leipziger Lyrikbibliothek, eine Sammlung zeitgenössischer internationaler Poesie, und ediert seit März 2007 halbjährlich die Zeitschrift Poesiealbum neu in der „Edition kunst & dichtung".
Adresse: Haus des Buches, Gerichtsweg 28, 04103 Leipzig, 🌐 www.lyrikgesellschaft.de

▸ Kabarett Leipziger Brettl
Sachsens Solo-Bühne im Clown-Museum Leipzig, gegründet von Steffen Lutz Matkowitz
Adresse: Breite Str. 22, 04317 Leipzig, 🌐 www-leipzigerbrettl.de

Freizeitangebote

▸ Bibliothek Reudnitz
Adresse: Dresdner Straße 78–80, 04317 Leipzig, 🌐 www.stadtbibliothek.leipzig.de/reudnitz

Natur und Erholung

▸ Botanischer Garten
Im historischen Ambiente des mit insgesamt 3,5 Hektar großzügig angelegten Areals gedeihen mehr als 10 000 Pflanzenarten unter heimischen Bedingungen. Im Jahre 2004 fand eine zwölf Jahre dauernde Sanierungsphase ihr Ende, die auch das Wegesystem und den teilweisen Neubau des Gewächshauskomplexes einschloss. Das Herbarium der Universität hat hier ebenso seinen Platz wie seit Juli 1996 ein Schmetterlingshaus. Zudem gehören ein Apothekergarten sowie ein Duft- und Tastgarten auf dem Gelände des benachbarten Friedensparks zum Botanischen Garten. Exotische Bäume, die erhaltenen Teile des Gewächshauskomplexes, die Einfassungsmauer an der Johannisallee und das klassizistische Verwaltungsgebäude erinnern an seine Tradition.
Adresse: Linnéstr. 1, 04103 Leipzig, 🌐 www.lw.uni-leipzig.de/botanischer-garten

Der Botanische Garten mit dem Hauptgewächshaus.

▸ Lene-Voigt-Park

Diese etwa 11 Hektar große Anlage, Park mit Spiel- und Sportplätzen, Radwegen, alten Bäumen und jungem Grün, entstand nach 2000 aus einem ehemaligen, verfallenen Areal des Eilenburger Bahnhofs, benannt nach der sächsischen Mundartdichterin Lene Voigt. Längs durchmisst eine Promenade den Park. Auffallend sind großzügig verwendete Leuchten und eine Gabionenmauer mit integrierten Bänken sowie Hainbuchenhecken samt Spiel-, Sport- und Aktionsbereichen. Am östlichen Abschluss findet sich ein alter Lokschuppen. Seitlich schließt sich die als Grünzug gestaltete Anger-Crottendorfer Bahnschneise an.

Adresse: Gerichtsweg/Eilenburger Straße, 04103 Leipzig

▸ Friedenspark

Die Entwicklung vom Friedhof zum Erholungspark steht dafür, dass hier 1973 bis 1975 der Neue Johannisfriedhof säkularisiert, seine Gräber eingeebnet, das Terrain umgestaltet und zum Friedenspark ernannt wurde. Dabei wurde der Friedhof nach 1846 zum zeitweise bedeutendsten Begräbnisplatz der Stadt mit zahlreichen geschichtlich und kunsthistorisch interessanten Grabmalen, wie denen der Verlegerfamilie Brockhaus oder von Johann Philipp Reclam, entwickelt. Am 31. Dezember 1970 wurde die Anlage für die Öffentlichkeit geschlossen. Umbettungen waren privat zu finanzieren. Markante Details wie das aufwändige nördliche Eingangstor, ein Rest der Umfassungsmauer mit einigen erhaltenen Wandstellen-Grabmalen und im rechten Winkel zueinander angeordnete Gehölze erinnern an die ursprüngliche Bestimmung. Mauern und Grabmalreste wurden zu einem Rodelberg zusammengeschoben, besonders wichtige Grabplatten zum Alten Johannisfriedhof transportiert. Das Areal ergänzen der Apothekergarten

der Universität mit 300 Arznei-, Heil- und Giftpflanzen, ein Duft- und Tastgarten sowie eine liebevoll angelegte Gedenkstätte für „Schmetterlingskinder".
Adresse: Linné-/Liebigstr., 04103 Leipzig

‣ Reudnitzer Park
Dieser einstige Friedhof, 1843 in der selbstständigen Gemeinde Reudnitz angelegt, lässt bis heute reihen- und rasterförmig angeordnete Gehölze erkennen, die an Gräberfelder erinnern. Nach einem Plan von 1882 wurde die Fläche zur „innerörtlichen Grünfläche" bestimmt. Zuerst entstand ein Schmuckplatz, nach dem Ende der Liegezeiten und der Säkularisation dann ein offenes, unregelmäßiges Wegesystem, Sitzplätze und Spielbereiche.
Adresse: Täubchenweg, 04103 Leipzig

Freizeitangebote

‣ Chorgemeinschaft Gutenberg Leipzig e. V.
Gemischter Chor mit Repertoire von deutschen und europäischen Volksliedern über Klassik bis zu Gospels, Schlager, Musicals
Adresse: Probenort Johanniter-Akademie, Riebeckstr. 33, 04317 Leipzig,
🌐 www.gutenbergchor.jimdosite.com

‣ Kammerchor Leipziger Volkssing-akademie e.V.
Gemischter Chor mit Repertoire von geistlichen und weltlichen A-cappella-Werken von der Renaissance bis zur Gegenwart
Adresse: Probenort Johanniter-Akademie, Stötteritzer Str. 47, 04317 Leipzig,
🌐 www.leipziger-volkssing-akademie.de

‣ Thonkunst Leipzig
Inklusives A-cappella-Ensemble in der Diakonie am Thonberg. Das Repertoire spannt den Bogen von Madrigalen bis zu modernen Popsongs und Jazz.
Adresse: Eichlerstr. 2, 04317 Leipzig,
🌐 www.dat-leipzig.de/fuer-kunden-und-auftraggeber/kultur-und-kunst/thonkunst/

Freizeitangebote

‣ ☺ heARTbeats e. V.
Verein zur Förderung von Jugendkultur
Adresse: Hans-Poeche-Str. 2, 04103 Leipzig,
🌐 www.heartbeatsverein.jimdo.com

‣ Kohlrabizirkus
Als Stadtbaurat Hubert Ritter (1886–1967) seiner in den 1920er-Jahren gebauten Großmarkthalle eine Dachkonstruktion in Form von zwei Massivkuppeln aufsetzen ließ, nannten die Leipziger seine Konstruktion bald Kohlrabizirkus oder Busen. Seit dem Ende als Großmarkthalle in den 1990er-Jahren findet sie Verwendung als Eisdom, für Zirkusveranstaltungen, nächtliche Flohmärkte, Konzerte und Events.
Adresse: An den Tierkliniken 42, 04103 Leipzig, 🌐 www.kohlrabizirkus-leipzig.de

‣ Mühlstraße 14 e. V.
Soziokulturelles Stadtteilzentrum mit differenten Projekten und Workshops, zahlreichen Kursen und Veranstaltungen
Adresse: Mühlstr. 14, 04317 Leipzig,
🌐 www.muehlstrasse.de

‣ OSTPOL e. V.
Verein zur Förderung Internationaler Kulturprojekte
Adresse: Augustenstr. 20, 04317 Leipzig,
🌐 www.ostpol-leipzig.de

‣ ☺ Tap for Fun e. V.
Irish Dance zu irischer Folkloremusik und Kindertanzkurse ab 4 Jahre
Adresse: Trainingsdomizil Lipsiusstr. 47, 04317 Leipzig,
🌐 www.tapforfun-leipzig.de/

Museen und Galerien

▸ Clown-Museum Leipzig/Dipetos Welt der Clowns e. V.
Adresse: Breite Str. 22, 04317 Leipzig, 🌐 www.clown-museum.de

▸ Deutsches Buch- und Schriftenmuseum
Das 1884 gegründete Museum unter dem Dach der Deutschen Nationalbibliothek ist eine wissenschaftliche Stätte für Buchkultur und Mediengeschichte. Schließlich sind Bücher trotz oder gerade im digitalen Zeitalter Geschichts- und Kulturträger, Kunstwerke und Speichermedium. Parallel zur Dokumentation sind die Organisation von Ausstellungen und museumspädagogischen Programmen Anliegen des Museums.
Adresse: Deutscher Platz 1, 04103 Leipzig, 🌐 www.dnb.de/dbsm/

Kleingärten

KGV Reichsbahn Anger e. V. mit 36 Parzellen; Nerchauer Str. 3 a, 04317 Leipzig, 🌐 www.stadtverband-leipzig.de/kgv-reichsbahn-anger-e-v/
KGV Siegismund e. V. mit 239 Parzellen; Philipp-Rosenthal-Str. 51 b, 04103 Leipzig, 🌐 www.stadtverband-leipzig.de/kgv-siegismund-e-v/
Schreberverein Ostvorstadt e. V. mit 171 Parzellen; Holsteinstraße 46, 04317 Leipzig, 🌐 www.stadtverband-leipzig.de/schreberverein-ostvorstadt-e-v/

Veranstaltungen und Feste

▸ Trödel- und Antikmarkt Alte Messe
Jeden ersten Sonntag im Monat mit 50 bis 100 Händlern
Adresse: Alte Messe/Eingang Prager Straße, 04103 Leipzig, 🌐 www.leipzig-leben.de/antikmarkt-alte-messe-leipzig

Stötteritz

(Stadtbezirk Südost)

„Seichter Acker auf Felsengrund" – darauf geht der Name von Stötteritz zurück, das 1839 bis zur Eingemeindung 1910 eine eigenständige Gemeinde war. Noch im 18. Jahrhundert wurde vor allem Tabak angebaut, der sogenannte Stänkeriko. Gegen Ende des Jahrhunderts ließ ein reicher Kunstliebhaber aus den Flächen einen englischen Garten und aus dem Gutshof ein Sommerhaus gestalten. Die Industrialisierung brachte dem Ortsteil unter anderen auch eine Papiermühle, eine Brauerei, später das Fernmeldewerk. Bis auf einige Wohnkomplexe aus der Mitte des vorigen Jahrhunderts prägen „Strietz", wie seine Bewohner es gern nennen, vor allem Gründerzeithäuser, prächtige Villen und viel Grün. Interessantes versteckt sich auch hier vor allem in der zweiten und dritten Reihe.

Bürgerverein Stötteritz e. V.
Sommerfelder Str. 20
04299 Leipzig
🌐 www.buergervereinstoetteritz.de

Sehenswertes

▸ Marienkirche
Es ist die einzige Barockkirche im Stadtgebiet von Leipzig. Der evangelisch-lutherische Sakralbau wurde 1702/03 als einschiffige Saalkirche errichtet und gilt zudem als ältestes Gebäude in Stötteritz.
Adresse: Dorstigstr. 5, 04299 Leipzig, 🌐 www.marienkirche-leipzig.de

▸ Gustav-Schwabe-/Gregoryplatz
Seit 1903 steht hier, etwa 200 Meter vom Völkerschlachtdenkmal entfernt, eine

Pyramide aus 700 Gletschersteinen, die in der Eiszeit in der Gegend abgelagert wurden.
Adresse: Naunhofer/ Ludolf-Colditz-Straße, 04299 Leipzig

▸ Weißeplatz
Dieser Platz erinnert an Christian Felix Weiße (1726–1804), einst Gutsbesitzer und Kreissteuereinnehmer, Operndichter und Kinderbuchautor. Der Platz ist eine schöne Anlage mit Pflanz-, Spiel- und Rasenflächen, Linden, Weißdorn und Rosskastanien. Bei der Umgestaltung von 1994 blieben die kaiserzeitliche Bebauung ringsum, die alten Bäume und der Spielplatz (neu ausgestattet) erhalten.
Adresse: Weißeplatz, 04299 Leipzig

Das Wasserwerk in der Prager Straße.

Freizeitangebote

▸ 1. TSC Grün-Gold-Leipzig 1947 e. V.
Tanzunterricht Gesellschaftstanz, Hinführung zum Turniertanz Standard/Latein
Adresse: Geschäftsstelle Kolmstr. 72, 04299 Leipzig, 🌐 www.gruen-gold-leipzig.de

▸ Cantare Leipzig
Der gemischte Chor setzte den Schwerpunkt auf A-cappella-Chormusik, ohne sich auf Epochen oder Stilrichtungen festzulegen.
Adresse: Kolmstr. 58, 04299 Leipzig, 🌐 www.cantare-leipzig.de

Die Gletschersteinpyramide.

Gut und Kirche in Stötteritz.

Der Ambrosius-Barth-Platz an der Gletschersteinstraße.

▸ Centralpalast Lange Reihe
Konzerte und Events
Adresse: Lange Reihe 6, 04299 Leipzig,
www.enk-leipzig.de

▸ Freiluftgalerie Stötteritz
Kunstraum im Gartenatelier des Künstlers Günther Huniat
Adresse: Holzhäuser Str. 71, 04299 Leipzig, vorübergehend geschlossen

▸ Gutshof Stötteritz e. V./Begegnungszentrum Die Scheune
Die Scheune ist Spielstätte des Theaters „aHnungslos" und Veranstaltungssaal mit ca. 150 Quadratmetern auf zwei Ebenen für Seminare, Workshops und kleine Tagungen.
Adresse: Oberdorfstraße 15, 04299 Leipzig,
www.gutshof-stoetteritz.d

▸ Lebenszeiten Verein für Mädchen und Frauen e. V.
Begegnungen verschiedener weiblicher Generationen zum Austausch von Wissen und Erfahrungen zur Steigerung der Lebensqualität
Adresse: Melscherstr. 1, 04299 Leipzig,
www.lebenszeiten.org

▸ Mehrweg e. V.
Trägerverein für sozialpädagogische, sozialpsychiatrische und soziokulturelle Projekte zur Integration von Menschen mit und ohne Behinderung
Adresse: Lausicker Str. 61, 04299 Leipzig,
www.mehrweg-ev.de,
www.mitspielzeugmuseum.de

Sportangebote

▸ ASC Leipzig Hawks e. V.
American Football
Adresse: Weißestr. 22, 04299 Leipzig,
www.leipzig-hawks.de

▸ Schwimmhalle Südost
Adresse: Kolmstr. 35, 04299 Leipzig,
www.sportbaeder-leipzig.de

▸ SSV Stötteritz e. V.
Wassersport, Ballsport
Adresse: Oststr. 177, 04299 Leipzig,
www.ssvstoetteritz.de

▸ SV Brehmer Leipzig e. V.
Wassersport, Gymnastik, Ballsport
Adresse: Holzhäuser Str. 161, 04299 Leipzig,
www.svbrehmer-Leipzig.de

▸ WSG Probstheida e. V.
Badminton für Kinder ab 7 Jahre und Erwachsene
Adresse: Kommandant-Prendel-Allee 90, Training: Sporthalle Franz-Mehring-Schule, Gletschersteinstraße 9, 04299 Leipzig,
www.wsg-probstheida.de

Kleingärten

KGV Eigene Scholle e. V. mit 47 Parzellen; Pommernstr. 59, 04318 Leipzig, www.stadtverband-leipzig.de/kgv-eigene-scholle-e-v/
KGV Friedenseck e. V. mit 71 Parzellen; Holzhäuser Str. 146, 04299 Leipzig, www.stadtverband-leipzig.de/kgv-friedenseck-e-v/
KGV Kastanienallee e. V. mit 31 Parzellen; Pommernstr. 80, 04299 Leipzig, www.stadtverband-leipzig.de/kgv-kastanienallee-e-v/
KGV Osthöhe e. V. mit 198 Parzellen; Pommernstr. 79, 04318 Leipzig, www.kgv-osthoehe-leipzig.de
KGV Nachtigall e. V., 53 Parzellen; Oststr. 121, 04299 Leipzig, www.stadtverband-leipzig.de/kgv-nachtigall-e-v/
KGV Neues Leben e. V. mit 107 Parzellen; Pommernstr. 57, 04318 Leipzig, www.stadtverband-leipzig.de/kgv-neues-leben-e-v/

Großzschocher

(Stadtbezirk Südwest)

Das Z in der Mitte erinnert an den slawischen Ursprung. Um 1582 wurden hier noch Hexen verfolgt und hingerichtet, wahrscheinlich weise Kräuterfrauen. So spektakulär wie damals geht es heute im Leipziger Südwesten nicht mehr zu. Die Gegend hat dafür andere Werte zu bieten, die zu entdecken es sich durchaus lohnt. Dazu gehören verwaltungstechnisch gesehen auch die Stadtteile Windorf und Lauer sowie Teile von Knauthain. Die Dieskaustraße führt als Magistrale durch den gesamten Leipziger Südwesten. Zwischen 1870 und 1900 wuchs der Ort vor allem durch Neubauten hier entlang. In ihrem nördlichen Abschnitt durch Großzschocher liegt stadtauswärts rechts eine große Wohnsiedlung aus den 1960/70er-Jahren, links finden sich eher Gewerbegebiete.

Die Apostelkirche von Großzschocher.

Sehenswertes

▸ Apostelkirche

Ihr Ursprung geht auf eine romanische Chorturmkirche aus dem 13. Jahrhundert zurück. Trotz mehrerer Umbauten sind noch immer neobarocke Elemente erhalten.

Adresse: Huttenstr. 14, 04249 Leipzig, www.apostelkirche-leipzig.de

▸ Taborkirche

Diese Kirche wurde zwischen 1902 und 1904 nach dem Entwurf des Leipziger Architekten Arwed Roßbach im Stile einer neoromanischen, dreischiffigen Basilika mit einer monumentalen, 52 Meter hohen Doppel-

Die Südfassade der Taborkirche.

Das Wahrzeichen von Großzschocher: der Wasserturm.

turmanlage erbaut. Allerdings starb Roßbach im Jahr der Grundsteinlegung 1902. Unter Leitung des Architekten Richard Lucht wurde das Bauvorhaben zu Ende gebracht und am 13. März 1904 geweiht. Weil die Kirche auf einer Anhöhe steht, erhielt sie den Namen Tabor nach dem gleichnamigen Berg in Palästina.
Adresse: Windorfer Str. 49, 04229 Leipzig, 🌐 www.taborkirche.de

Das Theodor-Körner-Haus.

Museen

▸ Theodor-Körner-Haus
In Regie des Bürger- und Fördervereins Körnerhaus Großzschocher ist das Haus als Museum und Kulturstätte denkmalgerecht saniert. Es betont einen eigenen Aspekt der Völkerschlacht von 1813: Ein Teil des Museums widmet sich dem dichtenden Volkshelden Theodor Körner. Nachdem der Offizier in Lützows Freicorps im Kampf gegen napoleonische Truppen bei Kitzen verwundet worden war, versteckten ihn Bauern eine Nacht lang hier im Gutsgärtnerhaus. Im gediegen wirkenden Bau ist der Streifenstuck ebenso einzigartig wie die Arrestzelle mit Wandzeichnungen von Gefangenen aus der Zeit der Befreiungskriege.
Adresse: Wöllnerstr. 12, 04249 Leipzig, 🌐 www.leipzig1813.com

Natur und Erholung

▸ Gutspark Großzschocher
Vom Mittelalter bis zum Zweiten Weltkrieg entwickelte sich hier ein herrschaftliches Anwesen mit Schloss und Park. Heute wirkt die Anlage am Auewald eher verwunschen, auch wenn die Wege gepflegt sind.
Adresse: Buttergasse 25, 04249 Leipzig

▸ Naturbad Südwest (Kiesgrube Großzschocher)
Zwischen Großzschocher/Windorf und Knauthain-Knautkleeberg liegt diese ehemalige Kiesgrube, seit 2004 ein Landschaftssee. Früher ein beliebter Badeort, ist das Vergnügen nur noch „auf eigene Gefahr" möglich. Dafür eignet sich das Areal ausgezeichnet für Spaziergänge, zum Angeln und für Naturbeobachtungen.
Adresse: Westlich der Dieskaustraße, 04249 Leipzig, 🌐 www.leipzig.de/freizeit-kultur-und-tourismus/seen-fluesse-und-gewaesser/naturbad-suedwest-kiesgrube-grosszschocher

Kleingärten

KGV Gärtenfreunde Südwest e.V. mit 226 Parzellen; Seebenischer Str. 22, 04249 Leipzig, www.stadtverband-leipzig.de/kgv-gaertenfreunde-suedwest-e-v/
KGV Vergißmeinnicht e.V. mit 177 Parzellen; Dieskaustr. 122, 04249 Leipzig, Stadtteil Großzschocher-Windorf, www.kgv-vergissmeinnicht.de
KGV An der Lauer e.V. mit 220 Parzellen; Lauerscher Weg 68, 04249 Leipzig, www.stadtverband-leipzig.de/kgv-an-der-lauer-e-v/
KGV Sachsenland e.V.; Seebenischer Str. 25, 04249 Leipzig, www.kgv-sachsenland.de
KGV Am Weidenweg e.V. mit 97 Parzellen; Rippachtalstr. 5, 04249 Leipzig, www.stadtverband-leipzig.de/kgv-am-weidenweg-e-v/
KGV Am Wasserturm e.V. mit 56 Parzellen; Seebenischer Str., 04249 Leipzig, www.stadtverband-leipzig.de/kgv-am-wasserturm-e-v/
KGV Waldfrieden e.V. mit 180 Parzellen; Küchenholzallee 1 b, 04249 Leipzig, www.kgv-waldfrieden.de

Hartmannsdorf-Knautnaundorf

(Stadtbezirk Südwest)

Südwestlicher von Leipzig geht es nicht. Und wer sich in Hartmannsdorf-Knautnaundorf wie auf dem Land fühlt, liegt genau richtig. Im Süden des Stadtteils trecken die Wellen des Zwenkauer Sees ans Ufer, einer der Seen im Leipziger Südraum, die nach dem Braunkohleabbau entstanden und heute zu den Freizeitattraktionen für Leipziger und Touristen gehören. Die Erikenbrücke führt Fußgänger und Radfahrer in das benachbarte Knauthain mit der Region am Nordwestufer des Zwenkauer Sees. Ihr Name greift ebenso wie der einiger Straßen die enge Verbindung von Hartmannsdorf mit dem Gartenbau auf. Ende des 19. Jahrhunderts gab es im Ort fünf Gärtnereien. Rund 100 Jahre später waren es neun und bis heute pflegen Familienbetriebe die Tradition, in der Elsteraue Eriken und andere Moorbeetpflanzen zu züchten.
Südlich und östlich fließen die Weiße Elster und der Knauthainer Elstermühlgraben an Hartmannsdorf vorbei. Um Platz für den Braunkohletagebau zu schaffen, wurden 1973 Fluss, Mühlgraben und Bahnlinie in einem Bogen nach Westen verlegt.
Hartmannsdorf, im 10./11. Jahrhundert entstanden, gehörte bis 1856 zum kursächsischen bzw. königlich-sächsischen Kreisamt Leipzig. Durch die Sächsische Landgemeindeordnung von 1838 wurde Hartmannsdorf zu einer eigenständigen, vom Rittergut unabhängigen Gemeinde, in den darauffolgenden Jahren aber Markränstädt, später Leipzig zugeordnet. Immerhin beweist die Jahreszahl 1600 am Gasthof „Zur Ratte", dass es eine Schenke gab. Sie existiert heute noch.
Als wegen der Braunkohle die nahen Dörfer Bösdorf und Eythra aufgegeben wurden, siedelten ihre Bewohner auch nach Hartmannsdorf um. Ganz freiwillig schloss sich die Gemeinde 1993 dann Leipzig an. Im Zuge der Neuordnung mehrerer Stadtteile kam es 2001 zum neuen Ortsteil Hartmannsdorf-Knautnaundorf. Zu Knautnaundorf wiederum gehört das 1973 eingemeindete Rehbach. Zusammen mit Knautkleeberg und Knauthain gehört der Ort zu den sogenannten Knautdörfern.

www.knautnaundorf.de i

Der Gasthof Zur Ratte in Hartmannsdorf trägt die Jahreszahl 1600.

Sehenswertes

▸ Andreaskapelle
Die Andreaskapelle in Knautnaundorf ist eine der ältesten Kirchen in Sachsen. Ihre Ursprünge liegen im 11. Jahrhundert und gehen auf eine Rundkapelle aus der Zeit von Wiprecht von Groitzsch zurück. Der massige runde Turm mit dem oktogonalen Aufsatz hat im unteren, runden Teil einen Durchmesser von nahezu zehn Metern. Innen finden sich die historische Kapelle aus der Zeit des Mittelalters und das Kirchenschiff, genutzt als Gemeindesaal. Die Orgel von 1869 baute Friedrich Ladegast.

Die Andreaskapelle in Knautnaundorf.

Adresse: Rundkapellenweg, 04249 Knautnaundorf, 🌐 www.kirche-leipzig.de/gemeinde/knautnaundorf-andreaskapelle/

Freizeitangebote

▸ Feuerwehrverein Knautnaundorf e. V.
Unterstützung der Freiwilligen Feuerwehr ohne Mitgliedschaft in der aktiven Truppe
Info: 🌐 www.knautnaundorf.de/de/feuerwehr/feuerwehrverein

▸ Hartmannsdorfer Carnevals Club e. V.
Karnevalsverein
Adresse: Am Elsterbogen 5, 04249 Leipzig, 🌐 www.hartmannsdorfer-cc.de

„Knautnaundorf – das grüne Dorf"
Initiative der Gemeinde zur Optimierung der „grünen Infrastruktur". Dazu gehören ein Lehrgarten für Kinder, die Straßenbegrünung und Baumpflanzungen im Dorf.
Info: 🌐 www.knautnaundorf--das-grune-dorf3.webnode.com

▸ Zwenkauer See
Mit 970 Hektar ist der See das größte Gewässer im südlichen Neuseenland. Für Naturliebhaber, Freizeitsportler, Urlauber, Ruhesuchende gibt es rund um den Zwenkauer See viel zu entdecken, darunter das neue Stadtquartier Kap Zwenkau mit Hafen, Restaurants, Cafés, Tauchschulen, Ferienhäusern und Bootsverleih.
Info: 🌐 www.zwenkauer-see.com

Sportangebote

▸ Knautkleeberger SC 1864 Leipzig e. V.
Spielstätte Sportplatzanlage Hartmannsdorf
Adresse: Erikenstr. 6, 04249 Leipzig, 🌐 www.ksc1864.de

Sportplatzanlage Knautnaundorf
Träger Stadt Leipzig
Adresse: Eythraer Weg, 04249 Leipzig, www.leipzig.de/freizeit-kultur-und-tourismus/sport/

Kleingärten

KGV Knautkleeberg 69 e. V. mit 30 Parzellen; Wildentensteig 1, 04249 Leipzig, www.stadtverband-leipzig.de/kgv-knautkleeberg-69-e-v/
KGV Zum Stausee e. V. mit 170 Parzellen; Seumestr. 212, 04249 Leipzig, www.kgv-zum-stausee.de
FairBund freier Kleingartenvereine e. V.; www.fairbund-kleingarten.de

Kleinzschocher

(Stadtbezirk Südwest)

Kleinzschocher entstand im 11. Jahrhundert als slawisches Gassendorf. Eine Erkundungstour könnte Am Adler starten. Die belebte Straßenkreuzung ist nach einem goldenen Adler an einer ehemaligen Gaststätte benannt. Genau hier listet eine Tafel 13 Plätze auf, die den Ortsteil prägen. Darunter finden sich dominante Bauwerke, aber auch eines der ältesten intakten Bauernhäuser des ehemaligen Dorfes sowie eine Gedenktafel, die daran erinnert, dass der Thomaskantor Johann Sebastian Bach hier im ehemaligen Rittergut am 30. August 1742 die Bauernkantate aufführte. Vom ruhigen Landleben ist außer im Volkspark nichts mehr zu spüren. Zwischen Gründerzeithäusern, Straßenbahn- und Autolärm findet ein urbanes Großstadtleben statt.

Sehenswertes

Meyer'sche Häuser
Der Name Meyer hat sich vor allem durch das legendäre Konversationslexikon in die Köpfe eingebrannt. Allein in Leipzig führte er auch zum sozialen Wohnungsbau: Hermann Julius Meyer (1826–1909), der 1856 nach dem Tod seines Vaters das Bibliographische Institut in Gotha übernommen hatte, zog 1874 mit dem Verlag nach Leipzig. Angesichts der Missstände und Wohnungsnot gründete er 1888 den „Verein zur Erbauung billiger Wohnungen". Entstanden sind zusammengehörende Mehrfamilienhäuser im Stil des Historismus mit Grünanlagen in großen Höfen, privaten Mietergärten sowie Spielplätzen und Ruhezonen. Sein Konzept, gemeinsam verwirklicht mit dem Architekten Max Pommer (1847–1915), ließ „Meyer'sche Höfe" 1888/89 in Lindenau, in Eutritzsch und in Reudnitz entstehen. Die größten Anlagen entstanden 1907 mit 136 Mietshäusern in Kleinzschocher. Die Häuser haben ebenso wie die private Stiftung „Meyer'sche Häuser" die DDR-Zeiten überlebt und stehen noch heute für eine gute, bezahlbare Lebensqualität.
Adresse: Stiftung Meyer'sche Häuser, Kurt-Kresse-Str. 9, 04207 Leipzig, www.meyersche-haeuser.de

Bauernhaus von 1700
Noch bewohntes kleines Haus aus dem ländlichen Kleinzschocher
Adresse: Windorfer Str. 82, 04229 Leipzig

Österreicher-Denkmal
Seit 1913 erinnert das Denkmal an die Völkerschlacht 1813, als in Lindenau, Schleußig und Kleinzschocher Gefechte unter Beteiligung österreichischer Truppen stattfanden.
Adresse: Antonienstraße/Eingang zum Volkspark

Die Meyer'schen Häuser stehen heute noch für preiswertes Wohnen.

Freizeitangebote

▸ Nationales Netzwerk Älterer Frauen e. V.
Verein für die Chancengleichheit von Frauen ab 45
Adresse: Herrmann-Meyer-Str. 38, 04207 Leipzig, www.netzwerk-frauen-sachsen.de

▸ Schauburg
Historisches Kino mit mehreren Sälen.
Adresse: Antonienstr. 21, 04229 Leipzig, www.schauburg-leipzig.de

Natur und Landschaft

▸ Volkspark Kleinzschocher
Zum weitläufigen Park mit teils naturbelassenen Partien gehören auch der historische Schlosspark Kleinzschocher, ein Sommerbad und Sportplätze. Im „Hain der Jahresbäume" auf der Küchenholzwiese wird seit 1989 jährlich ein Exemplar der vom „Kuratorium Baum des Jahres" ausgewählten Gehölze gepflanzt. Südlich der Antonienstraße erfreuen Gärten mit Terrassen sowie Trockenmauern, kleine Freitreppen, Hecken, Rosen- und Staudenpflanzungen die Besucher.
Adresse: Antonienstr., 04229 Leipzig

Die ehemalige Villa des Verlegers Christian Bernhard Freiherr von Tauchnitz.

Sportangebote

▸ Leipziger Sportverein Südwest
Verschiedene Sektionen, darunter Ball-, Wasser- und Radsport, Turnen, Tischtennis und Quidditch
Adresse: Windorfer Str. 63, 04229 Leipzig,
🌐 www.verein-lsv-suedwest.de

Ein Anziehungspunkt für Radsportfreunde: die Radrennbahn.

▸ Leipziger Radrennbahn
Teilüberdachte Radrennbahn mit 400 Metern Länge und 5 Metern Breite. Im Jahr 2022 neu aufgebaut und modernisiert vom Leipziger Architekturbüro Behzadi + Partner. Gebäude mit Umkleiden, Bowlingbahn und Gastronomie.
Adresse: Windorfer Str. 63, 04229 Leipzig,
🌐 www.fachverband-radsport.de/verband/leipziger-radrennbahn/

Kleingärten

Verein für naturgemäße Gesundheitspflege e.V., „Nat`l" genannt, mit 274 Parzellen; Kurt-Kresse-Str. 33, 04229 Leipzig,
🌐 www.kleingartenverein-natl.de

Knautkleeberg-Knauthain

(Stadtbezirk Südwest)

Am westlichen Rand der Elsteraue, mehrere Wiesen von der lauten Stadt entfernt, liegt das ländliche Knautkleeberg-Knauthain. Hier wird gewohnt, viel mehr passiert nicht: Die zwischen den beiden Weltkriegen im 20. Jahrhundert entstandenen Einfamilien- und Mietshäuser gruppieren sich um den Knautkleeberger Anger nahe der ehemaligen Mühle, heute eine kleine Wohnanlage. Der Ortsteil ist beliebt, nicht zuletzt durch seine ruhige Lage in der Auenlandschaft und die Nähe zum Cospudener See im Leipziger Neuseenland.

Der Knotenpunkt Knautkleeberg Bahnhof.

Sehenswert

▸ Hoffnungskirche Knauthain
Die am 9. November 1846 geweihte Kirche wurde dort erbaut, wo 1125 das erste Gotteshaus in Knauthain errichtet worden war. An diese romanische Kirche erinnert ein Drudenfuß im Kapitell des Nordeingangs. Das Besondere der Kirche ist ihr achteckiger Grundriss, das Symbol höchster Vollkommenheit: zwei übereinander gelegte Quadrate.

Adresse: Seumestr. 141, 04249 Leipzig, www.kirche-leipzig.de/gemeinde/knauthainhoffnungskirche/

Die Hoffnungskirche in der Knauthainer Seumestraße.

▸ Schloss Knauthain
Das jetzige Schloss im französisch-klassizistischen Stil entstand in den Jahren 1700 bis 1703, erbaut nach Plänen des Architekten David Schatz für den damaligen Gutsherren Karl-Hildebrand von Dieskau. Erst 1936 kaufte die Stadt Leipzig das gesamte Anwesen, wobei das Schloss zur Schule umgebaut wurde. Noch bis 2003 gingen Kinder hier zur Schule, bevor die Stadt Leipzig das Gelände 2005 an den heutigen Besitzer verkaufte, der es sanieren ließ. Es ist nicht zu besichtigen, doch der offene, sehr schön angelegte Park gehört zu einem Vogel- und Landschaftsschutzgebiet.
Adresse: Knauthain, 04249 Leipzig

Sportangebote

▸ Hundesportverein Knauthain e. V.
Welpenstunden und vielfältige Trainingsangebote wie Agility oder Obedience
Adresse: Training Hundesportplatz, Seumestr. 1 c, 04249 Leipzig, www.hsv-knauthain.de

▸ Polizeisportverein Leipzig e. V./ Schützengilde
Adresse: Training Schießsportanlage, Seumestraße 1 d, 04249 Leipzig, www.polizeisportverein-leipzig.de/abteilungen/schuetzengilde/

▸ Schützenverein Knauthainer Löwen e. V.
Adresse: Training Schießsportanlage, Seumestr. 1 d, 04249 Leipzig, www.sv-knauthainer-loewen.de

▸ Knautkleeberger SC 1864 Leipzig e. V.
Fußball, Radball, Volleyball, Kegelbillard
Adresse: Albersdorfer Str. 17, 04249 Leipzig, Training: Sportplatzanlage Albersdorfer Straße 17–19, Sporthalle Dieskaustr. 355, 04249 Leipzig, www.ksc1864leipzig.de

▸ Leipziger Seesportclub e. V.
Vereinsgelände am ehemaligen Elsterstausee
Adresse: Am Stausee 4, 04249 Leipzig, Segelstützpunkt Elsterstausee-Cospudener See: Am Stausee 10, 04249 Leipzig, www.lsc-leipzig.de

Natur und Landschaft

▸ Teilungswehr
Die Schlitze in den fünf Öffnungen ermöglichen es, den Durchfluss im Elsterbett zu regulieren und zu begrenzen. Steigt der Wasserstand auf der Oberwasserseite dadurch über das Streichwehr am rechten Ufer, dann fließt das überschüssige Wasser in das Hochflutbett um Knautkleeberg und Großzschocher herum.
Adresse: Weiße Elster/Am Teilungswehr, 04249 Leipzig

Das Schloss Knauthain.

Kleingärten

Garten-Verein zu Knautkleeberg mit 30 Parzellen; Wildentensteig 1, 04249 Leipzig, 🌐 www.stadtverband-leipzig.de/kgv-knautkleeberg-69-e-v/
KGV Zum Hasen e. V. mit 125 Parzellen; Nimrodstr. 10, 04249 Leipzig, 🌐 www.kgv-zum-hasen.com
KGV Am krummen Graben e. V. mit 44 Parzellen; Am krummen Graben, 04233 Leipzig, 🌐 www.amkrummengraben.de.tl

Plagwitz

(Stadtbezirk Südwest)

Im 19. Jahrhundert war Plagwitz noch selbständig, wuchs jedoch mit fortschreitender Industrialisierung schnell. Maßgeblich befördert durch Karl Heine, der durch sein Engagement zwischen 1840 und 1880 als Vorreiter der deutschen Industrialisierung in Plagwitz und Lindenau in die Geschichte einging. Er siedelte nicht nur Großbetriebe an, sondern initiierte auch für den An- und Abtransport der benötigten Bau- und Rohstoffe sowie der fertigen Waren die Anbindung der Eisenbahn und den Bau eines Kanals zwischen Elster und Saale. So entstanden hier nicht nur Mietskasernen, sondern auch Geschäftshäuser und prächtige Villen. Nach 1990 begann eine neue Ära: Zum Teil aufwändig saniert, bieten die Relikte von damals heute Künstlern, jungen Kreativen und Kleingewerbe ebenso Raum wie zu Wohnungen umgebaute Lofts. In keiner Publikation fehlt ein Hinweis auf die entwickelte „Westkultur" des Stadtteils. Einen rasanten Aufschwung erfuhr die Kunstszene Leipzigs mit der Entdeckung der Baumwollspinnerei, wo international renommierte Künstler wie Neo Rauch und Michael Triegel Ateliers bezogen und den Ruf der Neuen Leipziger Schule in der Malerei mitbegründeten.

PRO Plagwitz e. V.
Weißenfelser Str. 34
04229 Leipzig
🌐 www.ehrenamt.sachsen.de/engagementboerse/verein/6494

Sehenswertes

▸ Konsumzentrale
Der Sitz der Konsumgenossenschaft Leipzig ist ein von 1929 bis 1931 im Stil des Expressionismus errichtetes Ensemble des Architekten Fritz Höger (1877–1949), auch der neuen Sachlichkeit zugerechnet.
Adresse: Industriestr. 85–95, 04229 Leipzig, 🌐 www.konsumzentrale.com

▸ Klinger-Villa
Das letzte erhaltene bauliche Zeugnis des Leipziger Künstlers Max Klinger (1857–1920), errichtet von seinem Vater ab 1868. Der Verein Klinger Forum e. V. sorgt seit Sanierung der Villa 2011 für die kulturelle Wiederbelebung der Salons und des Gartens mit Ausstellungen, Konzerten und Veranstaltungen.
Adresse: Karl-Heine-Str. 2, 04229 Leipzig

‣ Maschinenfabrik Swiderski
Lost Place
Adresse: Zschochersche Str. 78, 04229 Leipzig

‣ Westwerk
Ehemaliges Fabrikgebäude einer dampfbetriebenen Gießerei, in dessen Hallen Bands, Künstler und freie Theater neue Räume fanden. Es gibt einen riesigen Secondhand-Store, ein Hostel und das Gasthaus Eisengießerei samt Biergarten. Dazu finden regelmäßig Ausstellungen statt.
Adresse: Karl-Heine-Str. 85–93, 04229 Leipzig, 🌐 www.westwerk-leipzig.de

Kunst und Kultur

‣ Lindenfels Westflügel
Einst prächtiger Ballsaal, heute internationales Kulturzentrum für Figurentheater
Adresse: Hähnelstr. 27, 04177 Leipzig, 🌐 www.westfluegel.de

‣ Lofft
Theater in der Baumwollspinnerei
Adresse: Spinnereistr. 7, 04177 Leipzig, 🌐 www.lofft.de

‣ Luru-Kino in der Spinnerei
Charmantes, kleines, verstecktes Arthouse-Kino im Kunstzentrum Alte Baumwollspinnerei
Adresse: Spinnereistr. 7, 04179 Leipzig, 🌐 www.luru-kino.de

‣ Schaubühne Lindenfels
Kino, Theater, Konzerte. Begründete vor mehr als 20 Jahren die Entwicklung der Straße zur Szenemeile des Westens.
Adresse: Karl-Heine-Str. 50, 04229 Leipzig, ☏ 0341/484620, 🌐 www.schaubuehne.com

Museen und Galerien

‣ Da Capo
Eventhalle und Oldtimermuseum
Adresse: Karl-Heine-Str. 105, 04177 Leipzig, 🌐 www.michaelis-leipzig.de

‣ Leipziger Baumwollspinnerei
Die ehemalige Baumwollspinnerei beheimatet ein Archiv, verschiedene Ateliers, Galerien und Werkstätten. An zwei Wochenenden im Jahr findet ein großer Herbst- oder Frühjahrsrundgang durch die Spinnerei-Galerien statt.

Buntgarnwerke und Stadthäuser an der Elster, von der Brücke Industriestraße aus gesehen.

Der Kunstmarkt Baumwollspinnerei.

Adresse: Spinnereistr. 7, 04179 Leipzig, 🌐 www.spinnerei.de

▸ HALLE 14 – Zentrum für zeitgenössische Kunst
Fünfstöckiges Industriedenkmal, mit einer Gesamtfläche von 20 000 Quadratmetern, Teil der Baumwollspinnerei. Der Trägerverein entwickelte die ehemalige Fabrikhalle zu einem unabhängigen Kunstzentrum ohne kommerzielle Interessen. Alle Ausstellungen, Lesungen oder Treffen drehen sich um zeitgenössische Kunst. Die Macher führen zudem eine Kunstbibliothek, ein Stipendien- sowie ein sogenanntes Kunstvermittlungsprogramm. Kooperationen bestehen unter anderen mit der Stiftung Federkiel, 2002 wesentliche Initiatorin des Kunstraums HALLE 14, mit dem Institut für Kunstpädagogik an der Universität Leipzig und der Kulturstiftung des Freistaates Sachsen.
Adresse: Leipziger Baumwollspinnerei, Spinnereistr. 7, 04179 Leipzig, 🌐 www.halle14.org

▸ Museum für Druckkunst
Das 1994 gegründete Museum in einer stillgelegten Fabrik, seit 2000 als private Stiftung geführt, hält die Traditionen der aussterbenden „Schwarzen Kunst" lebendig. Die noch funktionstüchtigen Maschinen können Besucher auch in Aktion erleben. Selbst eine Holzstichwerkstatt ist eingerichtet. Sie zeigt, wie zur Illustration von Büchern und Zeitschriften mittels Plattenkamera, Schusterkugel und Tonschneidemaschine sehr feine Schraffuren entstehen können.
Adresse: Nonnenstr. 38, 04299 Leipzig, 🌐 www.druckkunst-museum.de

Freizeitangebote

▸ ARS AVANTI e. V.
Der Verein betreibt Kunstförderung durch die jährliche Organisation der „Offenen Ateliers Leipzig", Ausstellungen und internationale Austauschprojekte.
Adresse: Gießerstraße 75/Alte Handelsschule, 04229 Leipzig, 🌐 www.arsavanti.de

▸ Bandhaus Leipzig
Projekt der Bandcommunity Leipzig e. V.
Adresse: Saarländer Str. 17, 04179 Leipzig, 🌐 www.bandcommunity-leipzig.org

▸ Bibliothek Plagwitz „Georg Maurer"
Adresse: Zschochersche Straße 14, 04229 Leipzig, 🌐 www.stadtbibliothek.leipzig.de/unsere-bibliotheken/bibliothek-plagwitz-georg-maurer

▸ Bürgerbahnhof Plagwitz-Lindenau
Das Areal des ehemals größten Industrieverladebahnhofs Europas ist heute ein neu gestalteter öffentlicher Grünzug mit vielen verschiedenen Angeboten für Begegnung, Sport und Spiel, getragen von verschiedenen Vereinen und Initiativen.
Adresse: Engertstr. 36, 04229 Leipzig, 🌐 www.buergerbahnhof-plagwitz.de, 🌐 www.gleisgruen.de

▸ Capoeira Angola Leipzig e. V.
Der Verein bietet Trainings (Bewegung, Musik) zum Erlernen des Capoeira Angola, einem afrobrasilianischen Kampftanz, der im Widerstand der Sklaven entstanden

Idyllisch: Karl-Heine-Kanal.

ist, sowie internationale Workshops, Ausstellungen und den Austausch mit anderen brasilianischen oder afrikanischen Traditionen.
Adresse: Erich-Zeigner-Allee 64 a, 04229 Leipzig, 🌐 www.capoeira-angola-leipzig.de

▸ CHORios e. V.
Frauenchor für Gospel, Jazz und Medleys, neue Klassik, moderne und altdeutsche Lieder sowie internationale Folklore in verschiedenen Sprachen
Info: 🌐 www.chorios-leipzig.de

▸ Die Tollkirschen e. V.
Schwuler Männerchor und musikalisches Kabarett
Info: 🌐 www.dietollkirschen.de

▸ Don Quijote – Literatur für Kinder e. V.
Adresse: Engertstr. 4 c, 04177 Leipzig, 🌐 www.donquijote-ev.de

▸ Pop- und Jazzchor Westklang Leipzig e. V.
Gemischter Chor
Info: www.westklang.de

Sportangebote

▸ Bootsverleih Klingerweg
Adresse: Klingerweg 2, 04229 Leipzig, 🌐 www.bootstour-leipzig.de

▸ Sportbad an der Elster
Leipzigs größte Schwimmhalle verfügt über ein 50-Meter-Becken mit acht Bahnen.
Adresse: Antonienstr. 8, 04229 Leipzig, 🌐 www.l.de/sportbaeder/hallenbaeder/sportbad-an-der-elster

▸ Sporthalle Lauchstädter Str./ Stadtturnerbund e. V.
Sportarten Turnen, Sportakrobatik, Gymnastik
Adresse: Lauchstädter Straße 6–8, 04229 Leipzig, 🌐 www.stv-turnen.de

▸ Wassersportanlage Nonnenstraße/Kanu- und Freizeitzentrum SW e. V.
Adresse: Nonnenstr. 23, 04229 Leipzig, 🌐 www.kanu-nonne-leipzig.de/

Natur und Landschaft

▸ Radweg am Karl-Heine-Kanal
Bereits ab 1993 entstand parallel zum Karl-Heine-Kanal eine neue Rad- und Fußwegeverbindung, die mit den sie überspannenden Brücken und Viadukten das Viertel auf interessante Weise neu erschloss.

▸ Grüne Gleise Plagwitz
Auf dem Areal des ehemaligen Verladebahnhofs als Teil des neuen Stadtteilparks führen Treppen hinab zum Karl-Heine-Kanal und einer Aussichtsplattform aus Schienenelementen, auch genutzt als Bootsanleger.
Adresse: Industriestr., 04229 Leipzig

▸ Stadtteilpark Plagwitz
Bis 1990 lag hier zwischen Industriestraße und Karl-Heine-Kanal ein Verladebahnhof. Auf der Brache entstand im Vorfeld der Expo 2000 ein erster Abschnitt der Gestaltung als Stadtteilpark, nach 2006 ein zweiter als Bereich mit zahlreichen Anspielungen auf die industrielle Vergangenheit. Gleistrassen und feldsteingepflasterte Wege wurden erhalten. Dazu begrünen neue Baumreihen das Areal. Ein Weg führt entlang der Kanaluferkante. Akzente setzen bläulich gefärbte, bandartige Betonmauern, die zum Sitzen einladen.
Adresse: Weißenfelser -/Industriestraße, 04229 Leipzig

Der Plagwitzer Wasserturm.

Kleingärten

KGV Elsteraue e. V. mit 30 Parzellen; Küchenholzallee 1 c, 04249 Leipzig, 🌐 www.stadtverband-leipzig.de/kgv-elsteraue-e-v/
KGV Eisenbahn-Leipzig-Plagwitz e. V. mit 180 Parzellen; Naumburger Str. 63 c, 04229 Leipzig, 🌐 www.stadtverband-leipzig.de/kgv-eisenbahn-leipzig-plagwitz-e-v/

Feste

▸ Kunst-, Kultur- und Straßenfest Westpaket
Das Straßenfest findet mehrmals jährlich entlang der Karl-Heine-Straße mit unzähligen Verkaufsständen für Trödel und Antik statt und lädt zum Flanieren, Musikhören und Genießen ein.
Info: 🌐 www.leben-in-leipzig.com/westbesuch-westpaket

Schleußig

(Stadtbezirk Südwest)

Schleußig liegt auf einer Insel, zu der zahlreiche Brücken führen und ahnen lassen, warum Leipzig seit mehr als 150 Jahren „vom Anschluss an die Weltmeere" träumt. Im Osten trennt Schleußig das Elsterflutbett ab, im Westen fließt die Weiße Elster, ringsum liegen Kanäle und Nebenläufe. Erstmals Erwähnung fand „Slizzig" 1376 als kleines Vorwerk auf einer Anhöhe zwischen der Weißen Elster und der Rödel, an die nur noch ein Straßenname erinnert. Nach 1835 hatte es den Status einer selbständigen Landgemeinde, 1891 hat die Großstadt es sich einverleibt. Die weitgehend geschlossene Gründerzeitbebauung, die Nähe zum Clara-Zetkin-Park, dem Auewald sowie den südlichen Gewässern des Leipziger Neuseenlandes machen Schleußig zu einer attraktiven Wohngegend.
Seit den verwaltungstechnischen „Umverteilungen" in den 1990er-Jahren gehören dem Großteil der Gemarkung Schleußig auch Teile von Großzschocher und Connewitz an, während ein kleiner Teil im Ortsteil Kleinzschocher liegt. Selbst alteingesessene Leipziger können die von der Stadtverwaltung verschobenen Grenzen nicht immer erklären.

Sehenswertes

▸ Bethanienkirche

Der imposante Bau wurde von 1931 bis 1933 nach einem Entwurf der Leipziger Architekten Zweck & Voigt gebaut und erhielt am 29. Januar 1933 durch Landesbischof Ludwig Ihmels die Weihe. Von der Oeserstraße aus fällt der Blick auf die Hauptfront und den

Venezianische Impressionen in der Holbeinstraße.

hohen, sehr dominanten Rundturm. In den Abendstunden kommt das indirekt erleuchtete Kreuz am Turm besonders gut zur Geltung. Neben den baulichen Besonderheiten zeichnet die Kirche ein fast hallfreier Raum aus, in dem sich die später eingebaute Orgel mit 25 Registern voll entfalten kann.
Adresse: Stieglitzstr. 42, 04229 Leipzig, ☏ 0341/4804013, 🌐 www.bethanienkirche-leipzig.de

▸ Kirche Jesu Christi der Heiligen der Letzten Tage

Die Kirche ist nicht nur architektonisch interessant, auch die Hintergründe ihres Baus

Die Bethanienkirche.

sind es: Die erste Gemeinde der Mormonen in Deutschland, 1843 in Darmstadt gegründet, weihte einen ersten Tempel in der DDR 1985 in Freiberg in Sachsen ein. Man wollte inoffiziell verhindern, dass DDR-Bürger darauf bestanden, zur Wahrnehmung ihrer „garantierten Glaubensfreiheit" in die USA zu reisen. Und so ist das hier kein Tempel, wie manchmal verbreitet wird, sondern ein Gemeindehaus.
Adresse: Oeserstr. 39, 04229 Leipzig,
🌐 www.kirche-jesu-christi.org

Das Gemeindehaus der Kirche Jesu Christi.

▸ Könneritzbrücke

Unter den 550 Leipziger Brücken gibt es sachlich gebaute wie den neuen Karl-Heine-Bogen und architektonisch interessante Unikate wie die Könneritzbrücke. Sie führt 31 Meter lang an der Karl-Heine-Villa über den Karl-Heine-Kanal. Beeindruckend ist vor allem ihre genietete Stahlkonstruktion, die seit 1898 Plagwitz mit Schleußig verbindet. Den Namen erhielt sie nach dem in Paris geborenen Freiherrn Léonce-Robert von Könneritz, der 1876 Kreishauptmann in Leipzig und später sächsischer Finanzminister war. Als Relikt aus der Anfangszeit der Industrialisierung ist sie als technisches Denkmal geschützt.
Adresse: Ernst-Mey-Straße, 04229 Leipzig

▸ Könneritzstraße

Die Magistrale „Kö", wie diese Straße gern genannt wird, beginnt an der Könneritzbrücke, wo die Weiße Elster fließt, und endet 1294 Meter weiter, wo an der Grenze zum nächsten Stadtteil der Volkspark Kleinzschocher beginnt. Schleußiger finden in den vielen kleinen Geschäften wohl ziemlich alles, was man zum Leben braucht, selbst einen Hundesalon mit einer Waschanlage für Vierbeiner.
Adresse: Könneritzstraße, 04229 Leipzig

Freizeitangebote

▸ Bootstouren

Es gehört in zwischen zum Alltag vieler Leipziger, mit Paddelboot oder Kanu die neu entdeckten Wasserwege zu erkunden, vorbei an wildem Grün, Stadthäusern und

Die Leipziger Kö, die Könneritzstraße.

Industriearchitektur. Private Motoboote sind zum Schutz von Fauna und Flora nicht zugelassen, einige professionelle Bootsführer steuern über Flüsse und Kanäle bis zum Neuseenland. Die Stadtkurse führen meist am Palmengartenwehr vorbei zur Weißen Elster und zum Karl-Heine-Kanal. Es gibt auch eine wunderschöne Fahrt durch den Auenwald, bei der man die 2013 eröffnete Schleuse Connewitz passiert.
Info: www.leipzigerneuseenland.de

▸ Leipzig International Choir
Im Jahr 2007 als Elternchor der Leipzig International School gegründet, singen hier musik- und gesangsbegeisterte Menschen aus aller Welt.
Adresse: Leipzig International School, Könneritzstr. 47, 04229 Leipzig, www.leipziginternationalchoir.com

Natur und Landschaft

Haupt- und Nebenarme der Flussläufe gehen nahtlos ineinander über. So zweigt zum Beispiel das Elsterflutbett im Süden von Schleußig auf Höhe des Stadtteils Großzschocher von der Weißen Elster ab, ehe es sich nördlich mit der Weißen Elster kurz vor dem Elsterbecken am Palmenwehr wiedervereinigt. Eine Schleuse ermöglicht die durchgehende Verbindung zum Cospudener See im „Neuseenland".

Sportangebote

▸ Bootsverleih
Jürgen Herold: Antonienstr. 2, 04229 Leipzig, www.bootsbau-herold.de/
Leipziger Eck: Schleußiger Weg 2 a, 04229 Leipzig, www.kanu-lvb.de/07_bootsverleih/verleih_start.htm
Leipziger Kanu-Club e. V.: Bootshaus Pistorisstr., www.kc-leipzig.de/

▸ Freizeitsportzentrum Clara-Zetkin-Park e.V./BSV AOK Leipzig e. V.
Vielseitige Sportangebote für Kinder und Erwachsene
Adresse: Anton-Bruckner-Allee 1, 04229 Leipzig, www.bsv-aok.de/index.php/de/

▸ Sportplatzanlage Nonnenwiese/ SV Schleußig 1990 e. V.
Fußball, Tennis, Leichtathletik
Adresse: Nonnenweg 15, 04229 Leipzig, www.svschleussig.de/

▸ Stadion der Bauarbeiter/Leipziger Sport-Club 1901 e. V.
Fußball, Hockey, Tennis, Kegeln
Adresse: Pistorisstr. 30, 04229 Leipzig, www.lsc1901.de/

▸ Wassersportanlage Bootshaus Klingerweg/ SC DHfK Leipzig e. V.
Kanu, Beachvolleyball, Fußball
Adresse: Klingerweg 2, 04229 Leipzig, www.kanu.scdhfk.de

Kleingärten

KGV Pistorisstraße 67 e. V. mit 44 Parzellen; Pistorisstr. 67, 04229 Leipzig, www.stadtverband-leipzig.de/kgv-pistorisstrasse-67-e-v/
KGV Elster Idyll e. V. mit 43 Parzellen; Holbeinstr. 58, 04229 Leipzig, www.stadtverband-leipzig.de/kgv-elster-idyll-e-v/
KGV Elstergrund e. V. mit 69 Parzellen; Pistorisstr. 69, 0422 Leipzig, www.stadtverband-leipzig.de/kgv-elstergrund-e-v/
KGV An der Dammstraße e. V. mit 822 Parzellen; Dammstr. 1, 04229 Leipzig, www.stadtverband-leipzig.de/kgv-an-der-dammstrasse-e-v/

STADTBEZIRK WEST

Grünau

(Stadtbezirk West)

Wer Grünau sagt, meint meist die größte Plattenbausiedlung Leipzigs. Genau genommen gehören neben Grünau-Nord, Grünau-Mitte und Grünau -Ost auch die Ortsteile Lausen-Grünau und Grünau-Siedlung dazu.
Der gesamte neue Stadtteil Grünau, zunächst ohne Kirchen geplant, erhielt aus Mitteln von Kirchen aus der Bundesrepublik Anfang der 1980er-Jahre im Sonderbauprogramm „Kirchen für neue Städte“ zwei Kirchen: Sowohl die evangelische Pauluskirche als auch die katholische St.- Martin-Kirche befinden sich im heutigen Ortsteil Grünau-Siedlung.

Grünau-Nord, -Mitte und -Ost
Das riesige Neubaugebiet entwickelte sich von 1976 bis 1987. Die acht in Plattenbauweise errichteten Wohnkomplexe (WK) für 85 000 Einwohner wirkten anfangs alle gleich, haben aber einen unterschiedlichen Charakter, der vor allem durch die verschiedenen Restaurierungen sowie Rück- und Neubauten der vergangenen 30 Jahre deutlich hervortritt. Heute leben hier noch circa 45 000 Einwohner. Offiziell

Grünau von oben mit dem Alleecenter.

prognostiziert die Stadt für das Jahr 2030 eine Zahl zwischen 43 200 und 52 000 Einwohnern. Der Abwärtstrend gilt als gestoppt. Nicht zuletzt ziehen auch wieder junge Menschen, Familien und Migranten hierher. Die Mieten sind günstig, die Angebote für Sport und Freizeit vielfältig. In Grünau-Mitte liegen das 1999 eröffnete Sport- und Freizeitbad Grünauer Welle, der Offene Freizeittreff Völkerfreundschaft, der nach den Plänen der Stadt zu einem Bildungs- und Bürgerzentrum mit einer Stadtteilbibliothek ausgebaut werden soll. Neben der Grünauer Welle befinden sich auch der aus Platten abgerissener Gebäude errichtete Kletterfelsen K4 sowie öffentlich genutzte Sportplätze.

Lausen-Grünau
Lausen ist ein altes Dorf, das am Ostufer des Kulkwitzer Sees liegt und 1995 zur Stadt Leipzig eingemeindet wurde. Seitdem gehört es zum Ortsteil Lausen-Grünau.

Grünau-Siedlung
Sie entstand ab 1920 auf der Gemarkung Kleinzschocher, damals bereits ein Stadtteil von Leipzig. Das Areal gehörte zum einstigen Rittergut Kleinzschocher. Der Ortsteil umfasst heute die Siedlung Grünau und die Kirschbergsiedlung, die in den 1910er- bis 1930er-Jahren wie eine Gartenstadt angelegt wurden und von Einfamilienhäusern mit Gärten geprägt sind. In der ersten Hälfte der 1930er-Jahre wurde die Siedlung Neugrünau hinzugefügt, die die Kirschbergsiedlung mit der Siedlung Grünau verbindet. Bis 1979 gehörte die Kirschbergsiedlung zu Miltitz, wurde dann aber nach Leipzig eingemeindet. Der Bau der S-Bahntrasse zur Miltitzer Allee im Jahr 1982 teilte die Kirschbergsiedlung. Mit der kommunalen Gebietsgliederung von 1992 legte die Kommune den administrativ-statistischen Ortsteil Grünau-Siedlung fest. Damit sollte für diesen Teil im Westen der Stadt, der sich von den Plattenbauten ringsum stark unterscheidet, ein eigenes Areal definiert werden.

Der Dorfplatz von Lausen.

Sehenswertes

▸ Pauluskirche
Die Pauluskirche ist das Kirchengebäude der Evangelisch-Lutherischen Landeskirche Sachsens. Sie war 1983 der erste evangelische Kirchenneubau mit (freistehendem) Glockenturm in einer DDR-Neubau-Großwohnsiedlung. Die Altarwand im Inneren gestaltete der Leipziger Künstler Matthias Klemm.
Adresse: Alte Salzstr. 185, 04209 Leipzig, 🌐 www.gruenau.kirche-leipzig.de

▸ St. Martin
Die römisch-katholische Kirche, funktional ein Gemeindezentrum, wurde 1985 geweiht. Das große Foyer, in dem Ausstellungen stattfinden, verbindet den Saal mit den Gemeinde-, Gruppen- und Wohnräumen.
Adresse: Kolpingweg 1, 04209 Leipzig, 🌐 www.pfarrei-philipp-neri-leipzig.de

Wohnungen in Grünau-Nord.

Die katholische Kirche St. Martin.

Kunst und Kultur

Theatrium
Kinder- und Jugendtheaterhaus, in dem Kinder ab acht Jahren, Jugendliche bis 27 und ältere Menschen zusammen Theater spielen.
Adresse: Alte Salzstr. 59, 04209 Leipzig (Grünau-Ost), www.theatrium-leipzig.de

Freizeitangebote

Grünauer Frauenchor: Probenort Robert-Koch-Park/Haus 4, Nikolai-Rumjanzew-Str. 100, 04205 Leipzig
Grünauer Bürgerverein e. V.: Andromedaweg 19, 04205 Leipzig (Grünau-Nord), www.marcpueschel.wixsite.com/gruenaubuergerverein
Grünauer Garnevals Glub e. V.: Stuttgarter Allee 9, 04209 Leipzig/Gleisstraße 3, 04229 Leipzig (Grünau-Mitte)
Kinder-, Jugend- und Familienzentrum Grünau: Ringstr. 2, 04209 Leipzig (Lausen-Grünau), www.caritas-leipzig.de/hilfeundberatung/kinderjugendlicheundfamilien/familienbildung
Heizhaus des urban souls e. V.: Alte Salzstraße 63, 04209 Leipzig (Grünau-Ost), www.heizhaus-leipzig.de
Soziokulturelles Zentrum „KOMM-Haus": Selliner Str. 17, 04207 Leipzig (Lausen-Grünau), www.kommhaus.de

Sportangebote

Grünauer Welle
Sport und Freizeitbad in Grünau-Mitte
Adresse: Stuttgarter Allee 7, 04209 Leipzig, www.l.de/sportbaeder/hallenbaeder/gruenauer-welle/

Kletterfelsen K4
Öffentliche Sportkletter-Einrichtung aus recycelten Plattenbauten. Etwa 21 Meter hoch, bieten sich bei einer Kletterfläche von rund 600 m^2 mehr als 30 Kletterrouten unterschiedlicher Schwierigkeitsstufen. Betreiber ist die Sektion Leipzig des Deutschen Alpenvereins.
Adresse: Stuttgarter Allee 9, 04209 Leipzig, www.dav-leipzig.de

Wakeboard & Wasserskilift Kulkwitzer See
Adresse: Seestr. 7, 04207 Leipzig, www.wasserski-leipzig.de

Sporthalle An der Kotsche
Adresse: An der Kotsche 39, 04207 Leipzig (Lausen-Grünau), www.leipzig.de/freizeit-kultur-und-tourismus/sport/sportstaetten/sporthallen/

▸ **SG Lausen e.V./Sportplatzanlage Lausen**
Adresse: Zschochersche Allee 7, 04207 Leipzig (Lausen-Grünau), 🌐 www.sglausen.de/

▸ **Leipzig Lions e.V./Sportplatzanlage Ratzelstraße**
Adresse: Ratzelstr. 102, 04207 Leipzig (Grünau-Mitte), 🌐 www.leipzig-lions.de

▸ **Hockey-Club Lindenau-Grünau Leipzig e.V./ Sportplatzanlage Straße am Park**
Adresse: Straße am Park 5, 04209 Leipzig (Grünau-Ost), 🌐 www.hclg-leipzig.com

▸ **Taijutsu-Kentando-Leipzig e.V. (TKL)**
Kampfkunst-Akademie
Adresse: Plovdiver Str. 32, 04205 Leipzig (Grünau-Nord), 🌐 www.ninjutsu-leipzig.de

Natur und Landschaft

▸ **Kulkwitzer See**
Im Stadtteil liegt der östliche Teil des Kulkwitzer Sees, ein „Vorbote" des Leipziger Neuseenlandes. Mit seinen Bademöglichkeiten, Bootsverleih, Tauchschulen, einer Wasserski- und Wakeboard-Anlage sowie einem Campingplatz ist der „Kulki" vor allem in der warmen Saison ein beliebtes Unikat. Ein Ferienpark bietet Bungalows im skandinavischen Stil und Finnhütten. Selbst Segelregatten finden regelmäßig statt.
Der See entstand aus zwei ehemaligen Tagebaurestlöchern an der westlichen Stadtgrenze Leipzigs, die nach dem Betriebsende ab 1963 geflutet wurden. Er ist 150 Hektar groß und an der tiefsten Stelle ungefähr 36 Meter tief. Die Nähe zur Plattenbausiedlung Grünau verbessert die Wohnqualität wesentlich. Als Attraktion liegt bereits seit 1972 ein ausgedienter Saale-Lastkahn von 53 Metern Länge außerhalb des Wassers am nordöstlichen Ufer. Auch wenn hier immer mal der Wirt wechselt, die Schiffsgaststätte scheint mit dem Terrain hier ebenso verwachsen zu sein wie der „Kulki" selbst.
Info: Zweckverband Erholungsgebiet Kulkwitzer See, 🌐 www.kulkwitzer-see.de, 🌐 www.kulkwitzersee.com

Kleingärten

Gemeinschaftsgarten Grünau, Urban-Gardening-Projekt der BUND-Regionalgruppe Leipzig; Miltitzer Allee 2, WK 8 Lausen-Grünau, 04207 Leipzig
KGV Miltitz am See e.V. mit 264 Parzellen; Auenweg 52, 04205 Leipzig, 🌐 www.kgv-miltitz-am-see.de
KGV Leinestraße e.V. mit 211 Parzellen; Zschampertaue 19, 04207 Leipzig, 🌐 www.leinegaerten-leipzig.de/

Stimmungsvoller Kulkwitzer See.

Märkte

Wochenmarkt Grünau WK 2; Grünauer Allee/ Alte Salzstraße, freitags 9 bis 12 Uhr
Wochenmarkt Grünau WK 4; Stuttgarter Allee/Alte Salzstraße, dienstags und donnerstags 9 bis 14 Uhr
Wochenmarkt Grünau WK 7; Miltitzer Allee/ Jupiterstraße, mittwochs 9 bis 12 Uhr

Miltitz

(Stadtbezirk West)

Die Geschichte von Miltitz, 1999 eingemeindet, begann 1215. Die beiden Ortskerne der Gemarkungen Großmiltitz und Kleinmiltitz zu beiden Seiten des Zschampert sind noch erkennbar. Bereits im Dezember 1979 war ein großer Teil der Gemarkung Großmiltitz, zu dem auch die Kirschbergsiedlung gehört, an Leipzig gegangen und später in die Gemarkung Schönau umgeflurt, um diese Fläche mit dem Wohnkomplex 7 und dem Nordteil des Wohnkomplexes 8 des Neubaugebiets Grünau zu bebauen. Die unmittelbare Nähe zum Kulkwitzer See wertet den Stadtteil absolut auf.
Industrie ist nur wenig hier ansässig. Allerdings trug zum Erhalt als Produktionsstandort nicht unwesentlich bei, dass der US-amerikanische Konzern Bell Flavors & Fragrances 1993 von der Treuhandanstalt das VEB Chemisches Werk Miltitz übernahm und dessen wechselhafte Geschichte zur Produktion von Duft- und Aromastoffen nunmehr mit der inhabergeführten Bell Flavors & Fragrances GmbH fortführt.

Heimatverein Miltitz e.V./Alte Post
Denkmalgeschützter Bau,
heute Vereins- und Wohnhaus.
Rosenstr. 10 c
04205 Leipzig
www.heimatverein-miltitz.de

Sehenswertes

Evangelische Pfarrkirche Miltitz
Die barocke Miltitzer Kirche, eine kleine Saalkirche auf dem Friedhof, wurde 1739/40 von Johann Christoph Steinmüller erbaut und von Johann Gottlob Vollhagen ausgemalt.

Fahrt nach Miltitz mit der Bimmel.

Aus dieser Zeit stammen die Altaranlage mit Kanzel, das von einem Engel getragene Tauf-Lesepult und die Emporen. 1890 erhielt die Kirche den neogotischen Turm und eine neue Sakristei.
Adresse: Miltitzer Dorfstr., 04205 Leipzig,
www.kirche-leipzig.de/gemeinde/miltitz/

Freizeitangebote

1. Karnevalsverein CC-AS von 1981 e.V.
Pflege des karnevalistischen Brauchtums, aktive Mitarbeit auf Stadtebene im Förderkomitee Leipziger Karneval, Mitglied im Bund Deutscher Karneval (BDK) und im Verband Sächsischer Carneval (VSC).
Adresse: Goldacher Str. 12, 04205 Leipzig,
www.cc-as.de

Sportangebote

SV Grün-Weiß Miltitz e.V.
Fußball
Adresse: Friedrich-Ludwig-Jahn-Sportpark, Friedrich-Ludwig-Jahn-Str. 9, 04205 Leipzig,
www.miltitz.de

Natur und Landschaft

Kulkwitzer See
(siehe auch Kapitel Stadtteil Grünau)

Park mit Villa in Miltitz.

Der Kulkwitzer See, das Restloch eines ehemaligen Tagebaus, gilt als einer der klarsten und saubersten Seen in Mitteldeutschland. Als 1963 in Miltitz keine Kohle mehr abgebaut wurde, füllte sich die Grube mit etwa drei Millionen Kubikmeter Grund- und Niederschlagswasser pro Jahr. Die Hochkippe, entstanden durch den geförderten Abraum, wurde mit Wald bepflanzt und bietet einen weiten Blick über den See. Offiziell eröffnet wurde das etwa 450 Hektar große Areal im Mai 1973 als Naherholungszentrum mit mehreren Stränden, Zeltplatz und einer Vielzahl von Möglichkeiten für Spiel und Sport, darunter eine Wasserski- und Wakeboard-Anlage, Tauchschulen, Bootsverleih, ein Ferienresort mit Campingplatz und Ferienwohnungen. Attraktion seit 1972 ist ein ausrangierter Lastkahn von 53 Meter Länge und 6 Meter Breite, umgebaut zu einer Schiffsgaststätte.

Info: www.leipzigseen.de/die-seen/kulkwitzer-see

▸ Miltitzer Park

Wiesen und Laubbäume sowie ein großer Teich zeichnen diesen Park aus.

Quelle im Park von Miltitz.

Tischtennisplatten und ein Basketballfeld laden zum Sport ein.
Adresse: Triftstr./Auenweg, 04205 Leipzig

Kleingärten

KGV Miltitz am See e. V. mit 256 Parzellen; Auenweg 52, 04205 Leipzig, 🌐 www.kgv-miltitz-am-see.de
KGV Zur Bahn-Miltitz e. V. mit 12 Parzellen; Miltitzer Str. 75, 04205 Leipzig, 🌐 www.kleingarten-leipzig.de/kreisverband/vereine/zur-bahn-e-v-miltitz/

Schönau

(Stadtbezirk West)

Bis zur Eingemeindung 1930 war Schönau eigenständig. Neben dem historischen Siedlungskern des ehemaligen Dorfes Schönau befindet sich das „Schönauer Viertel“ mit Ein- und Mehrfamilienhäusern aus den 2000er-Jahren auf dem Gelände der ehemaligen Kaserne Schönau, der Schönauer Park sowie der in den 1980er-Jahren gebaute Wohnkomplex 5.1 der Plattenbausiedlung Grünau. Auch ein Zipfel der Leutzscher Flur sowie Teile der Gemarkung Lindenau gehören verwaltungstechnisch gesehen dazu. Deshalb liegt der Lindenauer Hafen eigentlich in Schönau.

Sehenswertes

▸ Kirche Schönau
Die Ursprünge der Dorfkirche reichen bis zur Gotik zurück. Innen ist sie schön ausgestattet durch eine mit vielen Schnitzereien verzierte Renaissance-Kanzel und einen Altar. Den Kirchenraum schließt eine bemalte Kassettendecke ab. Seit dem 31. Oktober 1993 steht die Kirche der Gemeinde restauriert wieder zur Verfügung. Außerdem nutzt sie die Pauluskirchgemeinde Grünau für kirchenmusikalische Veranstaltungen und Trauungen.
Adresse: Schönauer Str. 245, 04205 Leipzig, 🌐 www.kirche-leipzig.de/gemeinde/gruenau-kirche-schoenau/

Das Bauensemble inmitten der Großsiedlung Grünau erinnert an das überbaute Dorf Schönau.

Sportangebote

Inlinehockeyanlage Garskestraße, Garskestr. 5, 04205 Leipzig, 🌐 www.leipzig.de/freizeit-kultur-und-tourismus/sport/
Sporthalle Mannheimer Straße, Alte Salzstraße 117, 04209 Leipzig, 🌐 www.leipzig.de/freizeit-kultur-und-tourismus/sport/

Freizeitangebote

Aktionsbündnis Grünau Move, 🌐 www.gruenau-move.de
Förderverein der Freiwilligen Feuerwehr Grünau e. V., Garskestr. 35, 04205 Leipzig

Die Dorfkirche Schönau.

Förderverein des Jugendparlaments der Stadt Leipzig e. V., Schachtstraße 9, 04105 Leipzig, www.jupa-foerderverein.de
Projekt Kübel/Mobile Jugendarbeit Leipzig e. V., Garskestr. 3, 04205 Leipzig, www.kuebelonline.de

Natur und Erholung

Schönauer Park
Im Nordosten von Grünau bildet der Schönauer Park den absoluten Kontrast zu den Plattenbauten. Er entstand nach 1860 als Rittergutspark. Erst waren es „schöne Gärten", dann folgten neben einheimischen Gehölzen Ginkgo, Hängesilberlinde, Gelbkiefer und auch Edelkastanie. Im Zuge des Plattenbaus verschwanden die gewachsenen Strukturen von Dorf und Gut weitestgehend. Seit 1988/89 hat die Trilogie „Erinnerung an einen Sonnentag" hier ihren Platz, Plastiken aus Naturstein stammen von den Künstlern Peter Makolies und Klaus-Dieter Köhler.
Im Jahre 2002 erfuhr der Westeingang des ehemaligen Gutsparks eine völlige Neugestaltung. Seitdem werden zwei parallele Wege jeweils von einer Pergola überfangen. Sie flankieren einen reich bepflanzten Staudengarten in der Mitte. Der sogenannte „Grüne Keil" ist ein Grünzug, der eine Verbindung zur Fußgängerzone Stuttgarter Allee herstellt. An die Festwiese schließt sich der nach dem dortigen Wohnkomplex benannte Park 5.1 an. Er ist weniger durch eine klassische Gartengestaltung und Pflanzenverwendung geprägt, als durch nutzungsbestimmte Elemente wie die Ballsportanlage.
Adresse: Eingänge Lützner und Schönauer Str., 04105 Leipzig, www.gruenau-online.de

Kleingärten

KGV Bodenreform Schönau e. V. mit 30 Parzellen; Horburger Straße, 04205 Leipzig, www.stadtverband-leipzig.de/kgv-bodenreform-schoenau-e-v/
KGV Am Pappelwäldchen e. V. mit 36 Parzellen; Schönauer Lachen 2, 04205 Leipzig, www.kleingartenverein-am-pappelwaeldchen.de

Veranstaltungen und Feste

Grünauer Kultursommer
Findet jährlich statt.
Info: www.gruenauer-kultursommer.de

Schönauer Parkfest
Findet als Teil des Grünauer Kultursommers im August statt.

Feuerwehrfest
Findet jährlich statt.

Wasserstadt Leipzig

Leipzig durchziehen viele Flüsse und Kanäle, nicht nur bekannte wie Pleiße und Weiße Elster. Allerdings waren sie in der Stadt bis Anfang der 1990er-Jahre kaum zu sehen. Das ist längst anders. Die Flüsse wurden auf großen Strecken wieder ans Licht geholt und in die Gestaltung von Straßen und Plätzen einbezogen.

Seit der Industriepionier Karl Heine ab 1884 den Leipziger Westen mit großen Fabriken überzog, träumt die Stadt vom „Anschluss an die Weltmeere". Größenwahn? Zuerst praktisch gedacht, denn über verschiedene Kanäle sollte Leipzig den Anschluss an die Elbe finden und damit die Häfen in Hamburg und an der Nordsee erreichen. Es kam anders, die Vision blieb und ist noch heute Bestandteil kühner Pläne.

Die Connewitzer Schleuse.

▸ Karl-Heine-Kanal

Ab 1856 verfolgte Karl Heine sein Kanalprojekt, um Elster und Saale zu verbinden. Damit sollte der Industriestandort Plagwitz besser auf dem Wasser erreichbar werden. Gleichzeitig ergaben sich daraus neue Handelswege und Möglichkeiten, den sich entwickelnden Weltmarkt zu erschließen. Es dauerte noch bis 1933, bis das erste, zwölf Kilometer lange Kanalstück fertig wurde. Weiter kam man damals nicht. Heute stehen die Weiße Elster, zahlreiche Flüsse und Nebenarme und nicht zuletzt der Karl-Heine-Kanal für wichtige Elemente der Stadtgestaltung und Wohnqualität.

Der Karl-Heine-Kanal.

▸ Flüsse und Gräben

Ein Kanal allein wäre zu wenig, als dass sich Leipzig mit dem Attribut „Stadt am Wasser" schmücken dürfte. Außer den genannten Flüssen Weiße Elster und Pleiße fließen schließlich auch Parthe, Luppe und Kleine Luppe, Pleißemühlgraben und

Das Elsterwehr in Großzschocher.

Elstermühlgraben durch die Stadt. Leider verdrängten die Stadtväter im Zuge der Entwicklung zur Großstadt die Flussläufe im 20. Jahrhundert zunehmend aus dem Stadtbild. Um Platz für Straßen oder Parkplätze zu schaffen, ließen sie viele Gewässer verdeckeln. Noch zu Beginn der 1950er-Jahre wurde die Pleiße überwölbt. Damit beseitigte man zwar die Symptome der industriellen Verseuchung, nicht aber ihre Ursachen. Zudem ließen Unkenntnis und Desinteresse die Potenziale der Flüsse für das Stadtbild und urbanes Leben in den Hintergrund treten.

▸ Pleiße ans Licht

Anfang der 1990er-Jahre traten Visionäre auf den Plan, die vorschlugen, die verrohrten Kanal-, Bach- und Flussläufe schrittweise wieder zu öffnen. Dem Verein Neue Ufer e.V., noch bis Ende 2019 aktiv, ist es zu verdanken, dass viele der Visionen umgesetzt wurden. Er holte zahlreiche Partner ins Boot, darunter maßgeblich die Stadt Leipzig selbst. Damit entstanden urbane Plätze in neu begrünten Parks und Anlagen, unter anderen mitten in der City am Pleißemühlgraben. Von der Brücke an der Otto-Schill-Straße blickt man auf schwimmende Gärten und Stege, die zum Teil bis an die Fassaden reichen. Entlang der Harkortstraße begleiten blau leuchtende Lichtstelen die Uferlinie, an der Wundtstraße entstand ein Wasserspielplatz. Parallel eröffneten sich ungeahnte Welten für die Themen Wohnen, Arbeiten und Freizeit. Davon zeugen an den Ufern der wieder belebten Flüsse und Kanäle modern konstruierte Häuser wie aufwändig rekonstruierte Altbauten. Hinter den einst grauen Mietshäusern der Friedrich-Ebert-Straße entstand ein Stadthafen. In Leipzigs Westen wandelten sich dunkle Industrieviertel mit unattraktiven Mietskasernen zu begehrten, belebten Wohnquartieren im Grünen. Manche haben sogar einen Bootsanleger vor der Tür. Ehemalige Fabrikanlagen erfuhren durch den sinnvollen Umbau zu Wohnlofts, Künstlerateliers oder Geschäftshäusern eine Renaissance. Neue Schleusen schaffen direkte Verbindungen zum südlichen „Neuseenland".
Inzwischen fördert der Wasserstadt Leipzig e.V. die Vision der „Wasserstadt Leipzig". Schließlich verfügt der Leipziger Gewässerverbund für die künftige Nutzung in der gesamten Region über ein hohes wirtschaftliches und touristisches Potenzial.
Info: 🌐 www.wasser-stadt-leipzig.de

Leipzig lässt sich auch vom Wasser aus erkunden.

▸ Brücken

Die ersten Brücken in Leipzig entstanden im 11. Jahrhundert mit dem Bau des Elstermühlgrabens im Areal des heutigen Waldstraßenviertels. Inzwischen zählt die Stadt rund 550 dieser Bauwerke. Sie verbinden neue und alte Quartiere und schaffen zum Teil völlig entgegengesetzte, überraschende Plätze mitten in der Natur: Während auf den Brücken Radfahrer und Autos oder Züge rollten, entstanden unter ihnen Lebensräume für Pflanzen und Tiere. Am besten beobachten kann man das während einer Bootstour, lässt sich doch aus keiner anderen Perspektive der Wandel ganzer Stadtteile so direkt erleben wie vom Wasser aus. Mit 2,10 Metern ist der Bauerngraben in der Gustav-Esche-Straße die kürzeste, mit einer

Blick von der Könneritzbrücke.

Gesamtstützweite von 171,65 Metern die Zeppelinbrücke im Zuge der Jahnallee über dem Elsterbecken die längste Verbindung dieser Art. Architektonisch interessant wirkt die Konstruktion der König-Johann-Brücke in Plagwitz: Sie ruht auf Pfeilern, die drei aus Ziegeln gemauerte Kreisgewölbe tragen. An ihrer Einweihung 1862 nahm der damals regierende Landesherr der Stadt Leipzig teil, Fürst Johann von Wettin und König von Sachsen.

▸ Natur und Erholung

Mit der Urbanisierung der Flüsse, Kanäle und Seen ergaben sich auch für Gastronomie und Tourismus zahlreiche Möglichkeiten einer neuen Ausrichtung zwischen Entspannung, Fitness und Kultur. Mitten in der City, deren quirliges Treiben nachts keine Sperrstunde kennt, eröffneten an den Uferläufen autofreie Wander-, Rad- und Joggingstrecken, dazu Cafés und anspruchsvolle Restaurants. Manche haben einen eigenen Bootssteg, fast alle eine Terrasse mit Blick über das Wasser. Vito Signorello ließ für sein italienisches Restaurant Da Vito zwei original venezianische Gondeln aus der Lagunenstadt kommen. Stilechte Gondolieri lenken die Gäste sicher durch die Leipziger Kanäle.

Romantische Nebenarme der Flüsse ziehen sich auch durch den Norden der Stadt.

LEIPZIGER NEUSEENLAND

So interessant sich die Stadt Leipzig in ihrer Historie entwickelte, so schwierig gestaltete sich die Landschaft ringsum. Im 20. Jahrhundert gruben Bagger riesige Löcher in die Landschaft, um aus Tagebauen Braunkohle zu fördern. Die Auswirkungen dieser Industrie ließen die Lebensqualität der Menschen sinken. In den 1990er-Jahren war endlich Schluss damit. Seitdem ist in der Region nichts mehr wie vorher.
Nach dem Ende des Braunkohleabbaus trat ein komplexes Auf- und Ausbauprogramm südlich und nördlich der Stadtgrenzen in Kraft und formte die Gebiete, wo einst Dörfer standen, neu. Mit der Rekultivierung der ehemaligen Tagebaue entstanden auf einer Wasserfläche von rund 7000 Hektar eine große Zahl gezielt gefluteter Seen. Und so wirbt die Stadt im Verbund mit den umliegenden Gemeinden heute stolz mit dem Slogan „Leipziger Neuseenland“. Es umfasst die Region rund um Leipzig und erstreckt sich vom Großen Goitzschesee im Norden bis zur Stadt Borna im Süden, von Markranstädt im Westen bis zu den Naunhofer Badeseen im Osten. Etappenweise und nach gezielten Plänen werden neue Seen geflutet, Badestrände eröffnet, Segelhäfen angelegt, Schleusen gebaut. Ein Gewässerverbund mit rund 200 Kilometern schiffbaren Gewässern ist im Entstehen. Das Leipziger Neuseenland etabliert sich als attraktive touristische Destination.
Es klingt wie aus einem Werbeprospekt, doch wo bis vor wenigen Jahren karge Mondlandschaften waren, glitzert heute Wasser, auf den Wellen schaukeln Boote, abends schauen die Menschen auf traumhafte Sonnenuntergänge. Parallel entstanden neue Möglichkeiten für den Wassersport, Spielplätze, Restaurants und Freizeiteinrichtungen. Jeder der neuen Seen entwickelt sich auf seine Weise. Und ringsherum, wo früher reine Tristesse herrschte, wachsen inzwischen Wälder und Parkanlagen. Maßnahmen der ökologischen Landschaftsgestaltung erlauben ein ausgewogenes Verhältnis zwischen Menschen, Tieren und der Natur. Um das

Im Leipziger Neuseenland: der Cospudener See mit Café am Pier 1.

alles zu erleben, mussten die Leipziger früher weite Wege in Kauf nehmen. Inzwischen kommen Gäste aus entfernten Regionen, um Urlaub bei Leipzig zu machen. Bis 1990 war das undenkbar.

Tourismusverein Leipziger Neuseenland e. V.
Infos und Adressen: Am Festanger 3 a
04416 Markkleeberg
0341/33796718
www.leipzigerneuseenland.de

Neuseenland im Süden von Leipzig

▸ Cospudener See

Der Cospudener See ist der Vorzeigesee im Neuseenland. Strände, eine bunte Hafenanlage am Südufer, Restaurants und blinkende Segel vermitteln mediterranes Feeling. Die einstige Tagebaugrube ist seit dem Jahr 2000 vollständig geflutet und umfasst eine Gesamtfläche von 4,36 Quadratkilometern. Man kann Boote mieten, an Rundfahrten teilnehmen oder das Treiben der Kitesurfer und Segler beobachten. Auch Kunstprojekte wie ein jährlich stattfindendes Bildhauer-Pleinair haben sich etabliert und Spuren hinterlassen. In Restaurants und Cafés herrscht vom Frühjahr bis zum Herbst Hochbetrieb. An kühlen Tagen und im Winter befeuern die Wirte ihre Kamine. Der rund einen Kilometer lange und 70 Meter breite Strand bietet Spiel- und Liegewiesen, Volleyballnetze und einen Eisstand.

Auch der Nordstrand ist ein beliebter (und belebter) Platz zum Baden, gut zu erreichen mit der Buslinie 79. In sicherer Entfernung gibt es Parkplätze. An dieser Stelle sei gewarnt: Vor allem an den Wochenenden teilen sich den zehn Kilometer langen Rundweg nicht nur Spaziergänger und Fahrradfahrer, sondern auch Inline-Skater, Skateboarder, große und kleine Hunde. Wer die Zeit hat, sollte für den Besuch der „Costa Cospuda" einen Wochentag reservieren.

▸ Markkleeberger See

Das modern gestaltete Ufer am Markkleeberger See lockt Spaziergänger wie Radfahrer. Am Nordufer entstanden eine 415 Meter lange Seepromenade und ein Strandbad. Im April 2007 öffnete in der Auenhainer Bucht ein Kanupark, ausgerichtet für internationale Wettbewerbe. Auf den beiden 270 Meter und 130 Meter langen Kanälen der Wildwassersportanlage sind Rafting und Hydrospeed möglich. Wer es ruhiger mag, erkundet mit dem Drachenboot den See oder startet mit der „Solaria 1" zu einer Seerundfahrt. In

Abendstimmung am Cospudener See.

Der Markkleeberger See.

unmittelbarer Nähe ist mit dem Seepark Auenhain ein ganzes Urlaubsparadies mit Hotel und komfortablen Ferienhäuschen, Cafés und Spielplätzen entstanden.

▸ Störmthaler See

Der 7,33 Quadratkilometer große Störmthaler See entstand bis 2012 aus dem Braunkohletagebau Espenhain. Die Schleuse hat eine Wasserspiegeldifferenz von rund vier Metern zu bewältigen. Sie ist 40 Meter lang, fünf Meter breit und für Sportboote wie Fahrgastschiffe geeignet. Mit Hilfe einer Hubbrücke können auch Segelboote die Verbindung nutzen. Die Magdeborner Halbinsel ist eine Landzunge, die bei der Überbaggerung der Ortslage Magdeborn stehen blieb. Der Bergbau-Technik-Park erinnert an den ehemaligen Braunkohletagebau und gewährt einen authentischen Blick in die Vergangenheit.

Am Ufer eröffnete 2014 das Ferienresort Lagovida. Hier gibt es einen Sportboothafen, das Restaurant Casa Marina, moderne Hafen- und Dünenhäuser zum Übernachten sowie einen „Wohnmobilhafen" mit 90 Stellflächen.

▸ Vineta

Auf dem Störmthaler See entstand „Vineta", ein schwimmendes Kunstobjekt und Erinnerungsort. Vineta ist der Name einer versunkenen Stadt an der südlichen Ostseeküste. Der Sage nach ging sie bei einem Sturmhochwasser unter. Der moralische Verfall der Stadt, der „Hochmut und die Verschwendung der Bewohner" sollen die Ursache für den Zorn der Götter gewesen sein. Vineta auf dem Störmthaler See erinnert dagegen an handfeste Tatsachen. Das schwimmende Bauwerk symbolisiert in Form eines Kunstobjektes die verlorene Magdeborner Kirche. Es soll an jene Orte erinnern, die im 20. Jahrhundert dem Espenhainer Tagebau weichen mussten. Vineta ist an der Stelle verankert, wo sich damals die größte überbaggerte

Gemeinde, Magdeborn, befand. Es ist ein Ort für ungewöhnliche kulturelle Veranstaltungen und Feiern. Die künstliche Insel ist nur mit dem Boot zu erreichen. Die Touren über den See sind hochinteressante Reisen durch die Geschichte der Region.

Neuseenland im Norden von Leipzig

Auch die Region nördlich von Leipzig in Richtung Delitzsch und Bitterfeld gehört zum Leipziger Neuseenland. Die Flutung der Tagebaue setzte später als im Süden ein, doch längst haben sich auch hier Orte zum Entdecken, für Freizeit und Sport etabliert. Die Anfänge im nördlichen Neuseenland um Leipzig waren weitaus bescheidener als im südlichen rund um den Cospudener See, wo durch die EXPO 2000 reichlich Fördermittel flossen. Der Norden kam langsamer, gewinnt aber weiter an Fahrt.

‣ Schladitzer See

Der See entstand aus dem riesigen Braunkohletagebau Breitenfeld. Mitte der 1990er-Jahre konnte man mit dem Rad noch quer durch das Areal fahren. Inzwischen ist der See geflutet, ein Radweg führt ringsherum, am Wolteritzer Ufer sowie in der Schladitzer Bucht laden Strände zum Baden. Das Unternehmen „All on Sea" entwickelte mit Partnern Schritt für Schritt aus dem ersten

Die Schladitzer Bucht am Schladitzer See.

Beachvolleyball-Platz und einer kleinen Surfhütte ein Wassersportzentrum für Taucher, Kiter, Surfer und Segler. Wo einst das Dorf Schladitz der Braunkohle weichen musste, schlafen die Gäste nun in eigenen oder gemieteten Zelten bzw. Ferienhäusern. Wer im Glaskuppel-Tenthouse logiert, sieht von seiner Liege aus die Sterne. Der Rundweg um den See ist asphaltiert und bei Inline-Skatern ebenso beliebt wie bei Radfahren. Man kommt dabei am Biedermeierstrand vorbei, einem Kultur- und Theaterverein, der hier einen Strandbetrieb der ganz eigenen Art betreibt und zu Musicals, Chorkonzerten und historischen Festen einlädt.

Der ruhige Werbeliner See.

▸ Werbeliner und Grabschüzter See

Unweit des Schladitzer liegen der Werbeliner und direkt daneben der Grabschützer See. Sie sind die absoluten Geheimtipps im Norden. Sie alle tragen Namen der hier einst historisch gewachsenen, dann gnadenlos weggebaggerten Dörfer, die dem Tagebau Delitzsch-Südwest weichen mussten. Seit 1998 werden sie aus der Luppe geflutet. Ihr Reiz besteht darin, dass man die Tagebaulandschaft rekultivierte, aber zu großen Teilen als Landschaftsschutzgebiet und zusätzlich als Vogelschutzgebiet auswies. Massentourismus gibt es nicht, dafür gepflegte, interessante Naturlehrpfade mit Schautafeln.

▸ Erlebnis Orgel

Die Region rund um Leipzig ist reich an historischen Orgeln. Neben den beiden Silbermann-Orgeln in Rötha, der Ladegast-Orgel in der Stadtkirche zu Naunhof, der Hähnel-Orgel in Steinbach, der Hildebrandt-Orgel in Störmthal und der Renaissance-Orgel in Pomßen sorgen zahlreiche weitere Instrumente des 18. und 19. Jahrhunderts für höchsten Musikgenuss. Regelmäßig finden Orgelkonzerte, -führungen und Erlebniskurse für Kinder sowie öffentliche Orgelerlebnistouren statt.

Info: www.leipzigerneuseenland.de/kultur-erleben/faszination-orgel

▸ Elsterradweg

Der Elsterradweg führt 240 Kilometer lang von der Quelle der Weißen Elster in Aš bis zur Mündung in die Saale bei Halle. Von Leipzig aus ist er in zwei Richtungen befahrbar: elsteraufwärts in südlicher Richtung nach Zeitz/Gera und elsterabwärts in nordwestlicher Richtung bis zur Mündung der Elster in die Saale bei Halle. Der Radweg ist ausgeschildert und lässt sich auch im Stadtgebiet von Leipzig gut verfolgen. Zudem sind die Radtouren sehr leicht und nahezu ohne Steigungen. In Leipzig führt die Route quasi quer durch die Stadt. Das hat den Vorteil, dass man über den gut ausgebauten Weg bequem Stellen erreicht, die dem Besucher sonst weitestgehend verborgen blieben.

Info: www.elsterradweg.de

Sehenswertes

Brücken, Brunnen und Türme

Burgen, Schlösser, Gutshäuser und Ruinen

Denkmäler, Gedenkstätten, Mahnmale und Monumente

Friedhöfe

Historische Gebäude

Kirchen, Kapellen und Synagogen

▸Straßen, Plätze, Siedlungen, Stadtviertel

... und sonst noch:

Für Kinder, Jugendliche und Familien

Kunst und Kultur

Ateliers, Galerien und Ausstellungen

Bibliotheken und Archive

Chöre und Gesangvereine

▸ Feste, Festivals und Veranstaltungen

▸ Kino und Film

▸ Museen

▸ Theater, Kabarett und Kleinkunst

Oper, Konzerte, Orchester

... und sonst noch:

Natur

Flussläufe, Kanäle und Seen

Grünanlagen, Parks, Gärten und Zoos

Kleingartenvereine und Gemeinschaftsgärten

Naturschutzgebiete und -lehrpfade

... und sonst noch:

Leipziger Neuseenland

Sport

Schwimmbäder

Sportanlagen

Stadien und Arenen

... und sonst noch:

Vereine

Sportvereine

▸ Bürgertreffs, -vereine und Soziokulturelle Zentren

▸ ... und sonst noch:

Wochen- und Weihnachtsmärkte